Wußten Sie schon: Daß das Wort „Senat" in Deutschland vier verschiedene Institutionen bezeichnet? Daß „Akademie" im Deutschen vier verschiedene Bedeutungen hat, meist ganz andere als in anderen Sprachen? Welches der Unterschied zwischen „Flüchtlingen", „Vertriebenen", „Übersiedlern", „Aussiedlern", „Asylbewerbern" und „Asylberechtigten" ist? Wie das deutsche Schulwesen aufgebaut ist? Welches die wichtigsten Biersorten in Deutschland sind? Diese und viele andere typische deutsche Begriffe mit Abkürzungen erklärt kurz und präzise das „Kleine Deutschland-Lexikon", eine wichtige und praktische Ergänzung zu den übrigen Wörterbüchern. Für Lehrer, Studierende und Schüler bietet das Werk wichtige Informationen für den Sprach- und Landeskundeunterricht, für jeden, der sich für Deutschland interessiert, ist es eine Fundgrube, für den Deutschland-Touristen ein praktisches Nachschlagewerk.

Günther Haensch, geboren 1923, Dr. phil., studierte Romanistik und Geschichte in Genf, Barcelona und München. Von 1968 bis 1973 war er Lehrstuhlinhaber für Romanische Sprachen und Auslandskunde an der Wirtschaftswissenschaftlichen Fakultät der Universität Erlangen-Nürnberg. Von 1973 bis 1992 war er Ordinarius für angewandte Sprachwissenschaft (Romanistik) an der Universität Augsburg und Leiter des dortigen Sprachenzentrums. Er ist Autor und Herausgeber zahlreicher sprach- und landeskundlicher sowie lexikographischer Werke.

Annette Lallemand, geb. 1938, Dr. phil., studierte Romanistik und Germanistik in Münster, München und Tübingen. Von 1963 bis 1966 Assistentin am Romanischen Seminar der Universität Gießen, von 1966 bis 1969 Dozentin am Sprachen- und Dolmetscherinstitut München. Von 1969 bis 1970 am Sprachenzentrum der Universität Erlangen-Nürnberg. Seit 1970 als Übersetzerin französischer Literatur für deutsche, österreichische und schweizerische Verlage tätig.

Annick Yaiche, geb. 1948 in Paris. Studium der Germanistik und Linguistik in Frankreich und West-Berlin. 1972 bis 1983 in der angewandten Sprach- und Literaturforschung unter anderem an der Freien Universität zu Berlin tätig. Seit 1984 freie Autorin und literarische Übersetzerin, seit 1986 auch in der Lexikographie tätig. Aktiv in der Vermittlung deutscher Kultur im Ausland.

GÜNTHER HAENSCH
ANNETTE LALLEMAND/ANNICK YAICHE

Kleines
Deutschland-Lexikon

Wissenswertes über Land und Leute

VERLAG C.H.BECK MÜNCHEN

Mit 4 Karten und Übersichten

Die Deutsche Bibliothek – CIP-Einheitsaufnahme

Haensch, Günther:
Kleines Deutschland-Lexikon : Wissenswertes über Land
und Leute/Günther Haensch ; Annette Lallemand ; Annick
Yaiche. – Orig.-Ausg. – München : Beck, 1994
  (Beck'sche Reihe ; 855 : Länder)
  ISBN 3 406 35176 X
NE: Lallemand, Annette:; Yaiche, Annick:; HST; GT

Originalausgabe
ISBN 3 406 35176 X

Einbandentwurf und -illustration: Uwe Göbel, München
© C.H.Beck'sche Verlagsbuchhandlung (Oscar Beck), München 1994
Gesamtherstellung: C.H.Beck'sche Buchdruckerei, Nördlingen
Gedruckt auf säurefreiem,
aus chlorfrei gebleichtem Zellstoff hergestelltem Papier
Printed in Germany

Inhalt

Vorwort

Vor allem die vielen Ausländer, die nach Deutschland reisen oder in Deutschland leben, werden zu diesem originellen Nachschlagewerk greifen:
– alle, die an Schulen, Universitäten, Goethe-Instituten und anderen Institutionen Deutsch lehren oder lernen,
– alle, die mit der Sprache verbundenes Wissen über Land und Leute erwerben oder vertiefen möchten,
– in Deutschland tätige Diplomaten, Wissenschaftler, Wirtschaftler, Journalisten, Reiseleiter
– alle, auch Deutsche, die mehr über das, was „typisch deutsch" ist, wissen wollen.

Denn das von einem französisch-deutschen Autorenteam verfaßte „Kleine Deutschland-Lexikon" erläutert
1. typisch deutsche Begriffe und Sachverhalte, die in anderen Sprachen nicht durch eine einfache Wortgleichung wiedergegeben oder erklärt werden können: den sogenannten kulturspezifischen Wortschatz, z. B. Landschaftsformen („Alm"), Sitten und Gebräuche („Advent"), Speisen und Getränke („Brot", „Bier"), Umgangsformen („Anreden");
2. Ausdrücke, die sich auf spezifisch deutsche politische, administrative, wirtschaftliche, kulturelle und soziale Institutionen, Strukturen und Probleme beziehen, z. B. „Bundestag", „Länder", „Bundesanstalt für Arbeit", „Akademien", „Gerichtswesen", „Ausländer";
3. historische Daten und Zusammenhänge mit Schwerpunkt auf dem 20. Jahrhundert, die häufig erwähnt werden und zum Verständnis der Gegenwart beitragen, z. B. „Nachkriegsdeutschland" (1945–1949);
4. die in der Tagespresse häufig verwendeten Abkürzungen und gängigen Ausdrücke, z. B. „DGB" (Deutscher Gewerkschaftsbund), „Gesamtkunstwerk";
5. Eigennamen von Personen und geographische Bezeichnungen, wenn sie einen besonderen Symbolwert haben, z. B. „Eulenspiegel", „Preußen".

Wenn der europäische, erst recht der deutsche Leser manches findet, was ihm schon bekannt ist, so möge er bedenken, daß sich das Lexikon auch an Benutzer aus anderen Kontinenten wendet. Wer hingegen etwas vermißt, möge sich erinnern, daß schon der Umfang eines Taschenbuches der Anzahl der Stichwörter Grenzen setzt.

Ziel des Buches ist es, rasch und übersichtlich zu informieren. Deshalb wurden auch Einzelstichwörter alphabetisch aufgeführt, die im Zusammenhang eines anderen Stichwortes erläutert werden, auf das durch den Pfeil (↑) verwiesen wird. Innerhalb der Artikel verweist der Pfeil auf weitere Stichwörter, die zum Vergleich oder zum besseren Verständnis herangezogen werden können.

Der Kürze und Vielfalt der Informationen wurde der Vorzug gegeben vor enzyklopädischer Ausführlichkeit und Vertiefung einzelner Aspekte.

Vorschläge zur Ergänzung und Verbesserung des Buches nehmen die Autoren gern entgegen.

Günther Haensch/Annette Lallemand/Annick Yaiche

Hinweise für den Benutzer

1. Abkürzungen

Das *Titelstichwort* ist innerhalb der einzelnen Artikel abgekürzt (z.B. Gemütlichkeit = G.).

↑ *Senkrechter Pfeil* vor einem Stichwort oder Unterstichwort verweist auf einen anderen Artikel.

Abk.	Abkürzung	Mrd.	Milliarde
Bed.	Bedeutung	*n (n)*	Neutrum[1]
bes.	besonders	*npl*	Neutrum Plural
Bez.	Bezeichnung	NS	nationalsozialistisch
BRD	Bundesrepublik	Nordd.	Norddeutschland
	Deutschland	norddt.	norddeutsch
D.	Deutschland,	Ostd.	Ostdeutschland
	Deutschlands	ostdt.	ostdeutsch
DDR	Deutsche Demokratische Republik	pej.	pejorativ, abfällig
		pl	Plural
dt./Dt.	deutsch/Deutsche(r)	reg.	regional, regionaler
ehem.	ehemalige(-r, -s)		Sprachgebrauch
engl.	englisch	sog.	sogenannte (-r, -s)
f (f)	feminin[1]	Südd.	Süddeutschland
fpl	feminin Plural	süddt.	süddeutsch
frz.	französisch	u. a.	und andere(s); unter
gegr.	gegründet		anderem
Jh.	Jahrhundert	v. a.	vor allem
m (m)	maskulin[1]	vgl.	vergleiche
Mio.	Million(en)	z.B.	zum Beispiel
mpl	maskulin Plural	z.T.	zum Teil

[1] Steht bei einem Substantiv, meist einem Länder- oder Gebietsnamen, die Angabe des Geschlechts (Genus) in Klammern: (*f*), (*m*), (*n*), so bedeutet dies, daß das betreffende Wort normalerweise ohne Artikel gebraucht wird. Der bestimmte Artikel wird jedoch gebraucht, wenn das betreffende Wort durch einen Zusatz näher bestimmt ist, z.B. Bayern (*n*), aber: das Bayern des Barock, das schöne Bayern; Preußen (*n*), aber: das ehemalige Preußen, das Preußen Friedrichs des Großen usw.

2. Übersicht über die Sammelartikel

Advent
Akademien
Alm
Alpen
Anreden
Antisemitismus
Ausländer
Bier
Brot
Bundesanstalt für Arbeit
Bundesbehörden, oberste
Bundesrepublik Deutschland
Bundestag/Bundesrat
Bundeswehr
Burgen und Schlösser
DDR
Deutsche Bundesbahn
Deutsche Sprache
Drang nach Osten
Drittes Reich
Erwachsenenbildung
Feiertage
Feste
Film, deutscher
Filmpreise
Finanzverwaltung
Geld und Währung
Gemeinde
Gerichtswesen
Geschichtsdaten, symbolische
Gewerkschaften
Hitlerjugend
Jahrmarkt
Jugendbewegung
Karneval
Kartenspiele
Konzentrationslager
Länder
Liköre und Schnäpse

Literaturpreise
Maße und Gewichte
Minderheiten
Minderheitensprachen
Musikinstrumente, volkstümliche
Nachkriegsdeutschland
Nachrichtendienste
Nationalsozialismus
Naturschutz
Nordseeküste
Orden und Ehrenzeichen
Ostseeküste
Parteien
Polizei
Presse
Preußen
Radikalismus, politischer
Rechtsmittel
Reich
Religion und Kirchen
Revolutionen, Putsche, Unruhen
Rundfunk und Fernsehen
Schulwesen
Sozialversicherung
Staatssymbole
Stiftungen
Studentenverbindungen
Universitäten und andere Hochschulen
Versailler Vertrag
Weimarer Republik
Weine
Weltkrieg I
Weltkrieg II
Widerstand im Dritten Reich
Wiedervereinigung
Wohlfahrtsverbände
Wurstwaren
Zuwanderung
Zweiter Bildungsweg

Wissenswertes über Land und Leute

von A bis Z

A

AA *n* ↑Auswärtiges Amt.

Abendgymnasium *n* ↑Zweiter Bildungsweg.

Abgeordnetenhaus *n* ↑Länder.

Abitur *n* ↑Schulwesen.

ABM *fpl* ↑Bundesanstalt für Arbeit.

Abwehr *f.* Spionagedienst und Spionageabwehr der dt. ↑*Wehrmacht.* Leiter war seit 1935 Wilhelm Canaris (1940 Admiral), der wegen Teilnahme an der Verschwörung des 20. Juli 1944 gegen Hitler (↑*Geschichtsdaten, symbolische*) 1945 hingerichtet wurde. Die militärische A. stand seit Kriegsbeginn in Konkurrenz mit den Nachrichtendiensten des *Reichssicherheitshauptamtes* (↑*SS*), dem sie 1944 unterstellt wurde.

Abwicklung *f.* Nach der ↑*Wiedervereinigung* D. die Umstrukturierung oder Schließung von Betrieben und Einrichtungen der ehem. ↑*DDR* nach westdeutschen, marktwirtschaftlichen Maßstäben.

Achsenmächte *fpl.* Ursprünglich die seit 1936 verbündeten Staaten Dt. Reich und Italien, die die sog. *Achse Rom-Berlin* bildeten und am 22. Mai 1939 den sog. *Stahlpakt* schlossen. Dieser wurde durch den Beitritt Japans 1940 zum Dreimächtepakt erweitert. Im weiteren Sinne im ↑*Weltkrieg II* alle mit dem dt. Reich verbündeten Länder: Italien, Ungarn, Rumänien, Bulgarien, Japan, Slowakei und Finnland.

Achtundsechziger (68 er) ↑Revolutionen, Putsche, Unruhen.

ADAC *m* ↑Automobilclubs.

Adam Riese, nach ~~. Adam Ries(!) (1492–1559), der Vater der modernen Rechenkunst, verfaßte Lehrbücher des praktischen Rechnens. Mit der Redensart *nach A. R.* will man bekräftigen, daß ein Rechenergebnis richtig ist.

Adveniat. Katholisches Hilfswerk zur Unterstützung der Kirche in Lateinamerika, im ↑*Advent* Spendensammlungen in den Kirchen.

Advent *m.* Die *Adventszeit* beginnt 4 Sonntage vor ↑*Weihnachten* (1.*Advent*), für die Christen eine Zeit der Besinnung und Vorfreude auf Weihnachten. In Kirchen und Häusern hängt der *Adventskranz* aus Tannengrün oder Stroh mit 4 Kerzen. Jeden Sonntag wird eine weitere Kerze angezündet, bis der Christbaum (↑*Weihnachten*) den Adventskranz ablöst. Zu den *Adventsbräuchen* gehören das Backen von Weihnachtsgebäck und ↑*Stollen,* die *Adventsfeiern,* das *Adventssingen,* die *Adventsspiele* (in Kirchen, Schulen und Familien) und der mit vorweihnachtlichen Motiven bunt bedruckte *Adventskalender,* auf dem die Kinder vom 1. Dezember an jeden Tag ein Fensterchen öffnen, bis an Heiligabend (↑*Weihnachten*) die Abbildung der Krippe erscheint. In der Konsumgesellschaft wird der A. immer mehr zur vorweihnachtlichen Einkaufszeit umfunktioniert.

Akademien *fpl.* In D. gibt es im Gegensatz zu Italien (Accadèmia della Crusca), Frankreich (Académie française) und Spanien (Real Academia Española) keine *Sprachakademie,* die für die Festlegung des Sprachgebrauchs zuständig ist oder zumindest Empfehlungen dazu ausspricht. Die Bez. A. hat im Dt. verschiedene Bedeutungen: 1. Gelehrte Körperschaften, die sich vor allem mit der *Forschung* befassen, z.B. die *Bayerische Akademie der Wissenschaften* in München (seit 1759), die *Akademie der Wissenschaften* in Göttingen, die *Heidelberger Akademie der Wissenschaften,* die *Akademie der Wissenschaften und der Literatur* in Mainz und die *Rheinisch-Westfälische Akademie der Wissenschaften* in Düsseldorf. Die Tätigkeit dieser A. ergänzt die der Universitäten und anderen Forschungsinstitutionen, die nicht A. heißen, z.B. der ↑*Max-Planck-Ge-*

sellschaft. In der ehem. ↑*DDR* gab es seit 1972 die *Akademie der Wissenschaften* als zentrale Forschungsinstitution im früheren Ostberlin und zwei weitere A. in Leipzig und Halle, 1993 neu konstituiert als *Berlin-Brandenburgische Akademie der Wissenschaften.* 2. Die *Deutsche Akademie für Sprache und Dichtung* in Darmstadt (seit 1949) ist eine Vereinigung von Schriftstellern sowie Sprach- und Geisteswissenschaftlern zur Pflege der dt. Literatur. Sie verleiht jährlich den Georg-Büchner-Preis (↑*Literaturpreise*). 3. A. sind auch Ausbildungsstätten (Schulen bzw. Hochschulen) auf verschiedenem Niveau. So sind z.B. die *Kunstakademien* Hochschulen (meist *Akademie der bildenden Künste*); daneben gibt es *Fach-* bzw. *Berufsakademien,* die der Berufsausbildung auf höherem Niveau dienen (↑*Schulwesen*). Sie wurden z.T. umbenannt. 4. Die nach 1945 gegr. *Katholischen* und *Evangelischen* A. (Institutionen der beiden Kirchen) sind offene Diskussionsforen mit eigenen Tagungsstätten, in denen in gewissen Abständen politische, gesellschaftliche, religiöse und andere Probleme erörtert werden.

Akademiker *m,* -in *f.* Bez. für Personen mit abgeschlossener Ausbildung an einer ↑*Universität,* Hochschule oder Fachhochschule. Nicht zu verwechseln mit *Akademiemitglied* (↑*Akademien*)

Alemannen *mpl* ↑Schwaben.

Alleinvertretungsanspruch *m* ↑Hallstein-Doktrin.

Allerheiligen ↑Feiertage.

Alm *f,* 1. auch: *Alp f, Alpe f.* Bez. für die Bergwiesen in den Alpen, auf denen das Vieh im Sommer weidet; 2. einfaches Holzhaus in den Bergen, das in den Sommermonaten als Wohnung und Molkerei-Käserei dient (auch: *Almhütte*). Im Frühjahr erfolgt der *Almauftrieb* (die Tiere werden auf die Almen gebracht), im Herbst der *Almabtrieb* (das Vieh wird in die Winterställe gebracht). Da oft Vieh von mehreren Besitzern auf den Almen ist, erfolgt nach dem Almabtrieb die Trennung der Tiere, die sog. *Viehscheid,* oft mit einem Volksfest verbunden. Der Almhirt, der die Milch zu Butter und Käse verarbeitet, heißt *Senn* (*m*) oder *Senner* (*m*). Die Frau auf der Alm heißt *Sennerin* und wird in vielen alten Volksliedern und neueren Schlagern besungen.

Alpen *fpl.* In den A. gibt es einige spezifische Geländebezeichnungen. Eine enge, tiefe Schlucht, durch die ein *Wildbach* (auch *Gießbach*) fließt, heißt *Klamm;* eine von einem Gletscher zwischen steilen Hängen gebildete Mulde heißt *Kar;* eine enge, oft bewaldete Schlucht in den Alpen ist ein *Tobel;* ein natürlicher Gebirgspaß ist ein *Joch* oder *Sattel.* Eine *Mure* (auch: *Murgang*) ist im Alpengebiet eine Art Erdrutsch, genauer ein durch starke Regengüsse oder Schneeschmelze verursachter Strom von Schlamm, Geröll, Holz u.a.

Alphorn *n* ↑Musikinstrumente, volkstümliche.

Altbayern (*n*) ↑Bayern.

Altenteil *n,* auch: *Austrag m* (*süddt.*) oder *Ausgedinge n* (*reg.*). Rechte verschiedener Art, die dem „Altenteiler", einem Bauern, der seinen Hof den Erben, meist seinem Sohn, übergibt, ganz oder teilweise die Versorgung sichern. Er erhält als „Leibrente" lebenslanges Wohnrecht, einen Teil des Bodenertrags, Nahrung, Kleidung und Taschengeld vertraglich zugesichert.

Alternative Liste *f* ↑Parteien 1.

Althochdeutsch *n* ↑Deutsche Sprache.

Ampelkoalition *f* ↑Parteien.

Amtsgericht *n* ↑Gerichtswesen.

Anhalt ↑Sachsen.

Anreden *fpl.* Die übliche Anrede *Herr, Frau, Fräulein* wird mit Hinzufügung des Familiennamens (oft auch des akademischen Titels : Herr Doktor X, Frau Professor Y) verwendet, wobei *Fräulein* zunehmend durch *Frau* ersetzt wird. Bei näherer Bekanntschaft sagt man auch z.B. *Lieber Herr Doktor, Liebe Frau Professor.* In gehobenen Kreisen wird eine Frau auch manchmal, bes. von Personen der älteren Generationen, mit *gnädige Frau* angeredet. Die förmliche Anrede *Sehr geehrter Herr X* oder *Sehr verehrte Frau Y* ist in Briefen durchaus üblich, z.B. in Schreiben an Behörden: *Sehr geehrte Damen und Herren. Meine sehr verehrten Damen, sehr geehrte Herren* wird verwendet bei Ansprachen, Versammlungen, Ehrungen u.a. Förmlicher ist *Meine Damen und Herren. Mein Herr* ist selten und wird fast nur im Gastgewerbe oder ironisch gebraucht. Für Träger von militärischen Dienstgraden oder Personen in bestimmten Funktionen lautet die Anrede: *Herr General, Herr Hauptmann, Herr Amtsrat, Herr Inspektor, Herr Wachtmeister, Frau Doktor* für eine Ärztin, *Herr Rechtsanwalt, Herr Direktor,* u.a. (*Chef* sagen nur Arbeiter zu ihrem Vorgesetzten, sofern er diese Vertraulichkeit gestattet). Für Geistliche gilt *Herr Pfarrer, Herr/Frau Pastor/in* oder *Herr/Frau Vikar/in* (evangelisch), *Herr Pfarrer, Herr Kaplan* oder (nur noch selten) *Hochwürden* (katholisch).

Anschluß *m.* Nach Auflösung des österreichisch-ungarischen Vielvölkerstaates (1918) suchte das verbliebene Deutschösterreich durch Beschluß der provisorischen österreichischen Nationalversammlung (1918) den A. an das Deutsche ↑*Reich,* den auch die Weimarer Verfassung (↑*Weimarer Republik*) vorgesehen hatte. Dieser A. wurde jedoch von den Siegermächten des ↑*Weltkrieges I* verboten. 1938 erzwang das ↑*Dritte Reich* die Ernennung des Nationalsozialisten Seyß-Inquart zum Bundeskanzler und besetzte am 12. März 1938 Österreich militärisch. Einen Tag später wurde Österreich zu einem Teil des Deutschen Reiches erklärt. Der A. wurde durch eine Volksabstimmung mit 99,73% Ja-Stimmen bestätigt und auch allgemein völkerrechtlich anerkannt, 1945 nach dem Zweiten Weltkrieg jedoch annulliert. Durch den österreichischen Staatsvertrag mit den Siegermächten (1955) wurde ein A. an D. für die Zukunft verboten. Durch die gewaltsame Art der Verwirklichung des A. im Jahre 1938 erhielt das Wort A. international eine pej. Bedeutung und wurde z.B. auch kritisch für die Modalitäten der Integration der ehem. DDR in die BRD verwendet.

Anthroposophen *mpl.* Zentrum der „Allgemeinen Anthroposophischen Gesellschaft" ist das als „Freie Hochschule für Geisteswissenschaft" unterhaltene „Goetheanum" in Dornach bei Basel (gegr. 1923). Mitglied kann jeder werden ohne Unterschied von Nation, Stand, Religion, sofern er an der Pflege und Verbreitung der „Weisheit vom Menschenwesen" zwischen Erde und Kosmos interessiert ist, wie sie *Dr. Rudolf Steiner* (1861–1925) zu vermitteln suchte. Steiner gab zahlreiche Impulse für die Neugestaltung vieler Lebensbereiche: Medizin (alternativ zur reinen Naturwissenschaft), Landwirtschaft (Regeneration durch biologisch-dynamische Wirtschaftsweise), Sprachgestaltung, Künste, Pädagogik u.a. Seine „Erziehungskunst" und „Allgemeine Menschenkunde" sind Grundlage der in D. weit verbreiteten Rudolf-Steiner-Kindergärten und *Waldorfschulen* (1919 von Steiner für die Kinder der Arbeiter und Angestellten der Waldorf-Astoria-Zigarettenfabrik in Stuttgart gegr.). Hier gelten wissenschaftliche Fächer, künstlerische und praktische Betätigung als gleichgewichtig zur Bildung von Geist und Seele. Die Schüler werden ohne benotete Zeugnisse, Leistungsdruck, Streß und Sitzenbleiben und unter Einbindung der Familie in 12 Jahren für den Abschluß und, je nach Wunsch und Begabung, im 13. Jahr für das Abitur mit Hochschulreife vorbereitet. In vielen Ländern wird inzwischen auch die 1922/23 nach Ratschlägen Steiners gegründete „Christengemeinschaft" als „Bewegung zur Erneuerung des Christentums" (mit Pfarrern, Gemeinden, Kultus in der jeweiligen Landessprache) anerkannt. Die A. unterhalten in D. auch Krankenhäuser, Alten- und Pflegeheime mit betont behutsamer Hinwendung zum Menschen.

Antisemitismus *m.* Abneigung, Feindseligkeit oder durch Vorurteile geprägte Einstellung gegenüber den Juden, in D. seit dem Mittelalter verbreitet. Nach der Emanzipation der Juden im 19. Jh. gab es im Deutschen Reich, wo Juden (bis 1933) wichtige Positionen in Wirtschaft, Wissenschaft und Kunst und z.T. auch in der Politik der ↑*Weimarer Republik* einnahmen, bereits antisemitische Strömungen und Organisationen. Ihre völkische Ideologie ging unter anderem zurück auf den Franzosen J. A. Gobineau (1816–1882) und den Engländer Houston Stewart Chamberlain (1855–1927), der Deutscher geworden war. Beide verherrlichten die „arische Herrenrasse" und sahen in den Juden eine minderwertige Rasse. Hitler, dessen A. seinen Ursprung im Wien der Vorkriegszeit hatte, griff diese rassistische Ideologie auf und machte die Juden zum Sündenbock für alle Mißstände der Weimarer Republik. Nach der Machtübernahme

durch die Nazis setzte eine systematische Judenverfolgung ein: 1933 Entlassung der jüdischen Beamten, Richter und Professoren; 1935 „Nürnberger Gesetze" zur Diskriminierung der Juden, u.a. Verbot von sog. „Mischehen" zwischen Juden und Nichtjuden. Diese Gesetze und die *Reichskristallnacht* (heute sachlicher: *Pogromnacht*, 9./10. November 1938) waren Etappen der Verwirklichung des antisemitischen Programms der NSDAP, dessen Endziel die Vertreibung oder Vernichtung der Juden war. Während der Kristallnacht gingen Synagogen in Flammen auf, wurden Friedhöfe geschändet, Fensterscheiben, Geschäfte und andere Sachwerte zerschlagen und Menschen ermordet. Der Besuch von Bädern, Theatern, Konzerten, Kinos und die Benutzung öffentlicher Verkehrsmittel wurde den Juden verboten. Die höheren Schulen wurden für ihre Kinder gesperrt, deren Schulpflicht im November 1938 aufgehoben. Schließlich wurde zur öffentlichen Diffamierung das Tragen eines gelben Sterns auferlegt, des *Davidsterns*, seit dem 19. Jh. religiöses Symbol des Judentums und Wahrzeichen des Zionismus. Im Rahmen der sog. „Arisierung der deutschen Wirtschaft" wurden die jüdischen Unternehmer enteignet und Juden jegliche wirtschaftliche Betätigung verboten. 1940 begannen die Deportationen von Juden zur Zwangsarbeit. Auf der sog. *Wannsee-Konferenz* hoher Staatsbeamter und ↑*SS*-Führer am 20.1.1942 wurde die systematische Deportation aller Juden bei gleichzeitiger Konfiskation ihres gesamten Vermögens sowie ihre Vernichtung beschlossen. Die

Durchführung oblag dem *Reichssicherheitshauptamt* der ↑*SS* (bes. Adolf Eichmann). Die Ermordung der Juden in D. und den besetzten Gebieten geschah meist in Ghettos (in Polen und Rußland) und ↑*Konzentrationslagern*. Die Zahl der Opfer dieses Massenmordes wird auf 6 Mio. geschätzt. In der BRD ist durch das ↑*Grundgesetz* jegliche Diskriminierung von Bürgern aufgrund ihrer Herkunft oder Religion verboten; antijüdische Gewalttaten und Äußerungen werden strafrechtlich verfolgt. Trotzdem gibt es in D. noch und wieder gewisse antisemitische Tendenzen, seit Anfang der 80er Jahre auch antijüdische Gewalttaten und Äußerungen, Schändungen jüdischer Friedhöfe und antisemitische Propaganda einzelner neofaschistischer Organisationen. Die größeren extremen Rechtsparteien wie die *Republikaner* und die *DVU* (*Deutsche Volksunion*) (↑*Parteien*) betreiben bisher nicht offen antisemitische Propaganda, machen aber allgemein gegen die ↑*Ausländer* in D. Stimmung (↑*Radikalismus, politischer*).

AOK *f* ↑Sozialversicherung.

Apfelschorle *f* ↑ Schorle.

APO *f* ↑Revolutionen.

Aprilscherz *m*. Seit dem 17. Jh. bestehender Brauch, jemanden am 1. April mit einem harmlosen Scherz zum Narren zu halten, „in den April zu schicken". Auch die Presse leistet sich dann solche „Scherz-Artikel", die am nächsten Tag dementiert werden.

Aquavit *m* ↑Liköre und Schnäpse.

Arbeitgeberverbände *mpl* ↑BDA.

Arbeitsamt *n* ↑Bundesanstalt für Arbeit.

Arbeitsgerichtsbarkeit *f* ↑Gerichtswesen.

Arbeitslosenversicherung *f* ↑Sozialversicherung.

ARD *f* ↑Rundfunk und Fernsehen.

Ardennenoffensive *f* ↑ Weltkrieg II.

Aschermittwoch *m* ↑Karneval.

Assessor *m* ↑Referendar.

AStA *m, Allgemeiner Studentenausschuß*. Als gewähltes Selbstverwaltungsorgan vertritt der A. die Interessen der Studenten gegenüber ↑*Universität*, staatlichen Einrichtungen und Öffentlichkeit. Die ASten der einzelnen Hochschulen haben sich zuerst auf Bundesebene im VDS (Verband Deutscher Studentenschaften) und seit Auflösung des VDS Mitte der 80er Jahre in Landes-Astenkonferenzen zusammengeschlossen. Die Zwangsmitgliedschaft der Studenten im A. wurde in der BRD in Frage gestellt, nachdem viele ASten und der VDS seit etwa 1970 ein allgemein politisches Mandat beanspruchten. ASten als selbständige, in der Hochschulverfassung verankerte Organe bestehen in einigen Bundesländern (Bayern, Baden-Württemberg) nicht mehr.

ASU *f, Abgassonderuntersuchung.* In der BRD seit 1985 (neue Bundesländer seit 1991) für alle Autos mit Benzinmotor obligatorische Kontrolle der Abgase zur Verminderung der Luftverschmutzung. Seit 1993 müssen auch Autos mit Katalysator und Dieselmotor, die vorher von der A. befreit waren, regelmäßig zu einem Abgastest.

Asylanten, Asylberechtigte, Asylbewerber *mpl* ↑Zuwanderung.

Atlantikwall *m.* 1942–1944 in Erwartung einer alliierten Landung errichtete dt. Befestigungsanlagen an der Küste des Atlantiks und des Ärmelkanals (↑*Weltkrieg II*).

Aufschnitt *m* ↑Wurstwaren.

Ausgedinge *n* ↑Altenteil.

Ausländer *mpl.* Während des Wirtschaftsbooms der 60er Jahre wurden in der BRD wegen des großen Bedarfs an Arbeitskräften sog. *Gastarbeiter,* zuerst Italiener, Spanier, später vor allem Jugoslawen, Griechen und Türken angeworben, die nach ein paar Jahren in ihre Heimat zurückkehren sollten. Sie blieben aber oft länger und holten sogar ihre Familien nach. Daraus ergab sich das Problem ihres Daueraufenthaltes und ihrer Integration. Die stärksten Gruppen unter den 1992 in D. lebenden 6 495 792 A. waren Türken (1 854 945), Menschen aus dem ehem. Jugoslawien (915 636) und Italiener (557 709). Die Ausländerpolitik der BRD verfolgt seit Beginn der 80er Jahre drei Hauptziele: die soziale Integration

der A., die Schaffung finanzieller Anreize zur Rückkehr in die Heimat und die Begrenzung des Nachzuges von Familienangehörigen und des Zuzugs neuer A. (durch Gesetz vom 1. 1. 1991 neu geregelt). Viele A. wollen jedoch ihre Staatsbürgerschaft und kulturelle Identität behalten und erst nach der Schulausbildung ihrer Kinder oder überhaupt nicht zurückkehren. Seit den 80er Jahren wurde ein wachsender Widerstand gegen A. in der dt. Bevölkerung spürbar (*Ausländerfeindlichkeit*), vor allem wegen der steigenden Zahl der Asylbewerber (↑*Zuwanderung*). Aufgrund internationaler Verträge der ehem. ↑*DDR* sind außerdem durch die ↑*Wiedervereinigung* A. (vor allem aus Vietnam und Mosambik) in den neuen ↑*Ländern* hinzugekommen. Seit Anfang der 90er Jahre kam es zu gewalttätigen Angriffen auf A., insbesondere durch Jugendliche und häufig unter dem Einfluß rechtsextremer Agitation (↑*Radikalismus, politischer),* die sich Arbeitslosigkeit, Wohnungsnot u. a. zunutze macht. Andererseits entstand Ende 1992 eine breite, parteiunabhängige Bürgerbewegung, die mit friedlichen Demonstrationen (*Lichterketten,* d. h. Menschenketten mit Kerzen, Fackeln u. a. Lichtern), Kultur- und Informationsveranstaltungen ihre Solidarität mit den A. bekundet.

Ausländerbeauftragte(r) *f/m* des ↑*Bundestages.* Er/sie soll die Situation der in D. lebenden Ausländer beobachten und darüber wachen, daß deren Rechte gewahrt werden, sowie jedes Jahr dem Bundestag Bericht erstatten.

Aussiedler *mpl* ↑Zuwanderung.

Aussteiger *m.* Im Idealfall jemand, der sich von den Lebensgewohnheiten der industriellen Konsum- und Leistungsgesellschaft abwendet, einen alternativen Lebensweg einschlägt und nicht selten auswandert, um fern von Industriekonzentration, Umweltverschmutzung und Konsum ein „natürliches" Leben zu führen.

Austrag *m* ↑Altenteil.

Auswärtiges Amt (AA) *n.* Im Deutschen ↑*Reich* (1871–1945) und in der BRD seit 1951 Bez. für die Zentralbehörde für die auswärtigen Angelegenheiten, heute das Bundesministerium des Auswärtigen. Vor dem Zweiten Weltkrieg befand sich das AA (neben anderen Ministerien) in der *Wilhelmstraße* in Berlin.

Autobahnen *fpl* gibt es in D. seit 1934; sie sind bisher (1993) gebührenfrei. Die Mittel für den Bau von (offiziell) *Bundesautobahnen* (*BAB*) wurden bisher durch Kraftfahrzeug- und Mineralölsteuer aufgebracht. Das dichte Netz (ca. 9000 km) wird ständig erneuert und erweitert. Die *Raststätten,* auch *Rasthöfe* genannt, sind Erholungsplätze und Restaurants mit Parkplätzen und Tankstellen. *Rasthäuser* vermieten meist auch Zimmer. *Autobahnmeistereien* sind technische Dienststellen für die Instandhaltung der A.

Automobilclubs *mpl.* Der älteste A. ist der *Automobilclub von Deutschland (AvD),* gegr. 1899, Sitz in Frankfurt/Main. 1903 wurde der *All-*

gemeine Deutsche Automobil-Club (ADAC) gegr., Sitz in München, heute weitaus der größte. Weitere A. sind u. a. der *Auto Club Europa (ACE)* und der *Deutsche Touring Automobil Club (DTC).* Neben der Vertretung der Interessen ihrer Mitglieder durch Information, technischen Prüfdienst, Straßenwacht, Pannenhilfe auf ↑*Autobahnen* und Bundesstraßen (↑*B* + *Nummer*), Rechtsberatung und Rechtsschutz fördern die A. den Motorsport, unter anderem durch nationale und internationale Autorennen, z. B. den Großen Preis von D. (AvD). Ein vergleichsweise hoher Anteil der Autofahrer in D. nutzt den Service und die Dienstleistungen der A.: Der *ADAC* hat über 12 Mio. Mitglieder.

Autonome Gruppen *fpl.* Politische Initiativen aus dem Spektrum der Neuen Linken, entstanden in den 60er Jahren im Zusammenhang mit der Studentenbewegung (↑*Revolutionen, Putsche, Unruhen*). A. G. lehnen das bestehende Gesellschaftssystem ab und streben ein selbstbestimmtes Leben in allen Bereichen an. Sie haben keine festgefügte Organisationsform, nehmen aber – seit einiger Zeit als *Schwarzer* (schwarzgekleideter) *Block* – an Demonstrationen teil und haben sich auch z. T. an Angriffen auf die Polizei, Plünderungen, Hausbesetzungen u. a. beteiligt.

AvD *m* ↑Automobilclubs.

AWO *f* ↑Wohlfahrtsverbände.

Azubi *m/f.* Abk. für Auszubildende(r), Lehrling, Lehrmädchen in

Handwerk, Wirtschaft und Verwaltung.

B

B *f* + Nummer (z.B. B 9). Abk. für *Bundesstraße* (früher *Reichsstraße*). Mit den ↑*Autobahnen* bilden die B. ein zusammenhängendes Netz von Fernstraßen. Der Bau von B. wird im Auftrag des Bundes von den Ländern verwaltet.

BAB *f* ↑ Autobahnen.

Backsteingotik *f*. Sonderform der gotischen Architektur, die aus Ziegeln (= Backsteinen) statt aus behauenen Natursteinen errichtet und in Nordd., besonders in den Ostseegebieten beheimatet ist und bis nach Bayern ausstrahlte. Sie entwickelte eine eigene Formensprache, die mit der flächigen Gliederung der Baumassen in ausgewogenen Proportionen und mit zurückhaltendem Schmuck aus farbig glasierten Ziegeln, weiß verputzten Blenden, komplizierten Profilen und Steingitterwerk arbeitete. Eine Sonderleistung der B. ist das Sterngewölbe. Im 13.–15. Jh. entstanden *Sakralbauten:* Lübeck (Marienkirche, 13./14. Jh.), Danzig (Marienkirche, 14. Jh.), Lüneburg (Nikolaikirche, 15. Jh.), Tangermünde, Brandenburg u.a. sowie berühmte *Profanbauten:* Marienburg bei Danzig, Rathäuser und Stadttore in Lübeck, Stralsund, Rostock u.a. Mit der Wiederaufnahme vergangener Stile im 19. Jahrhundert erfuhr auch die B. neue Wertschätzung (durch Karl Friedrich von Schinkel u.a.).

Baden-Württemberg (*n*) entstand als Bundesland erst 1952 nach einer Volksabstimmung aus der Vereinigung von *Baden* und *Württemberg* und hieß zunächst *Südweststaat.* *Baden,* zuerst Markgrafschaft, wurde 1806 durch Napoleon bei gleichzeitiger Erweiterung seines Gebietes Großherzogtum; 1919 Freistaat, 1933 „gleichgeschaltet" (↑*Drittes Reich*). 1945 wurde der nördliche Teil B. amerikanische, der südliche frz. Besatzungszone. *Württemberg,* Grafschaft im 12. Jh., Herzogtum im 15. Jh., wurde nach einer wechselvollen Geschichte 1806 (wiederum durch Napoleon) Königreich; 1918 Freistaat, 1933 „gleichgeschaltet". 1945 kamen *Württemberg-Baden* (die nördlichen Teile von B. und W.) zur amerikanischen, *Württemberg-Hohenzollern* (Südwürttemberg mit dem Regierungsbezirk Hohenzollern) zur frz. Besatzungszone, bis alle drei Gebiete zum Bundesland B.-W. vereinigt wurden.

Bafög *n*. Das *Bundes-Ausbildungsförderungs-Gesetz* vom 1. 10. 1971 (mit mehrfachen Änderungen, zuletzt am 13. 7. 1993), regelt den Rechtsanspruch von Studenten und Schülern, denen die erforderlichen finanziellen Mittel fehlen, auf staatliche Förderung (Subventionierung) der Ausbildung, unabhängig von ihren Leistungen. Das Geld wird zu 65% vom Bund, zu 35% von den Ländern aufgebracht. Nach zahlreichen Verfahrensänderungen erhalten *Bafög-Empfänger* heute die Mittel zur Hälfte als Darlehen (Kredit), zur Hälfte als Zuschuß (Subvention).

Bahnhofsmission *f.* Caritative Einrichtung der evangelischen und katholischen Kirche zur Betreuung hilfsbedürftiger Reisender.

Bambi, der ~ ↑Filmpreise.

Bär, Goldener ↑Filmpreise.

BAT *m, Bundesangestelltentarif.* In der Regel richten sich die Gehälter der Angestellten im Öffentlichen Dienst bundesweit nach dem B., die Bezüge der Beamten dagegen nach Besoldungsordnungen. Der Angestellte erhält die BAT-Grundvergütung, einen sog. Ortszuschlag, Weihnachts-, Kinder- und Urlaubsgeld.

Bauhaus. Das ~. 1. ab 1925 Name der von Walter Gropius 1919 in Weimar gegr. Hochschule für Gestaltung (1925 nach Dessau, 1932 nach Berlin verlegt, 1933 geschlossen). 2. Gruppe von Architekten, Handwerkern und bildenden Künstlern dieser Schule (Lyonel Feininger, Gerhard Marcks, Paul Klee, Wassily Kandinsky, Ludwig Mies van der Rohe u. a.), die technisches, handwerkliches und künstlerisches Gestalten, ausgerichtet auf Funktionalität, Materialgerechtigkeit, Schönheit und Stil, als Grundprinzipien für modernes Bauen und jegliche industrielle Produktion verstanden. Seit 1990 besteht eine vom Bund geförderte Initiative, das B. als „interdisziplinäre Akademie" mit Werkstatt und wissenschaftlicher Sammlung in Dessau wieder aufleben zu lassen. ↑*Gesamtkunstwerk.*

Bayerisches Oberstes Landesgericht *n* ↑Gerichtswesen.

Bayern (*n*). Hauptstadt: München, flächenmäßig das größte Land (↑*Länder*) D., umfaßt heute drei ethnisch und sprachlich stark differenzierte Landesteile: *Altbayern, Franken* und *Schwaben.* Das sog. *Altbayern* (heute mit den Regierungsbezirken Oberbayern, Niederbayern und Oberpfalz), das bayerische Kernland, in dem bairischer (mit *i* geschrieben!) Dialekt gesprochen wird, erscheint schon im 6. Jh. als Herzogtum B. und wurde nach verschiedenen Herrschaftwechseln von 1180 bis 1918 von den ↑*Wittelsbac./ern* regiert (zuerst Herzöge, nach 1623 Kurfürsten). Während der Napoleonischen Kriege wurde B. als Verbündeter Frankreichs durch Napoleon nördlich der Donau um ↑*Franken* (heute mit den Regierungsbezirken Mittelfranken, Oberfranken und Unterfranken, Zentrum Nürnberg) und westlich des Lechs um ↑*Schwaben* (Bayrisch-Schwaben, Hauptstadt Augsburg) erweitert und 1806 zum Königreich erhoben. Erst 1813 trat B. der antifranzösischen europäischen Koalition bei (↑*Befreiungskriege*). Die Herrschaft der bayerischen Könige aus dem Hause ↑*Wittelsbach* endete mit der Revolution vom November 1918, bei der die Republik („Freistaat Bayern") ausgerufen wurde (↑*Revolutionen*).

BDA *f, Bundesvereinigung der Deutschen Arbeitgeberverbände* (Sitz Köln). Als Zusammenschluß der Berufsverbände von Arbeitgebern aller Wirtschaftszweige (Industrie, Handel, Handwerk, Banken, Versicherungen, Landwirtschaft, Verkehr) ist die BDA Verhandlungs- und Vertragspartner der ↑*Gewerkschaften*

und dient der Wahrnehmung arbeits-
rechtlicher und sozialpolitischer Ge-
samt- und Einzelinteressen der Unternehmer.

BDI *m, Bundesverband der Deutschen Industrie* (Sitz Köln). Der Spitzenverband der Industrie-Fachver-
bände vertritt die wirtschaftlichen
und wirtschaftspolitischen Interessen
der dt. Industrie im In- und Ausland.

BdM *m* ↑Hitlerjugend.

Befreiungskriege *mpl* (auch: *Frei-
heitskriege*). Alle militärischen Feldzüge von Armeen dt. Staaten zwischen 1813 und 1815, die die napo-
leonische Herrschaft in D. beendeten
und zum Sturz des frz. Kaisertums
führten. Die wichtigste Entscheidung
fiel in der sog. *Völkerschlacht bei
Leipzig* (16. Oktober 1813), in der
die verbündeten Preußen, Österrei-
cher, Russen sowie die während der
Schlacht zu ihnen übergelaufenen,
vorher mit Frankreich verbündeten
Bayern und Sachsen die frz. Armeen
vernichtend schlugen.

Bellevue, Schloß (*n*). Seit 1993
Amtssitz des ↑*Bundespräsidenten* in
der Hauptstadt Berlin, in dem er
schon seit 1959 zeitweilig residierte.

Bereitschaftspolizei *f* ↑Polizei.

Berlinale *f* ↑Berliner Filmfestspiele.

Berlinblockade *f* ↑Nachkriegs-
deutschland.

Berliner Mauer *f* ↑DDR.

Berliner Filmfestspiele *npl.* (auch:
Berlinale). Das seit 1951 jährlich in
Berlin-West stattfindende Filmfesti-
val zählt zu den bedeutendsten Film-
festspielen in Europa. Gezeigt wird
eine Auswahl der neuesten Kinopro-
duktionen der Welt, die von einer internationalen Jury prämiert werden.
1971 wurden die B. durch das *Internationale Forum des Jungen Films*
ergänzt, das sowohl die Leistungen
erfolgreicher Publikumsfilme als
auch innovativer, künstlerischer Filme berücksichtigt.

Berufsschule *f* ↑Schulwesen.

Besatzungszonen *fpl.* Nach Ende des
↑*Weltkriegs II* (1945) wurde D. gemäß den Beschlüssen der Potsdamer
Konferenz (17. 7.–2. 8. 1945) – nach
Abtrennung der dt. ↑*Ostgebiete,* die
an Rußland und Polen fielen, und
nach der provisorischen Abtrennung
des ↑*Saarlandes* – von den Siegermächten USA, Großbritannien,
Frankreich und Sowjetunion in vier
Besatzungszonen geteilt. Berlin wurde unter Viermächteverwaltung gestellt. 1947 schlossen sich die amerikanische und britische Besatzungszone zur *Bizone* zusammen, die, um
die frz. Zone erweitert, zur *Trizone*
wurde, auf deren Gebiet 1949 die
BRD gegründet wurde. Auf dem Gebiet der sowjetischen Besatzungszone, oft *SBZ* genannt, wurde am
7. 10. 1949 die ↑*DDR* errichtet.
1955 endete für die BRD das Besatzungsregime; die Besatzungstruppen
waren nun in der BRD stationierte
Truppen verbündeter Mächte. Ihre
Zahl wurde nach der ↑*Wiedervereinigung* 1990 erheblich reduziert,

der Viermächtestatus von Berlin beendet.

Bescherung *f* ↑Weihnachten.

Betriebsrat *m* ↑Mitbestimmung.

Bezirk *m.* 1. In einigen Ländern der BRD eine Verwaltungseinheit der mittleren Ebene (nach dem Bund und den ↑*Ländern*), die ihrerseits in *Kreise* unterteilt ist; 2. In der ehem. ↑*DDR* wurden im Zuge einer straffen zentralistischen Organisation 1952 die *Länder* abgeschafft und durch 14 *Bezirke* ersetzt, die ihrerseits in 227 *Kreise* unterteilt waren. Nach der ↑*Wiedervereinigung* wurden die alten ↑*Länder* wiederhergestellt.

BGB *n.* Das *Bürgerliche Gesetzbuch* bildet seit dem 1. 1. 1900 die Grundlage des gesamten dt. Zivilrechts. Nach 1945 erfuhr das BGB wichtige Veränderungen.

Bibliotheken *fpl.* Obwohl regional gegliedert, ist das Bibliothekswesen durch enge Kooperation und Koordination zu einem einheitlichen Bibliothekssystem zusammengefaßt. Die Spitze des Bibliothekssystems bilden mehrere Zentralbibliotheken: Die *Staatsbibliothek zu Berlin – Preußischer Kulturbesitz* (Vereinigung seit Januar 1992 der *Deutschen Staatsbibliothek* im ehem. Ostberlin und der *Staatsbibliothek Preußischer Kulturbesitz* im ehem. Westberlin) und der *Bayerische Staatsbibliothek* in München sind die bestandsstärksten Zentren der internationalen Literatur. Die *Deutsche Bibliothek in Frankfurt/*

Main, 1947 gegr. als zentrale Archivbibliothek, (Anfang der 90er Jahre mit der *Deutschen Bücherei,* 1913 in Leipzig gegr., vereinigt) sammelte alle nach 1945 und jetzt – als *Deutsche Bibliothek* – alle seit 1913 in D. und im Ausland erschienenen deutschsprachigen Publikationen, Übersetzungen dt. Werke, fremdsprachige Literatur über D. und Emigrantenliteratur von 1933–45. Eine einheitliche Dachorganisation (*DBV*) faßt alle Bibliothekstypen (wissenschaftliche B., öffentliche Büchereien, Spezialbibliotheken) zusammen.

Biedermeier *n.* Ursprünglich Bez. für eine bürgerliche Geisteshaltung, die zwischen dem Wiener Kongreß (1814/15) und der Revolution von 1848 in D. und Österreich entstand: Abwendung von der Politik und Rückzug in den privaten Bereich („das kleine, stille, häusliche Glück") sind ihre wesentlichen Merkmale. Zeitlich deckt sich das B. mit den politischen und kunsthistorischen Epochebegriffen *Vormärz* und *Restauration, Romantik* und *Spätklassizismus.* Das Wort B. tritt erstmals in den Münchner „Fliegenden Blättern" von 1855 auf.

Der Stilbegriff B. entstand erst nach der Jahrhundertwende, als Kunst und Kunsthandwerk der B.-Zeit sich neuer Beliebtheit erfreuten. Berühmte Maler, die dem B. zuzurechnen sind: Ferdinand Georg Waldmüller, Moritz von Schwind, Carl Spitzweg; berühmte Schriftsteller: Friedrich Grillparzer, Eduard Mörike, Adalbert Stifter, Nikolaus Lenau (Betonung des kleinen Glücks, des Maßes, der Liebe zu den Dingen, der Geschichte und der Natur). Schön gearbeitete, schlichte und zweckentsprechende B.-Möbel (Kommoden, Schränke, Stühle, Sessel und Sofas, mit elegantem B.-Stoff bezogen) sind in D. nach wie vor beliebt.

Bier *n.* B. ist ein aus Malz, Hopfen und Wasser durch alkoholische Gärung mit Hefe zubereitetes Getränk. D. ist berühmt für die Qualität und Vielfalt seiner B. Man unterscheidet – je nach Art der verwendeten Hefe – zwischen *untergärigem* und *obergärigem* B. Zu den untergärigen B. gehört das *Pils*, um 1840 erstmals im tschechischen Pilsen gebraut, ein helles, stark hopfiges Vollbier, das *Export* mit einem leichten Malzaroma, das vollmundige *Märzenbier* sowie die starken *Bockbiere* (Bock, Doppelbock, bis 5% Alkohol). Zu den obergärigen B. zählen das helle, zartherbe, hopfenbetonte *Kölsch* und *Dortmunder*, das dunkle, hopfenbittere *Alt* sowie das kräftige *Rauchbier*. Ebenfalls obergärig und stark kohlensäurehaltig sind *die Berliner Weiße*, vorzugsweise mit einem *Schuß* Himbeersaft (rot) oder Waldmeisteressenz (grün) getrunken, und das bayerische *Weizenbier* oder *Weißbier*, aus Weizen- und Gerstenmalz, welches oft noch Hefe enthält und gern mit einer Zitronenscheibe getrunken (auch als *Weizen(doppel)bock*) wird. Beliebte Durstlöscher sind Mischungen aus B. und Zitronen- oder Orangenlimonade wie die *Radlermaß* (Südd.) oder das *Alsterwasser* (Nordd.). Mehr als tausend Brauereien erzeugen rund fünftausend unterschiedliche B. Hinzu kommen einige Importe. Das hohe Ansehen der dt. B. gründet auf dem für die dt. Brauwirtschaft maßgebenden *Reinheitsgebot*, erlassen im Jahre 1516 durch Herzog Wilhelm IV. von Bayern und damit die älteste noch gültige lebensmittelrechtliche Bestimmung der Welt. Nach den heutigen Gesetzen darf untergäriges B. ausschließlich aus Gerstenmalz, Hopfen, Hefe und Wasser gemacht werden. Für obergärige B. dürfen auch andere Malze verwendet werden. Die dt. Brauer respektieren das Reinheitsgebot, da es für sie aufgrund der damit garantierten Qualität ein wichtiges Mittel im Konkurrenzkampf mit importierten B. ist, für deren Herstellung z. B. auch Reis, Mais sowie Zusatzstoffe verwendet werden.

Biergarten *m.* Sommerliche Gartenwirtschaft, in der hauptsächlich Bier, meist mit einfachen Gerichten wie Würstchen, Brathuhn, Rettich, Brezel (süddt.) u. a. serviert wird. Vor allem in Bayern sind B., in die auch Speisen (*Brotzeit*) mitgebracht werden dürfen, sehr verbreitet. Gelegentlich spielt dort auch eine Blaskapelle typisch bayerische Musik. ↑*Oktoberfest*.

Bild-Zeitung *f* ↑Presse.

Bildschirmtext *m*, Abk. *BTX*. Der BTX bietet dem Benutzer die Möglichkeit, auf dem Bildschirm seines Fernsehers gespeicherte Daten eines zentralen Computers abzulesen, die er über sein Telefon abrufen kann, z. B. Tagesnachrichten, Wetterbericht, Wechselkurse usw.

Bioladen *m.* Ende der 70er Jahre aus der Öko- und Anti-Atomkraft-Bewegung entstandene Art von Geschäft, in dem Lebensmittel aus biologischem Anbau, wenn möglich von alternativen Bio-Projekten aus dem regionalen Umkreis, und umweltfreundliche Haushaltsartikel verkauft werden.

Bizone *f* ↑Besatzungszone.

BKA *n* ↑Bundeskriminalamt.

Blaue Blume *f.* Seit Novalis' Roman „Heinrich von Ofterdingen" (1802) Sinnbild der romantischen Dichtung und der romantischen Sehnsucht nach dem Unendlichen.

Blaue Reiter, Der ~~. Zunächst Name einer von Wassily Kandinsky und Franz Marc 1911 in München gegr. Ausstellungs- und Redaktionsgemeinschaft, die ab 1912 den Almanach „Der Blaue Reiter" herausgab (Schriften zur Kunst, Ethnographisches, Reproduktionen von Bildern der „↑*Brücke-Maler*", aber auch von Matisse, Picasso u.a. sowie musiktheoretische Abhandlungen und Musikbeilagen z.B. von Arnold Schönberg, Alban Berg, Anton v. Webern u.a.). Zur Künstlergruppe des B. R., die sich gegen das akademische, wirklichkeitsnachahmende Malen und hemmende, bes. impressionistische Traditionen wandte, zählen neben Kandinsky und Marc auch August Macke, Gabriele Münter, Alfred Kubin, Paul Klee, Robert Delaunay, Alexej v. Jawlensky und Marianne v. Werefkin.

Bleigießen *n* ↑Feste.

Blitzkrieg *m.* Die Art der dt. Kriegsführung der Jahre 1939–1941, die die Kampfhandlungen auf eine Reihe kurzer Feldzüge (in Polen, Frankreich, Holland, Belgien, Jugoslawien, Griechenland und anfänglich auch in der Sowjetunion) konzentrierte (↑*Weltkrieg II*). Hierbei dringen – unterstützt von Kampfflugzeugen – schnelle Panzereinheiten und motorisierte Infanterie weit in das gegnerische Gebiet vor, und die nachfolgenden Truppen besetzen es. Der Begriff B. wurde, auch in übertragener Bedeutung, von anderen Sprachen (engl., frz. *blitz*) übernommen.

Blockparteien *fpl* ↑Parteien.

Blut und Eisen. Nicht-öffentlicher Ausspruch Bismarcks, auch der ↑*„eiserne Kanzler"* genannt, am 30. 9. 1862 in der Budgetkommission des preußischen Abgeordnetenhauses: „Nicht durch Reden und Majoritätsbeschlüsse werden die großen Fragen der Zeit entschieden – das ist der Fehler von 1848 und 1849 gewesen – sondern durch Eisen und Blut." Diese Äußerung wurde als Bekenntnis zu nackter Machtpolitik aufgefaßt und sprichwörtlich häufig zitiert.

BND *m* ↑Nachrichtendienste.

Bock(bier) *m* (*n*) ↑Bier.

Bocksbeutel *m* ↑Weine.

Bodden *m* ↑Ostseeküste.

Börsenverein des Deutschen Buchhandels *m.* Spitzenverband des Buchhandels- und Verlagswesens in der

BRD, 1825 in Leipzig gegr., Sitz heute in Frankfurt/Main. Der B. trat für die Abschaffung der Zensur und für die Regelung des Urheberrechts ein und bemühte sich u. a. um die Einführung des festen Ladenpreises für Bücher. Seine Aufgaben sind die Interessenvertretung in Fragen der Kulturpolitik, der Literaturfreiheit und des Urheber-, Verlags-, Wettbewerbs- und Steuerrechts, die Berufsbildung und die Rationalisierung des Geschäftsverkehrs (z. B. Vertriebssystem). Er betreibt die Ausstellungs- und Messe GmbH, die jedes Jahr im Herbst die (seit dem 15. Jh. bestehende) *Frankfurter Buchmesse* organisiert, auf der Verlage aus der ganzen Welt Autoren und Programme präsentieren, Lizenzen verhandeln und PR-Arbeit betreiben. Dort wird auch der vom BDB gestiftete Friedenspreis des dt. Buchhandels verliehen (↑*Literaturpreise*). Seit Januar 1991 betreibt der BDB auch in Leipzig ein Büro, das unter anderem der organisatorischen Begleitung der ebenfalls traditionsreichen *Leipziger Buchmesse* dient. Ein Hauptanliegen der Leipziger Buchmesse ist heute die Kontaktvermittlung zwischen osteuropäischen Verlegern, Autoren, Buchhändlern und Bibliothekaren und den Fachleuten aus dem Westen.

Bowle *f.* Kaltes, alkoholisches Getränk aus Wein, Sekt und aromatischen Früchten oder Würzstoffen (Erdbeer-, Pfirsich-, Waldmeister-B.), die mit wenig Zucker, eventuell mit etwas Cognac oder Weinbrand in einem großen Gefäß (das ebenfalls B. genannt wird) angesetzt werden. Die B. ist ein beliebtes Erfrischungsgetränk bei Sommerfesten, Familienfeiern und Partys.

Brandenburg (*n*). Ursprünglich eine Grenzmark (daher *Mark B.*) war B. das Kernland des späteren preußischen Staates (↑*Preußen*). Heute ist B. mit der Hauptstadt Potsdam eines der neuen ↑*Länder*.

Brot *n* ist nach wie vor das wichtigste Nahrungsmittel der Deutschen. Pro Kopf und Jahr werden ca. 56 Kilo B. und *Brötchen* (kleine runde oder ovale B.) gebacken. Dabei gibt es über 200 unterschiedliche Sorten B. Meist wird B. aus Roggen- oder Weizenmehl, mit Wasser (und Gewürzen) vermischt und mit Sauerteig oder Hefe gelockert, hergestellt. Daneben gibt es auch Hafer-, Mais,- und Gerstenbrot. Im mittleren und südlichen D., wo Weizen angebaut wird (das einzige Getreide, aus dessen Mehl man helles, weißes B. backen kann), aß man traditionell viel *Weißbrot,* in Nordd. dagegen, wo Roggen und Gerste wegen des Klimas am besten gedeihen, viel kräftiges *Schwarzbrot.* Doch gibt es inzwischen überall ein breites Angebot von Brotsorten, daher in Dt. auch *Abendbrot* (= Abendessen). Für Festtage (z. B. Ostern und Weihnachten) stellen die Bäcker, vor allem in Südd., Brote mit phantasievollen Formen und Mustern her (z. B. Hasen, Vögel, Zöpfe, Kränze), sog. *Gebildebrote.* Eine der ältesten spezifischen Brotformen ist die *Brezel* (süddt.), aus feinstem weißen Mehl, vor dem Backen in Natronlauge getaucht und mit Hagelsalz bestreut. Weißbrot war lange Zeit ein Statussymbol der wohlhabenden Schichten, bis die moderne Ernährungslehre den besonderen Nährwert von Vollkornbrot dem Publikum bewußt machte. Beliebt sind verschiedene Sorten *Grau-* und *Schwarzbrot* wie *Schrotbrot, Mehrkornbrot, Sonnenblumenbrot, Leinsamenbrot* sowie *Pumpernickel,* eine rindenlose, aus Roggenschrot gebackene, dunkle Brotspezialität aus Westfalen. Zum Frühstück werden neben B. häufig Brötchen (norddt.) oder Semmeln (bes. süddt. und mitteldt.) gegessen, für die es sehr viele regionale Bez. gibt, teils nach der Form, teils auch nach den Ingredienzen benannt, z.B. *Kümmel-* oder *Mohnbrötchen, Eiweckerl* (süddt.) oder *Schrippe* (längliches Brötchen aus Berlin).

Brot für die Welt. Seit 1959 Hilfsaktion der Evangelischen Kirche in D. zur Linderung der Not in der Welt mit dem Ziel „Hilfe zur Selbsthilfe". Gefördert werden Projekte in Land- und Forstwirtschaft, Handwerk, Gewerbe, Sozialeinrichtungen, Gesundheitswesen. ↑*Misereor.*

Bruch *m (pl: Brüche)* ↑Moorlandschaft.

Brücke, Die ~. 1905 in Dresden gegr., 1910–1913 in Berlin ansässige Künstlergemeinschaft der Maler Ernst Ludwig Kirchner, Erich Hekkel, Karl Schmidt-Rottluff, Max Pechstein, Emil Nolde, Otto Mueller u.a., die allgemein als deutsche *Expressionisten* bezeichnet werden. In den sechs „Brücke-Mappen" (1906–1911) bezeugten sie auch ihr Interesse für Radierung, Holzschnitt und Lithographie.

Brüderschaft, ~trinken ↑Duzen, Siezen.

BTX *m* ↑Bildschirmtext.

Bund *m* 1. Kurz für ↑*Bundeswehr,* z.B. „Er muß zum B."; 2. die ↑*BRD* als Ganzes, ihre Regierung und Verwaltung, z.B. „Die Kosten trägt der B.".

Bund Deutscher Mädel *m* ↑Hitlerjugend.

Bundesadler *m* ↑Staatssymbole.

Bundesanstalt für Arbeit *f.* Dem Bundesministerium für Arbeit und Sozialordnung unterstellte Behörde mit Sitz in Nürnberg. Sie ist zuständig für die Arbeitslosenversicherung (↑*Sozialversicherung*), die Förderung der beruflichen Bildung (Umschulung, ↑*Erwachsenenbildung*), die Berufsberatung, die Arbeitsvermittlung (durch die *Arbeitsämter*), die Sprachförderung von Aussiedlern (↑*Zuwanderung*) und für Maßnahmen der Arbeitsmarktpolitik, z.B. die *Arbeitsbeschaffungsmaßnahmen (ABM):* für einen begrenzten Zeitraum ganz, meist aber nur teilweise finanzierte Arbeitsplätze, um schwer vermittelbaren Arbeitslosen eine berufliche Chance zu geben. Als ABM werden nur Arbeitsplätze gefördert, die im öffentlichen Interesse liegen. Die B. ist in 11 *Landesarbeitsämter* und 184 örtliche *Arbeitsämter* untergliedert.

Bundesarbeitsgericht *n* ↑Gerichtswesen.

Bundesbahn *f* ↑Deutsche Bundesbahn.

Bundesautobahnen *fpl* ↑Autobahnen.

Bundesbank, Deutsche ∼ *f* (Sitz Frankfurt/Main seit 1957). Die D. B. ist die Zentralnotenbank (mit dem alleinigen Recht, Banknoten auszugeben). Ihr Grundkapital steht dem ↑*Bund* zu (Unterstützung der allgemeinen Wirtschaftspolitik der Regierung). Sie unterhält als Hauptverwaltungen in den ↑*Ländern Landeszentralbanken* (LZB), deren Vorstände im Führungsgremium der D. B., dem *Zentralbankrat,* sitzen. Die D. B. regelt den Geldumlauf und die Kreditversorgung der Wirtschaft (z. B. Festlegung der Zinssätze) – mit dem Ziel, die Stabilität der Währung zu sichern – und sorgt für die bankmäßige Abwicklung des Zahlungsverkehrs im Inland und mit dem Ausland. Im Gegensatz zu den Zentralbanken der meisten anderen Staaten ist die D. B. von Weisungen der ↑*Bundesregierung* unabhängig.

Bundesbeauftragter für den Datenschutz *m* ↑Datenschutzbeauftragter.

Bundesbehörden, oberste *fpl,* **Bundesoberbehörden** *fpl.* Neben den obersten B. *Bundespräsidialamt* (↑*Bundespräsident*), *Bundeskanzleramt* (↑*Bundeskanzler*) und den einzelnen *Bundesministerien,* denen auch das ↑*Presse- und Informationsamt* der ↑ *Bundesregierung* zugeordnet ist, gibt es folgende Bundesoberb.: das *Bundesarchiv* (Koblenz), das *Deutsche Patentamt* (München), das *Umweltbundesamt* (Berlin), das *Statistische Bundesamt* (Wiesbaden), das *Bundesamt für Post und Tele-*

kommunikation (Mainz), das *Bundesamt für Verfassungsschutz* (Köln), den *Bundesnachrichtendienst* (München), ↑*Nachrichtendienste*), das ↑*Bundeskriminalamt* (*BKA,* Wiesbaden), das ↑*Bundeskartellamt* (Berlin) und die ↑ *Bundesanstalt für Arbeit* (Nürnberg).

Bundesfinanzhof *m* ↑Gerichtswesen.

Bundesgerichtshof *m* ↑Gerichtswesen.

Bundesgesetzblatt *n.* Im B., Teil I, werden die vom ↑*Bundestag* beschlossenen Gesetze sowie Verordnungen und allgemein für ganz D. gültigen Beschlüsse veröffentlicht, in Teil II die von D. geschlossenen internationalen Verträge.

Bundesgrenzschutz (BGS) *m.* 1951 gegr., dem Bundesinnenminister unterstellte Sonderpolizei auf Bundesebene, zunächst nur zur Wahrung der Sicherheit und Ordnung an den Grenzen, Flughäfen und Regierungsgebäuden geschaffen, dann auch durch die Bundesländer insbesondere für den Einsatz bei Demonstrationen, aber auch für die Personenkontrolle an den Grenzübergängen herangezogen. Seit 1973 erfüllt der BGS auch die Funktion einer Polizeireserve für die gesamte BRD. Berühmt wurde eine Sonderabteilung, die Grenzschutzgruppe 9 *(GSG 9),* gegr. 1972 nach dem Anschlag auf die israelische Olympiamannschaft in München, 1977 durch ihren Einsatz bei der Geiselbefreiung auf dem Flughafen Mogadischu in Somalia. Sie wurde innerhalb des BGS zur spezialisierten Einheit für Terroristenbekämpfung.

Bundeskanzler *m.* Der Chef der ↑*Bundesregierung* wird vom ↑*Bundestag* auf Vorschlag des ↑*Bundespräsidenten* gewählt, der ihn dann auch ernennt. Der B. bestimmt die Richtlinien der Politik. Er kann nur durch ein Mehrheitsvotum des Bundestages zugunsten eines Nachfolgers (sog. *konstruktives Mißtrauensvotum*) zum Rücktritt gezwungen werden. Stellvertreter des B. ist ein von ihm ernannter Bundesminister, der *Vizekanzler*. Die Dienststelle des B., das *Bundeskanzleramt*, ist eine Art Superministerium mit einem Bundesminister für besondere Aufgaben, zwei *Staatsministern* und einem Staatssekretär.

Bundeskartellamt *n* (Sitz Berlin). Hauptaufgabe des B. ist die Kontrolle oder das Verbot von Kartellen, um die Ordnung des marktwirtschaftlichen Wettbewerbs zu sichern, unter anderem durch Entscheidung über Anträge auf Erteilung einer Kartellerlaubnis, Durchführung von Fusionskontrollen, Mißbrauchsaufsicht über marktbeherrschende Unternehmen und über Preisempfehlungen.

Bundeskriminalamt (BKA) *n* (Sitz Wiesbaden). 1951 gegr. mit der gesetzlichen Aufgabe der „Bekämpfung des Straftäters, soweit er sich international oder über das Gebiet eines Landes hinaus betätigt oder voraussichtlich betätigen wird". Mit den zunehmenden Aktivitäten der Terrorismusszene erhielt das BKA Anfang der 70er Jahre für die Erhaltung der inneren Sicherheit eine leistungsfähige Informations- und Kommunikationszentrale. Weitere Aufgaben des BKA sind: Auskünfte über gesuchte Personen oder Sachen, gestohlene Fahrzeuge, Identifizierung unbekannter Toter und Fingerabdruck- und Handschriftenvergleiche. 1973 wurde das BKA federführend bei Ermittlungen gegen Rauschgift-, Waffen- und Sprengstoffhandel, gegen Falschgeldherstellung und -verbreitung, gegen politisch motivierte Anschläge und beim Personenschutz. Mit der Gründung der Abteilung „Terrorismus" (1975) konzentrierte sich der Kampf gegen die ↑*Rote Armee-Fraktion*. Gegen die international organisierte Kriminalität gewinnt die zwischenstaatliche Zusammenarbeit mit raschem Informationsaustausch und koordinierten Aktionen immer größere Bedeutung, vor allem nach der Öffnung der Grenzen zwischen den Mitgliedsstaaten der Europäischen Gemeinschaft (EG).

Bundesländer *npl* ↑ Länder.

Bundespost (DBP) *f.* Seit Mitte 1989 ist die DBP durch die Postreform in die staatlichen Unternehmen *Postbank, Postdienst* und *Telekom* unterteilt. Die Rechtsaufsicht liegt beim Bundesministerium für Post und Telekommunikation. Die Privatisierung von Teilbereichen der DBP wird (1993) diskutiert.

Bundespräsident *m.* Staatsoberhaupt von D. Der B. wird jeweils für fünf Jahre durch die ↑*Bundesversammlung* gewählt; eine einmalige Wiederwahl ist möglich. Stellvertreter ist der jeweilige Bundesratspräsident. Der B. nimmt vorwiegend repräsentative Aufgaben wahr. Er vertritt die BRD völkerrechtlich, schließt im Namen des Bundes Verträge mit dem Ausland und fertigt verfassungsgemäß zustande gekommene Gesetze aus. Er schlägt dem ↑*Bundestag* den ↑*Bundeskanzler* vor und ernennt ihn nach dessen Wahl durch den Bundestag. Er ernennt und entläßt die Bundesminister auf Vorschlag des Bundeskanzlers. Für seine Aufgaben steht dem B. das *Bundespräsidialamt* zur Verfügung. ↑*Villa Hammerschmidt,* ↑*Bellevue, Schloß.*

Bundespräsidialamt *n* ↑Bundespräsident.

Bundesrechnungshof *m* (Sitz Frankfurt/Main). Unabhängige Institution, die auf der Grundlage des Gesetzes vom 27. 11. 1950 (ergänzt durch das Gesetz vom 11. 7. 1985) alle Einnahmen und Ausgaben, das Vermögen und die Schulden des ↑*Bundes* prüft und die Haushalts- und Wirtschaftsführung der Behörden sowie der durch Bundesmittel geförderten Stellen überwacht (z. B. ↑*Sozialversicherung*). Die Bundesregierung hat keinerlei Weisungsbefugnis gegenüber dem BRH.

Bundesregierung *f*. Bez. für das kollegiale Exekutivorgan der BRD, das aus dem ↑*Bundeskanzler* und den Bundesministern besteht.

Bundesrepublik Deutschland *f*. Die BRD entstand im Jahre 1949 aus den drei westlichen ↑*Besatzungszonen* als Ergebnis der Teilung D. nach dem ↑*Weltkrieg II*. Die Verfassung der BRD, das ↑*Grundgesetz*, war vom *Parlamentarischen Rat,* einer verfassunggebenden Versammlung, die aber diesen Namen vermeiden wollte, zwischen September 1948 und Mai 1949 ausgearbeitet worden und zunächst als Provisorium gedacht. Das Grundgesetz hat sich bewährt und wurde deshalb nach der ↑*Wiedervereinigung* D. auch in den neuen Bundesländern eingeführt. Es trat am 24. Mai 1949 in Kraft, am 14. August 1949 fanden die ersten Bundestagswahlen statt, am 12. September wurde Theodor Heuss zum ersten Bundespräsidenten, am 15. September Konrad Adenauer zum ersten Bundeskanzler gewählt. Als Antwort auf der östlichen Seite wurde die ↑*DDR* gegründet. Für die BRD galten zunächst verschiedene Restriktionen (z. B. nur Konsulate, keine diplomatischen Vertretungen im Ausland, Höchstquoten für die Stahlproduktion, keine Armee). Diese wurden aber in den folgenden Jahren gelockert und dann ganz aufgehoben. Die BRD konnte ihren Wiederaufbau dank der Hilfe durch den amerikanischen Marshallplan relativ rasch vollziehen. Nach der Währungsreform von 1948 und der Einführung der sozialen Marktwirtschaft durch Ludwig Erhard, den Wirtschaftsminister der ersten Bundesregierung (1949), kam es zu einem raschen Aufschwung der Wirtschaft, der bald als ↑*Wirtschaftswunder* bezeichnet wurde. 1951 wurde die BRD Mitglied im Europarat, 1952 wurden nach Unterzeichnung des sog. *Deutschlandvertrages* zwischen den drei Westalliierten und der BRD viele Restriktionen der dt. Souveränität beseitigt. Im gleichen Jahr trat die BRD der am 10. August 1952 errichteten Europäischen Gemeinschaft für Kohle und Stahl (Montanunion) bei, 1954 auch der NATO und der Westeuropäischen Union. 1955 wurde das Besatzungsregime beendet, 1956 die Wehrpflicht in der BRD eingeführt. Seit 1957 ist das ↑Saarland in die BRD eingegliedert. Im gleichen Jahr wurde die BRD Mitglied der Europäischen Wirtschaftsgemeinschaft (EWG) und der Europäischen Atomgemeinschaft (Euratom). 1970 wurde der Warschauer Vertrag über die Grundlagen der Normalisierung der Beziehungen zwischen der BRD und Polen, 1971 der sog. ↑ Grundvertrag zwischen der BRD und der DDR unterzeichnet. Seit 1973 ist die BRD Mitglied der Organisation der Vereinten Nationen (UNO). Ab 1958 war die Zusammenarbeit zwischen Frankreich und der BRD intensiviert worden, vor allem durch Konrad Adenauer und Charles de Gaulle. 1963 wurde der *Deutsch-französische Freundschaftsvertrag* unterzeichnet (vgl. ↑*Deutsch-französisches Jugendwerk*). Die BRD hatte sich von Anfang an als einzige legitime Vertreterin des dt. Volkes betrachtet und eine Wiedervereinigung in Frieden und Freiheit mit dem anderen D. angestrebt. Diese schien besonders nach dem Bau der Berliner Mauer (1961) und der wachsenden internationalen Anerkennung der DDR als zweiter souveräner dt. Staat in weite Ferne gerückt. Erst durch die Perestroika Gorbatschows wurden die Voraussetzungen für die ↑*Wiedervereinigung* beider dt. Staaten geschaffen.

Bundessozialgericht *n* ↑Gerichtswesen.

Bundestag *m* und **Bundesrat** *m* sind die beiden Kammern des dt. Parlaments. Der BT ist die Volksvertretung, das Gremium der in allgemeiner, gleicher, unmittelbarer, freier und geheimer Wahl für je vier Jahre vom Volk bestimmten Abgeordneten. Bei der Verteilung der Sitze auf Landeslisten tritt die *Fünfprozentklausel* in Kraft: es werden nur Parteien berücksichtigt, die mindestens 5% der im Bundesgebiet abgegebenen, gültigen Zweitstimmen erhalten. Angehörige von ↑*Parteien* bilden im BT eine Fraktion. Der BT beschließt die Bundesgesetze und besitzt Kontrollrecht gegenüber der Bundesregierung. Doch bei Gesetzgebung und Verwaltung des Bundes muß vielfach auch der BR, die Vertretung der ↑*Länder*, mitwirken. Er ist das föderative Bundesorgan, dessen Zustimmung bei Verfassungsänderungen und allen Fragen, die den föderativen Aufbau der BRD betreffen, nötig ist. Können sich beim Gesetzgebungsverfahren BT und BR über eine Gesetzesvorlage nicht einigen, so versucht der *Vermittlungsausschuß*, der aus Mitgliedern des BT und des BR besteht, einen Kompromiß herbeizuführen, dem beide Kammern zustimmen können. Der BR ist also Gegengewicht mit Kontrollfunktion gegenüber der Bundesregierung und dem BT und Bindeglied zwischen Bund und Ländern. (Jedes der Länder unterhält eine „Vertretung beim Bund" zur Wahrnehmung von Landesinteressen bei BR, BT und Bundesregierung.) Der Präsident des BR ist der offizielle Vertreter des ↑*Bundespräsidenten*, wenn dieser an der Amtsausübung gehindert ist.

Bundesverdienstkreuz *n* ↑Orden und Ehrenzeichen.

Bundesverfassungsgericht *n* ↑Gerichtswesen.

Bundesversammlung *f.* Vom Präsidenten des ↑*Bundestages* einberufenes Bundesorgan für die Wahl des ↑*Bundespräsidenten.* Die B. besteht aus den Mitgliedern des Bundestages und der gleichen Anzahl von Vertretern der Länderparlamente (Landtag, Bürgerschaft, ↑*Länder*), die von letzteren benannt werden.

Bundesversicherungsanstalt *f* ↑Sozialversicherung.

Bundesverwaltungsgericht *n* ↑Gerichtswesen.

Bundeswehr *f.* Die Streitkräfte der BRD, die aus *Heer, Marine, Luftwaffe* und *Sanitätsdienst* sowie der organisatorisch eigenständigen *Bundeswehrverwaltung* bestehen. An der Spitze dieser Bereiche steht der *Bundesminister der Verteidigung,* der auch Oberbefehlshaber der B. ist. Im Verteidigungsfall geht der Oberbefehl auf den ↑*Bundeskanzler* über. Militärisch höchster Soldat ist der *Generalinspekteur* der B. Nach vielen Grundsatzdebatten über die Wiederbewaffnung D. nach einer langen Zeit des dt. Militarismus wurde die B. 1956 als Bündnisarmee der NATO aufgestellt. Als demokratisch strukturierte und geprägte *Wehrpflichtarmee* (im Gegensatz zu einer Berufsarmee) bewährte sich die B. als Armee eines demokratischen, in das westliche Bündnis- und Wertesystem integrierten Staates. Das nach ihrer Gründung aufgestellte Prinzip der *Inneren Führung* sollte ihr ein dem demokratischen Staat entsprechendes inneres Gefüge verleihen, dessen wesentliche Aufgabe der Integration von Militär und Gesellschaft mit dem Selbstverständnis des Soldaten als „*Staatsbürger in Uniform*" (Bindeglied zwischen Gesellschaft und Militär) ist. Ihrer Struktur nach beruht die B. auf dem ↑*Grundgesetz* (*Primat der Politik*). Aufgabe der B. ist unter Verzicht auf eigene ABC-Waffen die Landesverteidigung im Rahmen des NATO-Bündnisses. Bis zur Auflösung des Warschauer Paktes funktionierte die nukleare Abschreckung kriegsverhütend. (Erweiterte) Landesverteidigung im Bündnis bildet den Kernauftrag der B. heute. Die politische Diskussion über militärische Einsätze unter Leitung der Vereinten Nationen außerhalb des Bündnisses ist (1993) noch nicht abgeschlossen. Eine verfassungspolitische Klarstellung steht noch aus.

1992 hatte die B. 430 000 Soldaten, davon 190 000 *Grundwehrdienstleistende.* Zum Zeitpunkt der Wiedervereinigung am 3. Oktober 1990 betrug ihre Höchststärke nach Integration der aufgelösten ↑*NVA* ca. 650 000 Soldaten; aufgrund internationaler Absprachen wird sie bis zum 31. 12. 1994 auf 370 000 Mann reduziert. Parallel werden auch Kasernen, Truppenübungsplätze und Waffensysteme abgebaut, um der neuen sicherheitspolitischen Lage in Europa Rechnung zu tragen. Der Verteidigungshaushalt 1992 betrug 52,106 Mrd. DM und wird sich um 49 Mrd. DM einpendeln. Frauen ist der Dienst

an der Waffe verboten. Im Sanitäts-
und Militärmusikdienst dienten 1993
1400 Frauen in Uniform. ↑*Wehrbeauftragter,* ↑*Hardthöhe,* ↑*Zivildienst).*

Bündnis 90 *n* ↑Parteien.

Burg *f* und **Schloß** *n.* Beide Bez. werden oft synonym für Herrensitze des
Adels gebraucht, sind jedoch nach ihrer Funktion deutlich zu unterscheiden. *Burgen* sind im allgemeinen mittelalterliche Wehrbauten, in denen
die Funktion als Wohnsitz eine unter-
geordnete Rolle spielt. Sie sind zur
besseren Verteidigung meist auf einen
Berg oder Felsen, aber auch an einen
Fluß oder ins Wasser gebaut und
durch hohe Ringmauern mit Wehr-
gängen und Torbauten, manchmal
durch zusätzliche Wälle und Gräben
mit Zugbrücken mehrfach geschützt.
Der Kern der B. ist ein starker Turm,
„Bergfried" oder auch „Burgfried"
genannt, der bei Angriffen als letzte
Zuflucht dienen sollte. Eine B.anlage
kann sich auf einen solchen Bergfried
beschränken, besitzt neben den not-
wendigen Verteidigungsbauten aber
meist eigene Wohn- und Wirtschafts-
gebäude sowie eine Burgkapelle.
Manche Anlagen erreichen eine Län-
ge von mehr als 1 km *(Burghausen).*
Neben der Funktion als wehrhafter
Adelssitz dienten B. auch den geistlichen Ritterorden im dt. Osten als be-
festigte Klöster *(Ordensburgen).*
   Die mittelalterliche B. hat ihre
Vorläufer in den frühgeschichtlichen
Wallburgen und römischen Kastel-
len, sie entwickelte sich im 9. Jh. aus
den karolingischen Pfalzen. Das sog.
Burgrecht war im frühen Mittelalter

dem König oder Kaiser vorbehalten,
der in jedem Einzelfall den Fürsten
und anderen Vertretern des Hoch-
adels die Errichtung einer B. erlauben
mußte. Später ging dieses Recht an
die Territorialherren sowie an eine
Reihe von Städten und geistliche
Herrschaften über. Im Hochmittelalter behaupteten die Feudalherren und
Ritter in einem dichten Netz von bis
zu 10000 Burgen ihre Macht über
das Land. Die große Zeit der Burgen
ist aber auch die Zeit der Minnesän-
ger, deren Wettstreit 1206/07 auf der
Wartburg stattgefunden haben soll.
Ihre Blüte endete mit dem politischen
und militärischen Wandel im ausge-
henden 15. Jh., als die streitbare Selb-
ständigkeit der Ritter beschnitten
wurde (Abschaffung des Fehderechts
durch den Ewigen Landfrieden 1485)
und die neuen Feuerwaffen die auf-
wendigen Wehrbauten zu durch-
schlagen vermochten. So fiel die *Burg
Landstuhl* des Reichsritters Franz
von Sickingen, die als uneinnehmbar
galt, 1522 unter dem Beschuß von
Kanonen und wurde zerstört. Das
wachsende Bedürfnis nach mehr Be-
quemlichkeit und die wohnlichere
Ausstattung der Räume mit größeren
Fenstern leiten zur Entwicklung des
Schlosses über.
   Im Unterschied zur B. war das S.
nicht zur Verteidigung bestimmt,
sondern diente den Wohn- und Re-
präsentationszwecken des Adels,
manchmal auch als Verwaltungsbau.
Prunkvolle Fassadengestaltung, groß-
zügige Raumordnung und reiche In-
nenausstattung sind kennzeichnend.
Meist gehört ein Park zum S., dessen
Gestaltung sich als Gartenkunst parallel zum S.bau entwickelte. Ähnlich

wie die B. sind S. entweder in land-
schaftlich exponierter Lage errichtet,
oft ja auch an Stelle einer früheren B.,
oder aber in städtebaulichem Bezug
als Zentrum in einem Ensemble bzw.
als End- oder Ausgangspunkt eines
Straßensystems. Neben den S., die in
erster Linie der ständige Wohnsitz
des S.herrn sind, gibt es S., die nur
vorübergehend und zu besonderen
Zwecken genutzt wurden, beispiels-
weise das *Lustschloß* und das *Jagdschloß.*

Seit dem späten 15. Jh. wurden B.
in S. umgewandelt *(Dresdner
Schloß)*. Bei Neubauten übernahm
der S.bau anfangs noch einzelne Ar-
chitekturelemente der B. und deren
unregelmäßige, dem Gelände ange-
paßte Grundrißgestaltung *(Heidelberger Schloß mit Wehrtürmen)*. Mit
der Renaissance wurden jedoch Einflüsse vor allem der italienischen Bau-
kunst wirksam *(Landshuter Stadtre-
sidenz)*, später auch der französischen und niederländischen Architektur, und man bevorzugte symme-
trisch angelegte Gebäudekomplexe
um einen oder auch mehrere Innen-
höfe *(Berliner Schloß, Münchner Residenz)*. Die Blütezeit des S.baus ist
der Barock. Im Zeitalter des Absolutismus, in dem der Fürst den Staat
verkörperte, kam dem S. eine besondere Rolle zu. Der Ort, an dem er
lebte, wurde zum politischen, kulturellen und gesellschaftlichen Mittelpunkt. Je reicher seine Residenz war,
umso bedeutender erschienen Ansehen, Macht und Größe des Fürsten
und damit seines Landes. Die ba-
rocke Gestaltung der Gärten in streng
geometrischer, auf die Mittelachse
des S. bezogener Ordnung mit

schnurgeraden Alleen und geschnitte-
nen Hecken ist Ausdruck davon, daß
selbst die Natur unter dem Willen des
Herrschers subsumiert war. Dies
zeigt sich eindrucksvoll in der riesi-
gen Anlage von *Schloß Ludwigsburg,*
das Herzog Eberhard Ludwig von
Württemberg nach dem Versailler
Vorbild des frz. Sonnenkönigs 1709
zu bauen begonnen hatte.

Nach den Erschütterungen der Re-
formation drückten auch die geistlichen Herren ihre in der Gegenrefor-
mation wiedergewonnene Macht in
prunkvollen Bauten aus. So ließ der
Bamberger Fürstbischof Lothar
Franz durch Johann Dientzenhofer
Schloß Weißenstein in Pommersfel-
den mit einem der aufwendigsten
Treppenhäuser Europas errichten. In
Brühl baute Johann Balthasar Neu-
mann *Schloß Augustusburg* für den
Kurfürsten und Kölner Erzbischof
Clemens August und für Johann Phi-
lipp Franz von Schönborn die *Würz-
burger Residenz,* das bedeutendste
Schloß eines Fürstbischofs.

Im 18. Jh. erfuhr das Lustschloß als
Ort der Erholung, geselliger Festlich-
keiten und des Rückzugs in die „freie
Natur" eine besondere Ausprägung.
So ließ Friedrich der Große in Anleh-
nung an den Typus des Orangerie-
Schlosses nach eigener Skizze auf einem Weinberg bei Potsdam *Schloß
Sanssouci,* eines der berühmtesten
Sommerschlösser und ein Hauptwerk
des Rokoko, durch Georg Wenzeslaus
von Knobelsdorff errichten. Der Park
geht vom streng geordneten frz. Ba-
rockgarten aus, paßt sich dabei aber
an die natürliche Umgebung an.

Mit der Aufklärung und dem Klas-
sizismus des 19. Jahrhunderts neigte

sich die glanzvolle Epoche der abso-
lutistisch-repräsentativen S. dem Ende zu. Die Münchner Bauten König
Ludwigs I. dienten bereits dem planmäßigen Ausbau der Stadt, nicht der
Vergrößerung der Residenz. Entstanden jetzt noch neue S., waren sie in
der Regel Ausdruck persönlicher
Wunschvorstellungen, die in den unterschiedlichen Stilformen des Histo-
rismus Gestalt annahmen. Parade-
beispiel dafür ist Bayerns König Ludwig II, der für jedes seiner S. eine andere architektonische Sprache wähl-
te: in *Neuschwanstein* die Neugotik,
in *Herrenchiemsee* den Neubarock
und in *Linderhof* das Neurokoko.
Als schließlich am 8. November
1918 in München die Republik ausgerufen wurde, war die Zeit der
Schloßbauten endgültig vorbei.
1913–17 war noch *Schloß Cecilien-
hof* in Potsdam für den Kronprinzen
Wilhelm erbaut worden. Es diente
1945 als Tagungsort der Potsdamer
Konferenz (↑*Nachkriegsdeutschland*). Die Zahl der B. und S. im dt.
Sprachgebiet ist auch heute noch
sehr groß. Allein in Bayern gibt es
mehr als tausend. In der BRD sind
mehrere 100 B. noch bewohnt; hinzu kommen sehr viele S. und einige
tausend Ruinen.

Bürgerinitiativen *fpl.* Von politischen ↑*Parteien* und anderen Ver-
bänden unabhängiger Zusammenschluß gleichgesinnter Bürger zur
Durchsetzung gemeinsamer Interessen, der Interessen einzelner Bevölkerungsgruppen oder der Bevölkerung
insgesamt. Die ersten B. entstanden
1968/1969, bes. auf den Gebieten
Bildung und Erziehung, Verkehr und

Stadtplanung. Am bedeutsamsten ist
die Aktivität von B. heute im Umweltschutz.

Bürgerschaft *f* ↑*Länder:* Bremen,
Hamburg.

Burschenschaften *fpl.* Nach den
↑*Befreiungskriegen* waren durch die
Beschlüsse des Wiener Kongresses
die Hoffnungen der jüngeren Gene-
ration auf ein neugeordnetes, eini-
ges D. enttäuscht worden. In Jena
bildete sich 1815 an der Universität
eine Vereinigung, deren Mitglieder
sich zu persönlicher Tugend ver-
pflichteten, aber auch für politische
Freiheiten und die dt. Einheit ein-
traten. Bald entstanden an 15 anderen Universitäten, vor allem in Südwestdeutschland, ähnliche Vereinigungen, B. genannt, die sich 1818
zur Allgemeinen Deutschen Bur-
schenschaft zusammenschlossen. Ihre Weltanschauung war ver-
schwommen; sie beinhaltete revolutionären Radikalismus und Liberalismus ebenso wie ↑*Deutschtümelei*.
Gemeinsam war den B. ein roman-
tischer Patriotismus. Durch die
Karlsbader Beschlüsse von 1819
wurden politische Versammlungen
verboten und die Universitäten
streng überwacht, wodurch die B.
an Bedeutung verloren. Die Tradition der B. wurde nach 1871 bis
zum Verbot 1935, dann wieder seit
1950 in den ↑*Studentenverbindungen* fortgesetzt.

Buß- und Bettag *m* ↑Feiertage.

Büttenrede *f* ↑Karneval.

C

Cabaret *n* ↑Kabarett.

Cap Anamur/Komitee Deutsche Not-Ärzte e.V. (seit 1983). Gegr. 1979 zur Rettung der vietnamesischen „boat people" (Cap Anamur war der Name des Rettungsschiffes). Inzwischen arbeiten unentgeltlich rund 35 Männer und Frauen – Ärzte, Krankenpflege- und technisches Personal – jeweils mindestens sechs Monate nach dem Prinzip der direkten Hilfe in Notstandsgebieten überall in der Welt: medizinische Versorgung in Flüchtlingslagern, Aufbau von Krankenhäusern, Ambulanzen, Feldlazaretten und Apotheken, Transport von Hilfsgütern, Medikamenten und Nahrungsmitteln, Projekte der ländlich-dörflichen Entwicklung, Öffentlichkeitsarbeit. Alles wird ausschließlich aus Spendengeldern finanziert.

Caritas *f.* Größter ↑*Wohlfahrtsverband* der katholischen Kirche. Die C. widmet sich Aufgaben der sozialen und caritativen Hilfe (Kindergärten, Fürsorgeeinrichtungen, Krankenhäuser, Heime u.a.). Der 1897 gegr. *Deutsche Caritasverband* mit Sitz in Freiburg ist auch Dachorganisation für den mit freiwilligen Helfern arbeitenden *Malteser Hilfsdienst,* die ↑*Bahnhofsmission* u.a. Er gehört der Caritas Internationalis mit Sitz in Rom an.

Carl-Duisberg-Gesellschaft *f* ↑Stiftungen.

CDU *f* ↑Parteien.

Christbaum *m,* **Christkind** *n* ↑Weihnachten.

Christkindl(es)markt *m.* In manchen dt. Städten seit Jahrhunderten im ↑*Advent* abgehaltener Markt, auch *Weihnachtsmarkt* genannt, wo Weihnachtslieder gespielt, Krippenfiguren, Weihnachtsschmuck, ↑*Lebkuchen* u.a. Gebäck, Kerzen, gebrannte Mandeln und Maronen, Glühwein, Punsch u.a. Getränke, neuerdings leider auch Waren aller Art verkauft werden. Berühmt wegen ihrer alten Tradition sind der Augsburger, der Nürnberger, der Münchner, der Rothenburger und der Dresdner („Striezelmarkt", Striezel = ↑*Stollen*) Ch.

CSU *f* ↑Parteien.

D

DAAD *m, Deutscher Akademischer Austauschdienst* (Sitz Bonn). Gemeinsame Einrichtung der dt. Hochschulen zur Förderung der Hochschulbeziehungen mit dem Ausland durch Austausch von Studenten und Wissenschaftlern. An *Ausländer* (bis zum Alter von 32 Jahren) vergibt der DAAD einjährige Studien- und Fortbildungsstipendien; Kurzstipendien dienen zum Besuch von Kursen oder zur Materialsammlung für Promotionsarbeiten; dreimonatige Forschungsstipendien mit Aufenthalt in D. sind gedacht für Wissenschaftler; in Afrika, Asien und Lateinamerika bietet der DAAD sog. „Sur-Place-Stipendien" für Postgraduierte an angesehenen dortigen Hochschulen. *Deutsche* Studenten und Wissenschaftler werden durch Studienaufenthalte im Ausland gefördert, als Lehrer entsandt, als Praktikanten in Betriebe und Institutionen vermittelt und können Teilstipendien der EG-Programme *Erasmus, Lingua, Comett oder Tempus* erhalten. Das *Deutsch-Französische Hochschulkolleg* in Mainz vergibt Stipendien zur Erlangung von dt. und frz. Hochschuldiplomen. Auch gemeinsame wissenschaftliche Vorhaben von dt. und ausländischen Hochschulen werden vom DAAD gefördert.

DAG *f* ↑Gewerkschaften.

Dampfnudel *f.* Eine Kugel aus Hefeteig, die in einem geschlossenen Topf oder in einer Pfanne gebacken wird; beliebter Nachtisch in Südd., meist mit Vanillesauce oder Kompott serviert.

Dänisch (*n*) ↑Minderheitensprachen.

Datenschutzbeauftragte(r) *f/m.* Der/ die Bundesbeauftragte für den Datenschutz wacht (nach dem Bundesdatenschutzgesetz von 1977) darüber, daß in Bundesbehörden gespeicherte persönliche Daten nicht mißbraucht werden. Jeder Bürger kann sich an den D. wenden, wenn er befürchtet, daß seine persönlichen Daten illegal gesammelt oder weitergegeben werden. Wie der ↑*Wehrbeauftragte* muß der D. jährlich dem ↑*Bundestag* Bericht erstatten. Die Bundesländer haben eigene *Landesbeauftragte für den Datenschutz* nach den entsprechenden Landesgesetzen. Trotz dieser Institutionen

nimmt der Mißbrauch besonders von computergespeicherten Daten zu.

Davidstern *m* ↑Antisemitismus.

DB *f* ↑Deutsche Bundesbahn.

DBD *f* ↑Parteien.

DDR *f, Deutsche Demokratische Republik.* Die DDR war der auf dem Gebiet der sowjetischen ↑*Besatzungszone* (SBZ) am 7. Oktober 1949 (↑*Feiertage*) als Antwort auf die Entstehung der ↑*Bundesrepublik Deutschland* am 23. Mai 1949 gegr. dt. Teilstaat. Sie war das Endergebnis der Auseinandersetzungen zwischen den Alliierten (↑*Nachkriegsdeutschland*), die bis dahin alle Hoheitsrechte auf dem Gebiet des ehem. Deutschen ↑*Reiches* ausgeübt hatten. Verwaltungsmäßig war die „Volksdemokratie" DDR (Hauptstadt: Ost-Berlin) in 14 ↑*Bezirke* aufgeteilt, die 36 Stadt- und 191 Landkreise mit insgesamt 7550 Gemeinden umfaßten. In der am 26. März 1968 von der *Volkskammer* (dem Parlament der DDR) verabschiedeten und am 8. April 1968 nach einem Volksentscheid in Kraft getretenen (zweiten) Verfassung wurde die DDR zu einem „Sozialistischen Staat deutscher Nation" erklärt. Die Richtlinien für den planmäßigen Aufbau des Sozialismus beschloß die 2. Parteikonferenz der SED (↑*Parteien*) im Juli 1952: u.a. die Bildung *landwirtschaftlicher Produktionsgenossenschaften* (↑*LPG*), Vorrang der Schwerindustrie, verschärfter Klassenkampf gegen Kirchen, bürgerlichen Mittelstand und bürgerliche Intelligenz. Die verfassung- und gesetzgebende Kompetenz lag bei der *Volkskammer*. Die Wahlen zur Volkskammer erfolgten aufgrund einer Einheitsliste der Nationalen Front, in der alle ↑*Parteien* und Massenorganisationen (z. B. auch ↑*Gewerkschaften*) zusammengeschlossen waren, die sich dem Führungsanspruch der SED untergeordnet hatten und die Ziele einer sozialistischen Gesellschaft vertraten. Als Regierungsorgane fungierten der *Staatsrat* (ab 1960 Gremium mit den Aufgaben eines Staatsoberhauptes) und der *Ministerrat*. Die tatsächliche Regierungsgewalt lag bei der in allen Staatsorganen mehrheitlich vertretenen SED. Beim *ZK* (*Zentralkomitee*) der SED lag somit auch die Verantwortung für die Niederschlagung des Volksaufstandes am 17. Juni 1953 und den Bau der *Berliner Mauer* (↑*Geschichtsdaten*) in der Nacht zum 13. August 1961. Erster Sekretär des ZK war von 1953 bis zum 3. Mai 1971 Walter Ulbricht; Erich Honekker wurde sein Nachfolger bis 18. Oktober 1989. Das politische System der DDR war gekennzeichnet durch einen starken Zentralismus mit Herrschaft einer kommunistischen, zuletzt stark überalterten Funktionärsoligarchie, die Führungsrolle der SED, weitgehende Kollektivierung des Eigentums, zentral gesteuerte Planwirtschaft mit wenig Möglichkeiten für individuelle Initiative und stark eingeschränkten Freiheiten, politische Zensur und Überwachung der Bürger durch die ↑*Stasi*. Außenpolitisch kämpfte die DDR jahrzehntelang für ihre Anerkennung (↑*Hall-*

stein-Doktrin). Nicht zuletzt die Ostpolitik der BRD und die Entspannungsbereitschaft in den Ostblockländern zu Beginn der 70er Jahre haben der DDR diplomatische Beziehungen zu allen Ländern der Welt und die Mitgliedschaft in den Vereinten Nationen und anderen internationalen Organisationen ermöglicht. Seit dem 2. Mai 1974 gab es in Bonn und Ostberlin sog. *ständige Vertretungen*, die die jeweiligen Interessen der beiden dt. Staaten wahrnahmen (der Name „Botschaft" wurde bewußt vermieden). Die DDR war Mitglied im Rat für gegenseitige Wirtschaftshilfe (COMECON oder RGW) und im Warschauer Pakt. Durch die ↑*Wiedervereinigung* beider dt. Staaten am 3. Oktober 1990 wurde offiziell nach 41 Jahren die Existenz der DDR beendet.

Dekan *m* ↑Universitäten.

Demontage *f* ↑Nachkriegsdeutschland.

Deutsch-französisches Jugendwerk *n*. Das DFJW (Sitz in Bad Honnef und Paris), auch unter der frz. Abk. OFAJ (*Office franco-allemand pour la jeunesse*) bekannt, ist 1963 durch General Charles de Gaulle und Bundeskanzler Konrad Adenauer ins Leben gerufen worden aus dem gemeinsamen Wunsch, die Jugend zum Mittelpunkt der Versöhnung zwischen Frankreich und der BRD zu machen. Es hat die Aufgabe, die Beziehungen zwischen jungen Deutschen und Franzosen enger zu gestalten, das gegenseitige Verständnis zu vertiefen, den dt.-frz. Austausch anzuregen und

zu fördern. Den Austausch organisieren hauptsächlich Jugendverbände,
Einrichtungen der Jugend- und Erwachsenenbildung, des Sports, des
internationalen Austausches, Schulen, Hochschulen, Kommunen usw.
Neben seinen traditionellen Begegnungen und Partnerschaftsprogram-
men in allen Bereichen, erweitert
1990 durch neue, fachorientierte bi-
nationale Sprachkurse und trinatio-
nale Begegnungen, entwickelt das
DFJW seit 1991 neue Möglichkeiten
des Jugendaustausches mit Mittel-
und Osteuropa.

Deutsch-sowjetischer Vertrag *m*
(auch: *Hitler-Stalin-Pakt*). Zwischen
dem Dt. Reich und der Sowjetunion
am 23. 8. 1939 geschlossener Nichtangriffspakt, der gleichzeitig die Neutralität der Vertragspartner im Falle
eines Angriffs durch eine dritte
Macht garantierte. In geheimen Zu-
satzprotokollen wurden die Interes-
sensphären beider Länder in Europa
abgegrenzt: Die Sowjetunion erhielt
freie Hand in Finnland, Lettland, Est-
land, Ostpolen und Bessarabien, das
Dt. Reich in Litauen und dem übrigen Polen. Durch einen zweiten Vertrag vom 28. 9. 39 wurde Litauen der
sowjetischen Interessensphäre zuge-
sprochen, D. erhielt dafür ein größeres Interessengebiet in Polen. Durch
diesen Vertrag wurde Polen isoliert
und eine Woche später von D. angegriffen (↑*Weltkrieg II*).

Deutsche Arbeitsfront *f* ↑Drittes
Reich.

Deutsche Bibliothek *f* ↑Bibliotheken.

Deutsche Bundesbahn (DB) *f.* Die
bundeseigenen Eisenbahnen in der
BRD mit Hauptverwaltung in Frank-
furt/Main. Die DB entstand 1949 aus
der *Deutschen Reichsbahn (DR)*, die
bis zur ↑*Wiedervereinigung* die Bahn
der ↑*DDR* blieb und danach bundes-
eigenes Eisenbahnunternehmen in
Ostdeutschland wurde. Der Perso-
nen- und Güterverkehr auf der Schie-
ne wird im wesentlichen von der DB
durchgeführt. 1991 nahm sie den
ICE (*InterCity-Express*), einen
Hochgeschwindigkeitszug, in Betrieb. Er soll, stärker noch als der *IC*
(*InterCity*) oder der *EC* (*EuroCity*),
dazu beitragen, durch kurze Fahrzei-
ten und hohen Komfort die Wettbe-
werbsfähigkeit der Bahn gegenüber
Auto und Luftverkehr zu erhöhen. Im
Personen(nah)verkehr soll der Nachfolger des *D-Zuges* (Durchgangszug),
der schnelle und bequeme *InterRegio*
(IR) das Reisen über mittlere Entfernungen attraktiver machen. Über nahe und mittlere Entfernungen ver-
kehrt der *Eilzug,* der nur an wichtige-
ren Orten hält. Eine Verbesserung ihrer Wettbewerbsposition im Güterverkehr gegenüber dem Lastwagen-
verkehr verspricht sich die DB durch
Hochgeschwindigkeits-Güterzüge
(*Inter-Cargo-Express*). Obwohl die
DB sich durch Modernisierung und
Streckenneubau im Fernverkehr
(1991: 427 km neugebauter Hochge-
schwindigkeitsstrecken), immer wieder bemüht, die Rentabilität zu stei-
gern und konkurrenzfähig zu bleiben,
ist sie für ein modernes Verkehrskon-
zept nicht ausreichend gerüstet, trotz
zahlreicher Sonder- und Spartarife
häufig zu teuer und in weiten Bereichen defizitär. Deshalb wird seit

1991 überlegt, DB und DR zu privatisieren. Die DB ist auch am ↑*Verkehrsverbund* beteiligt und plant eine Privatisierung ihrer Buslinien.

Deutsche Dialekte ↑Deutsche Sprache.

Deutsche Sprache *f. Zugehörigkeit:* Die dt. S. gehört zur Familie der *indogermanischen* (oder *indoeuropäischen) Sprachen* und innerhalb dieser zur Gruppe der *germanischen Sprachen.* Diese umfaßt drei Untergruppen: die ausgestorbenen *ostgermanischen Sprachen* (wie z.B. das *Gotische*); die *nordgermanischen Sprachen:* Isländisch, Färöisch, Norwegisch, Schwedisch und Dänisch; die *westgermanischen Sprachen:* Englisch, Niederländisch (mit Flämisch; und vom Niederländischen abgeleitet: Afrikaans), Friesisch und Deutsch.

Verbreitung und Sprecherzahl: Deutsch wird insgesamt von über 100 Mio. als Muttersprache gesprochen: im wiedervereinigten D. (ca. 80 Mio., dazu ↑*Minderheitensprachen*); in Österreich (7,6 Mio. mit kleinen Minderheiten von Slowenen, Kroaten und Ungarn); in der *Schweiz* (von 6,7 Mio. Schweizern sprechen ca. 4 Mio. Dt.; daneben spricht man dort Französisch, Italienisch und Rätoromanisch); in Italien in dem 1919 von Österreich abgetrennten *Südtirol* und in einigen Sprachinseln Oberitaliens; in *Frankreich* im größten Teil des Elsaß und im östlichen Lothringen (insgesamt ca. 1 Mio.); in *Luxemburg* mit den drei „amtlichen Arbeitssprachen" *Letzebuergisch* (ein moselfränkischer Dialekt mit starkem frz. Ein

fluß), das auch Alltagssprache ist, *Französisch,* das auch als Gesetzessprache gebraucht wird und *Deutsch,* das wie Französisch auch in der Schule unterrichtet wird; in *Belgien* im Gebiet von Eupen (Ostbelgien) ist Dt. auch Amts- und Schulsprache. Daneben gibt es deutschsprachige Minderheiten in *Dänemark* (Nordschleswig), in *Polen* (vor allem im ehem. Oberschlesien), in der *Tschechischen Republik,* in der *Slowakei,* in *Rumänien* (große Gruppen in Siebenbürgen oder Transsilvanien und im Banat) und in der ehem. *Sowjetunion,* vor allem in Kasachstan (ca. 1 Mio., die Nachkommen der Wolgadeutschen). Die Minderheiten in Ost- und Südosteuropa gehen zurück, weil viele Sprecher als *Aussiedler* (↑*Zuwanderung*) nach D. kommen. Auf dem amerikanischen Kontinent gibt es größere und kleinere Sprechergruppen (Auswanderer und ihre Nachkommen) in *Kanada,* in den *USA* (größeres Siedlungsgebiet in Pennsylvania), in *Brasilien* (in geschlossenen Siedlungsgebieten Südbrasiliens), in *Paraguay,* in *Argentinien* und in *Chile.* Die Zahl der Deutschsprechenden in Amerika dürfte wegen der Assimilation der kommenden Generationen allmählich zurückgehen.

Entwicklung der dt. Sprache und der dt. Dialekte: Der zeitliche Ablauf der Entwicklung des Deutschen wird folgendermaßen periodisiert: 1. *Altsächsisch* (im Norden) und *Althochdeutsch* (im Süden), ca. 750–1100. 2. *Mittelniederdeutsch* und *Mittelhochdeutsch,* 1100–1500. 3. *Neuniederdeutsch* (= Plattdeutsch) und *Neuhochdeutsch,* nach 1500. Unter *Frühneuhochdeutsch* versteht man die

Epoche von der Mitte des 14. Jh. bis zur Mitte des 17. Jh. – Zwischen dem 5. und 8. Jh. trat die sog. hochdt. Lautverschiebung ein; u.a. *k* zu *ch* (maken-machen), *t* zu *ts* oder *ss* (tange-Zange), *p* zu *ff* oder *pf* (slapen-schlafen). Dadurch wurde die Dt. S. in zwei große Untergruppen gegliedert: *Hochdeutsch* und *Niederdeutsch* (auch *Plattdeutsch* oder nur *Platt*). Die süddt. Mundarten, bei denen die Lautverschiebung am stärksten wirkte, *Schwäbisch-Alemannisch, Bairisch* (hier mit i!) und *Oberfränkisch,* bilden die Gruppe der *oberdeutschen Mundarten,* diejenigen ohne Lautverschiebung heißen *niederdeutsche Mundarten: Niederfränkisch, Westniederdeutsch* (= *Niedersächsisch*) und *Ostniederdeutsch.* Aus dem Niederfränkischen hat sich im frühen Mittelalter die niederländische Literatursprache entwickelt. Die *mitteldeutschen Mundarten* weisen Übereinstimmungen teils mit den niederdt., teils mit den oberdt. Mundarten auf, haben aber auch eigene Wesenszüge: *Mittelfränkisch, Rheinfränkisch* und die *ostmitteldeutschen Mundarten* (Thüringisch und Sächsisch). Mit der Ostkolonisation ab dem 10. Jh., an der Siedler verschiedener Herkunft beteiligt waren, bildeten sich Mundarten mit überregionaler Geltung, besonders im Raum Thüringen und Obersachsen. Im mitteldt. Raum entstand im 15. und 16. Jh. eine Rechts- und Kanzleisprache, die zur Grundlage der dt. Hochsprache wurde. Zu deren Verbreitung haben vor allem die Schriften Luthers, besonders seine Bibelübersetzung, beigetragen. Ab dem 17. Jh. kam es durch das Wirken von Dichtern und Gelehrten (u.a. in den „Sprachgesellschaften") und durch die Ausstrahlung von Leipzig als Zentrum des Buchhandels im 18. Jh., durch die Wissenschaft, die Literatur der Aufklärung und der Klassik, aber auch durch das Wirken der Grammatiker und Lexikographen des mitteldt. Sprachraumes zur Herausbildung einer einheitlichen Schriftsprache. Diese setzte sich im 18./19. Jh. im übrigen dt. Sprachraum durch, während das Niederdeutsche auf die Stufe von örtlichen Mundarten absank (Hamburger Platt, Mecklenburger Platt usw.). – Charakteristisch für die dt. Sprache ist, daß die Einflüsse der Mundarten auf die gesprochene Sprache noch heute sehr stark sind, vor allem in der Aussprache (einschließlich der Intonation) und im Wortschatz.

Deutscher Gewerkschaftsbund *m* ↑Gewerkschaften.

Deutscher Michel *m.* Spottbezeichnung für den „verschlafenen" und naiven, oft auch unpolitischen Deutschen (in Karikaturen dargestellt mit Schlaf- bzw. Zipfelmütze).

Deutsches Reich *n.* Offizielle Bez. D. von 1871 bis 1945, ↑*Reich.*

Deutsche Volksunion *f* ↑ Parteien.

Deutsche Welle *f* ↑ Rundfunk.

Deutschlandlied *n* ↑Staatssymbole.

Deutschlandvertrag *m* ↑Bundesrepublik.

Deutschtümelei *f* und *deutschtümeln,* sich betont deutsch gebärden, sind Ableitungen von *Deutschtum,* 1813/ 15 während der ↑*Befreiungskriege* geprägt, 1816 ironisch von Goethe verwendet und von den Brüdern ↑*Grimm* als „meist ironisch gebraucht" charakterisiert, um einen engstirnigen, zum Teil schwärmerischen dt. Nationalismus zu verspotten.

DFG *f, Deutsche Forschungsgemeinschaft.* Zentrale, 1951 gegr. Institution zur Förderung der wissenschaftlichen Forschung in D. (Sitz Bonn). Die DFG unterstützt Forschungsprojekte aller Art (Einzelprojekte und Schwerpunktprojekte) und kann sog. Sonderforschungsbereiche einrichten. Sie bemüht sich um die Vertiefung der nationalen und internationalen Zusammenarbeit, fördert den wissenschaftlichen Nachwuchs, z. B. durch Stipendien für Habilitationen (↑*Universitäten*) und subventioniert wissenschaftliche Publikationen. Finanziert werden die Vorhaben vom Bund, von den Ländern, von ↑*Stiftungen* und aus eigenen Einnahmen.

DGB *m* ↑Gewerkschaften.

Dialekte, deutsche *mpl* ↑Deutsche Sprache.

Dichterfürst *m.* Bez. für Johann Wolfgang von Goethe (1749–1832) wegen seiner überragenden Bedeutung für die deutsche Literatur.

Dienstleistungsabend *m.* Verlängerte Öffnungszeiten, meist am Donnerstag, von Geschäften, Banken und Behörden.

DIHT *m* ↑IHK.

Diktat von Versailles *n* ↑Versailler Vertrag.

DIN, *Deutsche Industrie-Normen.* Maßvorschriften und Richtlinien zur Vereinheitlichung (Normung) von Bau- und Maschinenteilen, Werkstoffen, Gebrauchsgegenständen und deren Benennung. Am bekanntesten sind die Papierformate, z. B. DIN-A 4 (210×297 mm) oder DIN-A 5 (148×210 mm).

Dirndl *n.* Kleid aus dem süddt., vor allem bayrisch-österreichischen Raum, als Teil der bäuerlichen *Tracht* in nach Landschaften und Orten unterschiedlichen Ausprägungen. Das D. besteht aus weißer Bluse (meist mit weiten und bauschigen Ärmeln, *Puffärmeln*), engem Mieder, weitem Rock und Schürze. Zum Festtags-, Hochzeits- oder Trauerdirndl gehören Spitzen, Rüschen, kostbarer Stoff, festlicher Kopfputz, Silberschmuck, verzierte Schuhe; es gibt Sommer- und Winterdirndl. Heute ist das D. ebenso wie *Lodenmantel, Lodenjacke* und *Trachtenhut* zu einem beliebten Modeartikel der städtischen Bevölkerung geworden.

Dissertation *f* ↑ Universitäten.

DKP *f* ↑Parteien.

D-Mark *f* ↑ Geld und Währung.

Dolchstoßlegende *f.* Nach dem ↑*Weltkrieg I* von hohen Militärs und Politikern der Rechten (unter ande-

rem von General Ludendorff) verbreitete Behauptung, wonach die
Niederlage D. nicht aus militärischen
und wirtschaftlichen Gründen, sondern durch Sabotage in der Heimat,
innere Unruhen und Defätismus ver-
schuldet worden sei. Die ↑*Revolution*
von 1918 wurde als „Dolchstoß in
den Rücken der siegreichen Truppen" empfunden. Erst dadurch sei
man gezwungen worden, um den
Waffenstillstand zu bitten. Der Begriff D. wurde als Schlagwort von der
Propaganda der Rechtsparteien, bes.
von den Nationalsozialisten, gegen
die ↑*Weimarer Republik* und die No-
vemberrevolutionäre benutzt. Um die
Entstehung einer neuen D. zu vermeiden, bestanden 1945 die Alliierten
auf der Kapitulationsurkunde, unter-
schrieben durch die dt. militärischen
Befehlshaber.

Dom *m*, **Münster** *n*. *Dom* bez. im
allgemeinen eine Bischofskirche,
Münster eine Stifts- oder Klosterkir-
che. Aus dem ursprünglichen *domus
ecclesiae* (lat.), dem Haus der Geist-
lichkeit, wurde im 15. Jh. der D. als
Bez. für eine große Kirche (Kölner
D., Bamberger D., Erfurter D.,
Naumburger D., Limburger D. u. a.).
Das Münster (aus lat. *monasterium*)
war das Haus der klösterlichen Gemeinschaft, jedoch nennt man im
süddt. Raum auch große Stadtpfarr-
kirchen so (Ulmer M., Freiburger
M.). Heute werden D. und M. häufig synonym gebraucht. Das in anderen europ. Ländern übliche Wort
Kathedrale als Bez. für Bischofskirche ist im Dt. ungebräuchlich, wird
aber für solche in anderen Ländern
verwendet.

Doppelkopf *m* ↑Kartenspiele.

dpa. Die Besatzungsmächte gründeten nach 1945 in D. jeweils eigene
Nachrichtenagenturen. Die der westlichen Besatzungszonen (↑*Nachkriegsdeutschland*) wurden 1949 zur
Deutschen Presse-Agentur GmbH
(*dpa*), Hamburg, vereinigt, die bis
heute besteht.

DR *f* ↑Deutsche Bundesbahn.

Drang (*m*) **nach Osten.** Schlagwort
für die Politik Preußens und später
des Dt. Reiches, im Osten politischen, wirtschaftlichen Einfluß und
Territorien zu gewinnen. Die historische Grundlage des D.n.O. war die
Eroberung und Besiedlung der meist
von Slawen bewohnten Gebiete östlich der Elbe ab dem 10. Jh. (die sog.
Ostkolonisation), die ihren Abschluß
mit der Unterwerfung des damaligen
Preußen (später Ost- und Westpreußen), Livland und Lettland im 13. Jh.
fand. Bei den vier Teilungen Polens
(1772, 1793, 1795, 1815), teilten
Preußen, Rußland und Österreich das
polnische Territorium jeweils unter
sich auf. So gehörten Posen und das
überwiegend polnische Westpreußen
bis zum ↑*Versailler Vertrag* noch
zum ↑*Deutschen Reich.* Der ↑*Nationalsozialismus* griff den Gedanken einer dt. Expansion nach Osten wieder
auf, um „Lebensraum für das dt.
Volk zu gewinnen". 1939 wurde
nach dem Hitler-Stalin-Pakt Polen
zwischen der Sowjetunion und D.
aufgeteilt: Im westlichen Teil, der an
D. fiel, wurde das sog. *Generalgouvernement* errichtet. 1945 verlor D.
nach den Beschlüssen der Konferenz

von Jalta zum größten Teil seine damals fast ausschließlich von Dt. bewohnten ↑Ostgebiete. Es hat im
Grenzvertrag mit Polen (1991) die
jetzigen Staatsgrenzen als endgültig
anerkannt.

Drittes Reich *n.* Bez. für D. als Staat
und Regierungssystem zwischen dem
30. Januar 1933 (Ernennung Hitlers
zum Reichskanzler) und der Kapitulation der ↑Wehrmacht im Mai 1945.
Der Ausdruck wurde von dem politischen Schriftsteller Arthur Möller
van den Bruck in dessen Buch *Das
Dritte Reich* (Erstauflage 1923) geprägt und von den Nationalsozialisten übernommen. Dem 1. und 2.
Reich (↑*Reich*) stellten sie ein zukünf-
tiges 3. Reich gegenüber, um auszudrücken, daß die ↑*Weimarer Republik* den Namen „Reich" nicht ver-
diente.
Innenpolitik des D. R.: Adolf Hitler wurde am 30. Januar 1933 vom
damaligen Reichspräsidenten Hindenburg zum Reichskanzler ernannt,
kam somit legal an die Macht. Er bildete zunächst eine Koalitionsregie-
rung aus *NSDAP* (↑*Nationalsozialismus*) und Deutschnationalen (Konservativen). Nach dem Reichstags-
brand, der angeblich von Kommunisten verursacht worden war, wurden
Tausende von kommunistischen
Funktionären festgenommen und die
sozialistische Presse verboten. Bei der
Reichstagswahl vom 5. März 1933
erhielt die *NSDAP* 44% der Stim-
men. Am 24. März bekam die Regierung, aus der die Deutschnationalen
durch Selbstauflösung bald ver-
schwanden, durch das vom Reichstag
beschlossene *Ermächtigungsgesetz*

praktisch unbegrenzte Vollmachten,
die die Abschaffung der von der
↑*Weimarer Republik* begründeten
Demokratie einleiteten. Alle Parteien,
außer der *NSDAP* mit ihren zahlreichen Nebenorganisationen, wurden
verboten. Die Gewerkschaften wurden aufgelöst und durch die *Deutsche
Arbeitsfront,* eine Zwangsorganisa-
tion für Arbeitgeber und Arbeitnehmer, ersetzt. Die Grundrechte wurden praktisch außer Kraft gesetzt, es
gab keine Pressefreiheit mehr. Bald
wurden die ersten ↑*Konzentrationslager* errichtet, in denen dem NS-Regime mißliebige Personen ohne Gerichtsverfahren gefangengehalten
wurden. Die schrittweise Entrech-
tung der dt. Juden mündete in Verfolgung und Ermordung von 6 Mio. Juden verschiedenster Nationalitäten
(↑*Antisemitismus*). Den Tod des
Reichspräsidenten von Hindenburg
(2. 8. 1934) nutzte Hitler aus, um die
Republik in einen Führerstaat zu ver-
wandeln. Er vereinigte in seiner Person die Ämter des Reichspräsidenten
und Reichskanzlers und ernannte
sich selbst zum „Führer und Reichskanzler". D. wurde zu einer zentralistischen Diktatur. 1933 waren schon
durch die sog. *Gleichschaltung* die
Rechte aller Länder beseitigt und in
den Ländern *Reichsstatthalter* eingesetzt worden; die Länderparlamente
(Landtage) wurden 1934 aufgelöst.
Die gesamte Presse, die Jugendverbände, die Bauernschaft und die
Fachverbände der Wirtschaft, Wissenschaft und Kunst kamen unter
NS-Führung, die Gestaltung der Frei-
zeit der dt. Arbeiter und Angestellten
wurde von der NS-Organisation
Kraft durch Freude übernommen.

Für die Frauen gab es die *NS-Frauenschaft*. Das 1933 geschaffene Propagandaministerium unter Joseph Goebbels steuerte die öffentliche Meinung. Die Überwachung durch die ↑*Gestapo* wurde immer intensiver, Regimegegner wurden unerbittlich verfolgt. 1934 wurde der berüchtigte *Volksgerichtshof* als oberstes Sondergericht zur Verfolgung von Gegnern des NS-Regimes geschaffen, der vor allem während des 2. Weltkrieges zahlreiche Todesurteile verhängte und durch die Prozesse gegen die Offiziere, die am 20. Juli 1944 einen Putsch gegen Hitler versucht hatten, traurige Berühmtheit erlangte (↑*Widerstand*, ↑*Geschichtsdaten, symbolische*).

In der *Außenpolitik* hatte das NS-Regime zunächst eine Reihe von Erfolgen aufzuweisen, die ihm beim dt. Volk Popularität verschafften, vor allem dort, wo es um die Abschaffung von Restriktionen des ↑*Versailler Vertrages* ging. Wichtige Etappen der Außenpolitik des D. R. waren: 1933 Austritt aus dem Völkerbund und Einstellung der Zahlung von ↑*Reparationen;* 1934 Nichtangriffspakt mit Polen; 1935 dt.-engl. Flottenabkommen, Rückkehr des ↑*Saarlandes* ins Reich und Einführung der allgemeinen Wehrpflicht; 1936 Besetzung des durch den Versailler Vertrag entmilitarisierten Rheinlandes; 1938 ↑*Anschluß* Österreichs und des Sudetenlandes (letzteres durch das sog. ↑*Münchner Abkommen*) und dadurch Verwirklichung des vom Nationalsozialismus propagierten *Großdeutschland*. Erst der Überfall auf die Tschechoslowakei im Frühjahr 1939, der zur Errichtung der sog. Reichs-

protektorates Böhmen und Mähren führte, bewirkte eine Änderung der Haltung Großbritanniens und Frankreichs, die bis zu diesem Zeitpunkt gegenüber dem Dt. Reich eine Beschwichtigungspolitik (*appeasement policy*) verfolgt hatten. Beide Westmächte garantierten Polen Beistand im Falle eines dt. Angriffs. Überraschend schloß Hitler mit der Sowjetunion einen Nichtangriffspakt (23. 8. 1939), (↑*Deutsch-sowjetischer Vertrag*). Als dt. Truppen am 1. September 1939 in Polen einmarschierten, begann der ↑*Weltkrieg II*. Erst der totale militärische Zusammenbruch D. im Jahre 1945 brachte das Ende des D. R.

DSE *f, Deutsche Stiftung für internationale Entwicklung* ↑Stiftungen.

Duden *m*. Wörterbuch der deutschen Sprache. Nach Konrad Duden (1829–1911) benannt, der mit seinem „Orthographischen Wörterbuch der dt. Sprache" (1880) die Rechtschreiberegeln für die dt. Druckereien schuf. Grundlage der Rechtschreibung in D. ist noch heute eine Verordnung von 1901/1902, festgelegt auf einer orthographischen Konferenz der deutschsprachigen Länder. In der BRD erklärte die Kultusministerkonferenz 1955 die Regeln und das Wörterverzeichnis des D. für verbindlich. Neben dem traditionellen Rechtschreibewörterbuch veröffentlicht der Duden-Verlag heute eine Reihe anderer Wörterbücher.

Dult *f* ↑Jahrmarkt.

Duzen *n*, **Siezen** *n*. Innerhalb der Familie, zu Freunden, zu Kindern sagt man in D. „Du", zu weniger Vertrauten, zu Fremden, aber auch Jugendliche zu Erwachsenen „Sie". Will man jemanden in den Freundeskreis einbeziehen, kann man ihm „das Du anbieten" oder mit ihm „Brüderschaft trinken", wobei jeder mit dem rechten Arm den anderen unterhakt und einen Schluck aus seinem Glas trinkt: Von diesem Schluck an gilt das „Du".

DVU *f*, *Deutsche Volksunion* ↑ Parteien.

D-Zug *m* ↑ Deutsche Bundesbahn.

E

Eilzug *m* ↑Deutsche Bundesbahn.

Eiserner Kanzler *m* ↑ Kanzler.

Eisheilige *mpl*. Die Tagesheiligen des katholischen Kirchenkalenders vom 12. bis 14. Mai (Pankratius, Servatius, Bonifatius), mancherorts auch noch vom 11. (Mamertus in Nordd.) und 15. Mai (Sophie oder die „kalte Sophie" in Südd.). Die E., auch *Gestrenge Herren* genannt, gelten als „Mörder" der Frühlingspflanzen und -blüten, denn an diesen Tagen wird es oft noch einmal sehr kalt. ↑*Siebenschläfer*.

Eisstockschießen *n*. Beliebtes alpenländisches Spiel auf dem Eis, in dem eine eisenbeschlagene, sehr schwere Holzscheibe mit gekrümmtem Handgriff (*Eisstock*) nach einem Ziel (*Daube*) über das Eis geschleu-

dert wird und die gegnerischen Eisstöcke verdrängt werden.

EKD *f*, *Evangelische Kirche in D.* Organisation der evangelisch-lutherischen Kirche. Sie umfaßt seit 1991 auch wieder den 1969 gegr. „Bund der evangelischen Kirchen in der DDR" (↑*Religion und Kirchen*).

Elbflorenz (*n*). Herder nannte *Dresden* aufgrund seiner lieblichen Lage an der Elbe und wegen seiner Kunstschätze das „Deutsche Florenz". Später wurde daraus „Elbflorenz" (vgl. ↑*Isar-Athen* und ↑*Spree-Athen*).

Emser Depesche *f*. Das von Bismarck bewußt in gekürzter und brüskierender Fassung veröffentlichte Telegramm (13. Juli 1870) über den Abbruch der preußisch-französischen diplomatischen Verhandlungen in Bad Ems zur Kandidatur eines ↑*Hohenzollern*-Prinzen für den spanischen Thron. Frankreich (das somit als der Aggressor erschien) antwortete am 19. Juli mit einer Kriegserklärung an ↑*Preußen*. Der folgende Krieg 1870/71 führte zur Einigung der dt. Bundesstaaten und somit zur Entstehung des dt. Kaiserreiches (↑*Reich*).

Endlösung *f*. Bez. für den Plan des NS-Regimes, alle Juden in Europa zu vernichten (↑*Antisemitismus*, ↑*Konzentrationslager*).

Entartete Kunst *f*. Abwertende Bez. des NS-Regimes für Kunst des 20. Jh., die nicht seinem Stilideal von „gesunder" und „völkischer"

Darstellung entsprach. Die sprachliche Ächtung ging einher mit Ausstellungs-, z.T. Arbeitsverbot (Emil Nolde, Erich Heckel, Oskar Kokoschka, Paul Klee, Max Beckmann u.a.).

Entnazifizierung *f.* Nach 1945 Überprüfung aller Dt. durch den Alliierten Kontrollrat in einem juristischen Verfahren, in einfachen Fällen mit Fragebogen, um festzustellen, welche Rolle jeder einzelne unter dem NS-Regime gespielt hatte. Das – wohl nicht ganz erreichte – Ziel der E. war, *„Hauptschuldige"* und *„Schuldige"* an NS-Verbrechen zu bestrafen und den übrigen belasteten Personen (*„Minderbelasteten"*) den Zugang zu öffentlichen Ämtern zu verwehren. Die Institutionen, die die E. durchführten, hießen *Spruchkammern.* Personen, die NS-Organisationen angehört, sich aber nicht aktiv für diese betätigt hatten, wurden als *„Mitläufer"* eingestuft. Bestätigungen, die unrechtmäßig belasteten Personen ausgestellt wurden, um diese „reinzuwaschen", hießen humoristisch (nach einem bekannten Waschmittel) *Persilscheine.* ↑*Nürnberger Kriegsverbrecherprozeß.*

Enzian *m* ↑Liköre und Schnäpse.

Ermächtigungsgesetz *n* ↑Drittes Reich.

Erntedankfest *n* ↑Feste.

Erster Bürgermeister *m* ↑Länder.

Erwachsenenbildung *f.* Alle allgemeinen und beruflichen Weiterbildungsmaßnahmen, die sich an Erwachsene

unterschiedlicher Altersklassen, Lebenssituationen und Bildungsvoraussetzungen richten. In der E. tätig sind *Volkshochschulen* (VHS), ↑*Kirchen,* ↑*Gewerkschaften,* berufsständische Kammern (z.B. die ↑*IHK),* ↑*Parteien* und Verbände, Berufsförderungswerke, Betriebe und öffentliche Verwaltungen, z.B. die ↑*Bundesanstalt für Arbeit,* Elternschulen und Familienbildungsstätten, Einrichtungen des ↑*Zweiten Bildungsweges,* Fach- und Hochschulen, Fernlehrinstitute sowie Funk und Fernsehen. E. wird durch Bundes- und Ländergesetze und individuelle sowie institutionelle Förderungsmaßnahmen bes. nach dem Arbeitsförderungsgesetz (AFG) unterstützt. Die in allen größeren Orten vertretenen Volkshochschulen bieten ein vielfältiges Programm (Sport, Gesundheit, Kunst, Musik, Allgemeinbildung, Psychologie u.ä.). Die konfessionelle E. umfaßt außer dem theologisch-philosophischen Bereich allgemein-kulturelle Fortbildungsmaßnahmen sowie Ehe- und Familienberatung. Ihre wichtigsten Träger sind die Deutsche Evangelische Arbeitsgemeinschaft für E. und die Katholische Bundesarbeitsgemeinschaft für E. Die gewerkschaftliche E. ist politisch und berufsbezogen ausgerichtet, wobei die einzelnen Gewerkschaften ihre eigenen Akzente setzen. E. in der Wirtschaft findet in den Betrieben selbst und in überregionalen Bildungseinrichtungen vor allem als Fort- und Weiterbildung statt. Prüfungen an den *Industrie- und Handelskammern* (↑*IHK)* führen zu in der Wirtschaft anerkannten Qualifikationen. Bezahlter Bildungsurlaub ist in einigen Bundesländern gesetzlich geregelt und bedeutet eine kurzzeitige Freistellung von der Arbeit für berufliche, politische und allgemeine Weiterbildungszwecke bei Lohn- und Gehaltsfortzahlung.

Erziehungsgeld *n*, **Erziehungsurlaub** *m*. *Erziehungsgeld* ist eine staatliche, monatliche Unterstützung, die die Mutter oder der Vater nach der Geburt eines Kindes bis zu 24 Monaten (vom 7. Monat an einkommensabhängig) erhalten, um dieses versorgen zu können, ohne zur Arbeit gehen zu müssen. *Erziehungsurlaub* wird einem Elternteil oder beiden Partnern im Wechsel für drei Jahre gewährt, bis das Kind alt genug ist für eine Kindertagesstätte. Während dieser Zeit bleibt der Arbeitsplatz erhalten und sind Kranken- und Arbeitslosenversicherung (↑*Sozialversicherung*) beitragsfrei.

Eulenspiegel. Till E. ist der Held eines norddt. Schelmenromans (14./ 15. Jh.). Der bäuerliche Spaßvogel, der v. a. Bürgern und geistlichen Herren mal derbe, mal geistreich-witzige Streiche spielte, wurde durch Hans Sachs, Johann Nepomuk Nestroy, Frank Wedekind, Gerhard Hauptmann, aber auch durch andere Autoren des europäischen Auslands zu einer literarischen Figur. Richard Strauss widmete ihm die symphonische Dichtung „Till Eulenspiegels lustige Streiche". Häufig mit Narrenkappe und kleinem Spiegel dargestellt, gilt sein Name als Synonym für „Schalk", „Narr", „Spötter". Eine *Eulenspiegelei* ist ein lustiger Schelmenstreich.

e. V. *m*, eingetragener Verein. ↑Vereine.

Evangelische Akademie *f* ↑Akademien 4.

Evangelische Kirche *f* ↑EKD.

F

Fachakademie *f* ↑Schulwesen.

Fachbereich *m* ↑Universitäten.

Fachhochschulen*fpl* ↑Universitäten.

Fachoberschule *f* ↑Schulwesen.

Fachschule *f* ↑Schulwesen.

Fachwerkhaus *n*. Bauern-, Bürger-, Zunft- und Rathäuser des Mittelalters und bes. der Renaissance in einer Bauweise, bei der die Holzbalken das *Rahmenwerk* bilden, und die offenen *Fächer* (*Gefache*) mit einer Lehmschicht oder mit Backsteinen ausgefüllt werden. Die oberen Stockwerke stehen häufig leicht vor; die Dächer sind meist kunstvoll gestaltet und die Giebelbalken mit Schnitzereien oder Bemalungen verziert. In D. unterscheidet man alemannischen, fränkischen und niedersächsischen Stil, in diesen Regionen finden sich auch die schönsten noch erhaltenen alten F.

Fasching *m* ↑Karneval.

Fas(t)nacht *f* ↑ Karneval.

FDGB *m* ↑Gewerkschaften.

FDJ *f, Freie Deutsche Jugend.* 1946 gegr., ursprünglich überparteiliche, später von der ↑*SED* beherrschte, einzige erlaubte Massenorganisation der Jugend in der ehem. DDR. In vielen Dingen (totalitäre und kommunistische Ideologie, Atheismus, Uniformen, paramilitärische Ausbildung und Aufmärsche) erinnerte die FDJ an andere totalitäre Jugendorganisationen wie die des Komsomol in der Sowjetunion, aber auch an die ↑*Hitlerjugend.* Die Jugendlichen der DDR konnten ab 14 Jahren in die FDJ eintreten. Viele von ihnen kamen von den *Jungen Pionieren,* einer Unterorganisation der FDJ für Kinder zwischen 6 und 14 Jahren: 6–10jährige *Jungpioniere* und 10–14jährige *Thälmannpioniere* (nach dem dt. Kommunistenführer Ernst Thälmann, 1944 im ↑*KZ* von den Nationalsozialisten ermordet). FDJ und Junge Pioniere förderten vor allem die kommunistische Indoktrination der DDR-Jugend, wurden aber auch für Arbeiten im öffentlichen Interesse eingesetzt.

FDP *f* ↑Parteien.

Federweißer *m* ↑Weine.

Feiertage *mpl.* Für die *gesetzlichen F.* haben die Länder der BRD eigene Feiertagsgesetze mit teils unterschiedlichen Regelungen. Die *kirchlichen* – nicht per Gesetz arbeitsfreien – *F.* können durch die jeweilige gesetzliche Regelung in gewissem Umfang geschützt sein. An diesen Tagen können Arbeitnehmer zum Besuch des Gottesdienstes der Arbeit fernbleiben. In allen Ländern der BRD sind gesetzliche F.: *Neujahr* (1. Januar), *Karfreitag, Ostermontag* (↑*Feste), 1. Mai* (Tag der Arbeit), *Christi Himmelfahrt, Pfingstmontag, Buß- und Bettag, 1. und 2. Weihnachtstag* (25. und 26. Dezember). Weitere gesetzliche F. sind: *Heilige Drei Könige* (6. Januar) in Baden-Württemberg, Bayern und Sachsen-Anhalt; *Fronleichnam* in Baden-Württemberg, Bayern, Hessen, Nordrhein-Westfalen, Rheinland-Pfalz und dem Saarland, in Thüringen nur in Gemeinden mit überwiegend katholischer Bevölkerung (die Fronleichnamsprozession bildet an vielen Orten einen Höhepunkt religiösen Brauchtums; frische Birken zieren den Weg der Prozession, die Häuser sind festlich geschmückt); *Allerheiligen* (1. November) in Baden-Württemberg, Bayern, Nordrhein-Westfalen, Rheinland-Pfalz und dem Saarland, in Thüringen nur in Gemeinden mit überwiegend katholischer Bevölkerung; *Mariä Himmelfahrt* (15. August) im Saarland und in Bayern in Gemeinden mit überwiegend katholischer Bevölkerung; *Reformationsfest* (31. Oktober), der höchste evangelische F. zum Gedenken an den Kirchenreformator Martin Luther und seine am 31. Oktober 1517 öffentlich angeschlagenen Thesen, in Brandenburg, Mecklenburg-Vorpommern, Sachsen, Sachsen-Anhalt und Thüringen. Es werden außerdem mit unterschiedlichen Regelungen die *Gedenktage* des Heiligen Josef (19. März) und der Apostel Peter und Paul (29. Juni) sowie Mariä Empfängnis (8. Dezember) begangen.

Das Gesetz vom 4. August 1953 über den *17. Juni* (↑*Geschichtsda-*

ten), den *Tag der dt. Einheit,* wurde durch den Einigungsvertrag 1990 aufgehoben. Danach war der 17. Juni ab 1991 kein gesetzlicher F. mehr. Die Proklamation des Bundespräsidenten Lübke vom 11. Juni 1963, wonach der 17. Juni als nationaler Gedenktag begangen werden soll, hat hingegen weiterhin Bestand. Mit Verordnung vom 16. Mai 1990 hat der Ministerrat der DDR den 7. *Oktober,* den *Tag der Republik* (↑*DDR)* als gesetzlichen F. abgeschafft. Der *Tag der Befreiung* am 8. *Mai* wurde zuletzt 1990 in der DDR begangen. Durch den Einigungsvertrag wurde der 3. *Oktober* zum gesetzlichen F., er wurde erstmalig 1990 mit dem feierlichen Beitritt der DDR zum Grundgesetz der BRD begangen. In der Stadt Augsburg ist außerdem der 8. *August* (Friedensfest) gesetzlicher Feiertag.

Feldjäger *mpl.* Militärpolizei der ↑*Bundeswehr.*

Fensterln *n,* auch: *Kammerfensterln.* Bez. für den in ländlichen Gegenden Bayerns früher weit verbreiteten Brauch nächtlicher Besuche junger Burschen durch die Fenster der Schlafkammern der Mädchen.

Fernsehen *n* ↑Rundfunk und Fernsehen.

Fernuniversität *f* ↑ Universitäten.

Feste *npl.* Das populärste *Familienfest* in D. ist ↑*Weihnachten.* – Am Vorabend des 6. Dezember und/oder am *Nikolaustag* selbst besucht der *Heilige Nikolaus* (Nikolaus war Bi-

schof von Myra und starb um 350 als Märtyrer) die Kinder und verteilt Gaben, aber auch Lob, Ermahnungen und Belehrungen. Nikolaus, in Bischofsgewand oder rotem Mantel, meist mit langem Bart, wird häufig von *Knecht Ruprecht* (in Südd. *Krampus*) begleitet, der die „Bestrafung" der Kinder – oft mit einer (Reisig-)*Rute* – vorzunehmen hat. Die Figur des Nikolaus wird traditionell aus ↑*Lebkuchen* mit Zuckerguß oder aus Schokolade nachgebildet. – Am *Silvesterabend* (31. Dezember) ist in D. neben dem Feuerwerk noch der europäische Orakelbrauch des *Bleigießens* üblich: Über einer Kerze geschmolzenes Blei wird in Wasser getaucht und durch Deutung der entstehenden Formen eine Zukunftsvorhersage versucht. – Familienbräuche gibt es auch zu *Ostern.* Am *Palmsonntag* (Anfang der Osterwoche) werden Palmkätzchenzweige (Weidenblüten) zur Weihe in die Kirche gebracht. Am *Ostersonntag* werden Ostereier verschenkt (einfach gefärbte oder kunstvoll bemalte, gekochte Hühnereier, Schokoladen-, Zucker-, Teig-, Marzipan-, Holz-, Porzellan- u. a. Eier); die Kinder suchen und sammeln in Osternestern, was der *Osterhase* versteckt hat. Zum *Osterfest* gehören auch das *Osterlamm* aus Biskuit, der *Osterfladen,* die *Osterkerze* und die mit ausgeblasenen, verzierten Eiern geschmückten *Osterzweige.* – Am 2. Sonntag im Mai ist (seit 1922) *Muttertag,* an dem die Kinder ihrer Mutter Blumen oder besondere Aufmerksamkeit durch kleine Gesten schenken (z.B. den Frühstückstisch decken). *Vatertag* ist in D. an Christi Himmelfahrt (↑*Feiertage).* In vielen

Gegenden machen die Väter (ohne Familien) Ausflüge, die gelegentlich feuchtfröhlich enden. – Am 24. Juni, drei Tage nach Sommersonnenwende, ist *Johannistag,* ein kirchliches Volksfest, dessen nächtliche *Johannisfeuer* auf die vorchristlichen Sonnwendfeiern zurückgehen. Ähnlich wie ↑*Walpurgis* ist Johannisnacht sog. „Freinacht"; Hexen und Dämonen sind los. – Nach Abschluß der Ernte, meist Anfang Oktober, wird das *Erntedankfest* begangen. (Auf den Altären der Kirchen werden Feldfrüchte ausgebreitet und anschließend verschenkt.) Das evangelische Fest wird am Sonntag nach Michaelis (29. September) gefeiert, das katholische regional verschieden. – Auch zahlreiche Volksfeste werden von der gesamten Bevölkerung gefeiert: ↑*Jahrmärkte,* ↑*Schützenfeste,* ↑*Karneval, Kirchweih,* (jährlich im Herbst, zur Erinnerung an die feierliche Einweihung einer Kirche, mit volkstümlichen Vergnügungen) oder das ↑*Oktoberfest.*

Film, deutscher ~ *m.* Nach dem ersten Weltkrieg produzierte die *Ufa,* (*Universum-Film AG*), 1917 gegr., dank sehr guter technischer Ausrüstung und bedeutender Regisseure (z. B. Ernst Lubitsch, Robert Wiene, Friedrich Wilhelm Murnau, Fritz Lang, Josef Sternberg) technisch und künstlerisch wertvolle F., die teilweise zu Welterfolgen wurden (z. B. „Der blaue Engel", „Metropolis"). Im ↑*Dritten Reich* unterlag die deutsche Filmproduktion einer strikten Kontrolle durch das Propagandaministerium von Joseph Goebbels und die sog. *Reichsfilmkammer.* Viele be-

rühmte Produzenten, Regisseure und Schauspieler gingen, weil sie Juden waren oder das NS-Regime ablehnten, ins Ausland, die meisten nach Hollywood. Die F. der NS-Zeit waren vielfach tendenziös und von mittelmäßiger Qualität, es gab auch einige künstlerisch wertvolle F., die jedoch nicht das Niveau der Glanzzeit des dt. F. vor 1933 erreichten oder erst nach dem Krieg aufgeführt werden konnten. Die wichtigsten Regisseure der ↑*Nachkriegszeit* hatten schon vor 1945 ihre ersten F. gedreht. Viele (auch die F. von heimgekehrten Emigranten) behandelten den Nationalsozialismus oder den Krieg, aber das Publikum bevorzugte Revue- und Heimatfilme mit den Stars der 50er Jahre (wie Maria Schell, Liselotte Pulver, Heinz Rühmann). Danach waren nur wenige dt. F. wirtschaftlich erfolgreich. Bemerkenswert waren Ende der 50er und Anfang der 60er Jahre einige neue Talente (Konrad Wolf, Heiner Carow, Gerhard Klein, Egon Günther), die in der DDR bei der *Deutschen Film AG* (*DEFA*) arbeiteten. Mitte der 60er Jahre, als die neugeschaffene Filmförderung in der BRD die Produktion nichtkommerzieller F. ermöglichte, fand der sog. *Junge deutsche Film* bei den Kritikern Beachtung. Die jungen Regisseure, die 1962 im „Oberhausener Manifest" *Autorenfilme* forderten, in denen die traditionelle Trennung von Produktion, Drehbuch und Regie aufgehoben ist, brachen mit konventionellen Erzähltechniken, setzten sich mit eigenen Erfahrungen auseinander oder versuchten, die NS-Zeit aus neuer Perspektive zu sehen. Gegenüber der

etablierten Filmindustrie (v.a. der
nach dem Zweiten Weltkrieg neuge-
gr., 1964 von Bertelsmann übernom-
menen *Universum-Film AG,*) spielten
diese F. ohne wirtschaftlichen Erfolg
bis in die 70er Jahre eine geringe Rolle. Nur wenigen Filmemachern gelang es, künstlerisch und finanziell er-
folgreiche F. zu drehen, einige hatten
v.a. im Ausland Erfolg: Rainer Werner Fassbinder, Volker Schlöndorff
und Wim Wenders sind neben Werner Herzog und Alexander Kluge in
den 80er Jahren die bekanntesten
und erfolgreichsten Regisseure des
Autorenfilms in der BRD.

Filmpreise *mpl.* Zu den wichtigsten
F. gehören der *Förderungspreis Film,
Hörfunk und Fernsehen zum Kunst-
preis Berlin,* gegr. 1956, gestiftet vom
Senat Berlin, jährlich mit 10 000 DM
dotiert für Nachwuchsförderung; der
Goldene Bär, gegr. 1951, jährlich
verliehen auf den ↑*Berliner Filmfest-
spielen* für den besten Langfilm
(Spiel-, Dokumentarfilm) und Kurz-
film; der *Deutsche Filmpreis* gegr.
1951, gestiftet vom Bundesminister
des Inneren als Auszeichnung von
herausragenden dt. Produktionen sowie als Anerkennung eines Lebens-
werks; der *Max-Ophüls-Preis,* gegr.
1979/1980, gestiftet von der Stadt
Saarbrücken, um Nachwuchsregis-
seure im deutschsprachigen Raum zu
fördern (20 000 DM und eine Bron-
zeplastik); der *Bambi*-Film- und
Fernsehpreis (seit 1948 für den Film,
seit 1968 für das Fernsehen) für bemerkenswerte Leistungen des zu-
rückliegenden Jahres (eine goldene
Reh-Statuette, an mehrere Preisträger).

Finanzamt *n* ↑Finanzverwaltung.

Finanzgerichtsbarkeit *f* ↑Gerichtswe-
sen.

Finanzverwaltung *f.* Im Bundesstaat
D. ist die Finanzhoheit zwischen
Bund und Ländern verteilt. Daraus
ergibt sich auch eine Aufteilung der
Verwaltungshoheit. Der ↑*Bund* verwaltet Zölle, Finanzmonopole, bun-
desrechtliche Verbrauchssteuern und
Abgaben im Rahmen der Europäischen Gemeinschaften. Die ↑*Länder*
verwalten die übrigen Steuern, bes.
die Besitz- und Verkehrsteuern.
Oberste Bundesbehörde ist das *Bundesministerium der Finanzen (BMF)*
mit verschiedenen Oberbehörden.
Oberste Landesfinanzbehörde ist das
jeweilige *Landesfinanzministerium.*
Mittelbehörden des Bundes und zugleich des Landes sind die *Oberfi-
nanzdirektionen,* deren Abteilungen
somit teils Bundes-, teils Landesbehörden sind, und die ihnen unterge-
ordneten *Bezirksfinanzdirektionen.*
Örtliche Landesbehörden sind die *Fi-
nanzämter.* Die Finanzverwaltung
der *Gemeinden* leistet die *Kämmerei.*
Sie erstellt den städtischen Haushalts-
plan und erhebt die lokalen Steuern,
z.B. Gewerbesteuer, Getränkesteuer,
Vergnügungssteuer und ... die Hun-
desteuer.

Flakhelfer *mpl* ↑Hitlerjugend.

Flensburger Verkehrssünderkartei *f.*
Am Kraftfahrt-Bundesamt in Flens-
burg (Schleswig-Holstein), gegr.
1951, werden *Verstöße gegen die
Straßenverkehrsordnung (StVO)* in
Form von Punkten registriert, wenn

vom Strafgericht Entziehung der Fahrerlaubnis, Verhängung des Fahrverbots oder eine Geldbuße von mindestens 80 DM verfügt wurde, oder *Verkehrsstraftaten* wie Trunkenheit am Steuer, Körperverletzung, Fahren ohne Führerschein, Kennzeichenmißbrauch oder Unfallflucht vorliegen. Bei einer bestimmten Punktezahl in einem festgelegten Zeitraum wird der Führerschein entzogen; andererseits werden die „Punkte in Flensburg" nach einer bestimmten Frist gelöscht.

Flüchtlinge *mpl* ↑Zuwanderung.

Föhn *m*. Warmer, trockener, oft heftiger Fallwind, vor allem im nördlichen Alpenvorland (etwa bis zur Donau). Er verursacht bei empfindlichen Menschen häufig Kopfschmerzen, Mattigkeit und seelische Verstimmung, vertreibt aber auch die Schlechtwetterwolken und sorgt für blauen Himmel. (Nicht verwechseln mit *Fön*, „elektrischer Haartrockner".)

Förde *f* ↑Ostseeküste.

Franken. 1. *Franken mpl*. Seit dem 3. Jh. bekanntes westgermanisches Volk, ursprünglich im Raum von Rhein und Weser ansässig. Die F. drangen seit dem 3. Jh. vom Mittel- und Niederrhein aus in Gallien, die römischen Grenzprovinzen an Rhein und Mosel und sogar in Flandern ein. Später stießen sie auch mainaufwärts vor (in das heutige *Franken*, s. u.). Sie gründeten im 5. und 6. Jh. das Frankenreich, das zur Zeit seiner größten Ausdehnung weite Teile des heutigen Frankreich und D. umfaßte und von

den Dynastien der Merowinger und später der Karolinger regiert wurde. Der bedeutendste König (und spätere Kaiser) dieses Reiches war Karl der Große (Carolus Magnus). Im 9. Jh. zerfiel das Frankenreich. 2. *Franken* (*n*). Seit dem 12. Jh. wird der Name F. (eigentl. Ostfranken) nur noch für die Gebiete am oberen und mittleren Main gebraucht, die vom 12. bis 19. Jh. in Territorialherrschaften aufgeteilt waren. Durch Napoleon I. wurden diese Gebiete unter dem Namen F. an ↑*Bayern* angegliedert und später in die Regierungsbezirke Ober-, Unter- und Mittelfranken eingeteilt. Die Bewohner des heutigen F. heißen ebenfalls *Franken mpl*. Man muß also die „historischen Franken" (s. o.) von den „heutigen Franken" unterscheiden.

Frankfurter *fpl* ↑Wurstwaren.

Frankfurter Buchmesse *f* ↑Börsenverein des Deutschen Buchhandels.

Frankfurter Schule *f*. Der mit dem 1923 von Max Horkheimer und Theodor W. Adorno gegr. „Institut für Sozialforschung" verbundene Kreis von Intellektuellen, Sozialforschern und Philosophen, für die wissenschaftliche Theorie an praktischer Vernunft zu messen ist (*Kritische Theorie*), und Wissenschaft und Politik nicht getrennt werden können. Direkte gesellschaftliche Auswirkung hatte die F.Sch. durch die Arbeiten von Jürgen Habermas und Herbert Marcuse, die der Studentenbewegung der 60er Jahre und der *Neuen Linken* mit ihrer Forderung nach radikaler Demokratisierung von Staat und Gesellschaft und Beseitigung von Leistungs- und Konsumzwang als theoretische Basis dienten. ↑*Revolutionen, Putsche, Unruhen.*

Frauenhäuser *npl.* Aus der Diskussion in der Frauenbewegung der 80er Jahre um Gewalt gegen Frauen entstanden die F. als Zufluchtstätten für Frauen und ihre Kinder, die von Männern physisch und psychisch mißhandelt werden. In den westdeutschen Bundesländern existierten 1991 ca. 200 F., in denen Frauen vorübergehend wohnen und erste Unterstützung (z.B. in Scheidungs- und Versorgungsfragen) erhalten. Ab 1989 wurden auf dem Gebiet der ehem. DDR die ersten F. eröffnet. Im Unterschied zu den F. in städtischer, kirchlicher oder Verbandsverwaltung, verwalten sich die autonomen F. in Vereinen selbst („Frauen helfen Frauen"). Sie finanzieren sich aus Tagegeldern der Frauen, Sozialhilfemitteln, Vereinsbeiträgen sowie Zuschüssen der Gemeinden und der Bundesländer.

Freikorps *n.* Nach dem ↑*Weltkrieg I* mit Billigung der militärischen und politischen Führung gebildete, militärische Freiwilligenverbände (außerhalb der regulären Armee), meist rechtsextremer Tendenz, die die ↑*Weimarer Republik* ablehnten. Sie wurden z.T. zur Bekämpfung revolutionärer Bewegungen eingesetzt, z.T. kämpften sie im Osten, z.B. in Schlesien und im Baltikum. 1920 wurden die F. aufgelöst und teilweise in die ↑*Reichswehr* überführt. Viele von ihren Mitgliedern gingen zur *NSDAP* (↑*Nationalsozialismus)* und zu ande-

ren rechtsgerichteten Organisationen.

Freistaat *m* ↑Länder (Bayern, Sachsen).

Friedrich-Ebert-Stiftung *f* ↑Stiftungen.

Friedrich-Naumann-Stiftung *f* ↑Stiftungen.

Friesisch *(n)* ↑Minderheitensprachen.

Friesland *(n).* Die Friesen, ein germanisches Volk, ursprünglich im Gebiet zwischen der Rheinmündung und der Ems ansässig, erweiterten später ihr Stammesgebiet. Heute unterscheidet man die *Westfriesen* in der holländischen Provinz Friesland, die *Ostfriesen* an der Nordseeküste zwischen Ems und Weser (Ostfriesland ist heute ein Teil von *Niedersachsen)* und die *Nordfriesen* an der Westküste von Schleswig. Zu Friesland gehören auch die Friesischen Inseln, wie z.B. Borkum, Norderney und Sylt. Das Friesische ist kein Dialekt, sondern eine eigene germanische Sprache (↑*Deutsche Sprache).*

Fritz, der alte ~ . Volkstümliche Bez. für König Friedrich II. von ↑*Preußen* (Regierungszeit 1740–1786), auch Friedrich der Große genannt, aus dem Hause der ↑*Hohenzollern.*

Führer *m* ↑ Drittes Reich, ↑ Nationalsozialismus.

Fundis *mpl* ↑Parteien.

Fünfprozentklausel *f* ↑Bundestag.

G

Gartenzwerg *m.* Für den Garten bestimmter, bunter Zwerg, meist aus Keramik oder Plastik, einen Angler, Gärtner mit Schaufel oder Schubkarre, Musikanten usw. darstellend, häufig mit *Zipfelmütze.* Für viele sind G. kitschig und lächerlich, ein negatives Symbol für dt. Fleiß und eine gewisse kleinbürgerliche Naivität; andere lieben G., die man noch in vielen Gärten, oft in einer Art Miniaturlandschaft, findet; bei ausländischen Touristen sind sie als typisch dt. Souvenir beliebt.

Gastarbeiter *mpl* ↑ Ausländer.

Gasthörer *m* ↑ Universitäten.

Gau *m,* auch: **Gäu** *n.* 1. Natürliche Landschaftseinheit, oft auch durch ethnische, sprachliche und kulturelle Eigenart der Bewohner bestimmt, heute fast nur noch in Eigennamen gebräuchlich, z. B. Chiemgau, Breisgau, Allgäu; 2. größere Gebietseinheit in der Organisation der *NSDAP.* (↑ *Nationalsozialismus)* An der Spitze eines Gaues stand der *Gauleiter.*

GAU *m, Größter Anzunehmender Unfall.* Ausfall des Kühlsystems in einem Kernreaktor mit anschließendem Schmelzen des Reaktorkerns und Freiwerden radioaktiver Stoffe. Seit der Katastrophe von Tschernobyl ist auch der Begriff „Super-GAU" gebräuchlich.

Gauck-Behörde *f.* Die sog. G. in Berlin, seit 3. Oktober 1990 geleitet von Pfarrer Joachim Gauck, *Bundesbe-*

auftragter für Stasi-Akten oder kurz *Stasibeauftragter* (↑ *Stasi),* schützt personenbezogene Daten und Unterlagen aus DDR-Zeit gegen unbefugten Zugriff, entscheidet, welchen privaten Personen, Opfern der Stasi, Betroffenen der Stasi-Vergangenheit oder öffentlichen Stellen Akteneinsicht gewährt wird und hilft bei deren Auswertung (↑ *Vergangenheitsbewältigung).*

Gauleiter *m* ↑ Gau 2.

Gedenktage *mpl* ↑ Feiertage.

Geld und Währung. Rechnungs- und Zahlungseinheit im Dt. Reich nach 1871 war die *Goldmark,* unterteilt in 100 *Pfennige.* 1923 wurde zur Überwindung der Inflation die Zwischenwährung *Rentenmark* (= 100 Rentenpfennige) eingeführt, die 1924 durch die *Reichsmark* (1 RM = 100 Reichspfennige) abgelöst und im Wert mit der Goldmark gleichgesetzt wurde. Ab 1936 führte die Kriegs-, Finanz- und Wirtschaftspolitik des ↑ *Dritten Reiches* zunehmend zu ihrer Entwertung. Das Finanzwesen ↑ *Nachkriegsdeutschlands* war funktionsunfähig (Inflation, Geldüberhang, Reichsschulden). Durch die *Währungsreform* von 1948 für Westdeutschland und West-Berlin wurde die *Deutsche Mark* (1 DM = 100 Pfennige) geschaffen. Das *Umstellungsgesetz* sah die Ersetzung von RM und DM im Verhältnis 1:1, bei RM-Verbindlichkeiten und Privatguthaben 10:1, vor, dazu zahlreiche Sonderregelungen für Gehälter, Renten, Erbansprüche u. a. Bis 1953 erfolgten mehrere „Nachreformen".

Unmittelbare Folge war ein sprunghafter Anstieg des Angebots von Konsumgütern durch die Auflösung bis dahin gehorteter Warenlager. Längerfristig betrachtet, setzte mit der gelungenen Währungsreform das sog. ↑ *Wirtschaftswunder* ein. Die ebenfalls 1948 geschaffene DDR-Mark (im Volksmund Ost-Mark genannt) wurde im Zuge der Vereinigung beider deutscher Staaten am 1. 7. 1990 abgeschafft und im Verhältnis 1:1 – mit Sonderregelungen u. a. für Sparguthaben – durch die DM ersetzt. So entstand wieder ein gemeinsames Währungsgebiet mit der Deutschen ↑ *Bundesbank* als Notenbank. ↑ *Taler*.

GEMA *f, Gesellschaft für musikalische Aufführungs- und mechanische Vervielfältigungsrechte* (Sitz Berlin). Sie nimmt die Interessen der Komponisten, Textdichter und Musikverleger gegenüber dem Rundfunk, der Musikindustrie und anderen Veranstaltern öffentlicher Musikaufführungen wahr. Die Urheberrechte für Sprachwerke (Bücher, Zeitschriften, Übersetzungen usw.) werden von der *Verwertungsgesellschaft WORT* (kurz *VG Wort*) wahrgenommen.

Gemeinde *f,* auch: *Kommune.* Unterste Verwaltungseinheit in D. mit dem Recht der Selbstverwaltung. Da das G.recht Sache der ↑ *Länder* ist, gibt es unterschiedliche Strukturen bei den G. der einzelnen Bundesländer. An der Spitze einer G. steht der *Bürgermeister* (in größeren Städten: *Oberbürgermeister*). Hauptorgan der G. ist der *Gemeinderat* (*Kommunalrat,* in Städten: *Stadtrat*), dessen Mitglie-

der *Gemeinderäte* (*Stadträte*) heißen. Daneben gibt es eine *Gemeindeverwaltung* (*Kommunalverwaltung, Stadtverwaltung*), die in den einzelnen Ländern in unterschiedlicher Form mit dem Gemeinderat (Stadtrat) verbunden ist. Mehrere G. bilden zusammen einen *Kreis* (außer in den Stadtstaaten Hamburg und Bremen), dessen Parlament der aus gewählten Vertretern bestehende *Kreistag* ist. Leiter der Kreisverwaltung ist der *Landrat* (in Nordrhein-Westfalen und Niedersachsen: *Oberkreisdirektor*). Hat eine G. eine gewisse Größe erreicht, wird sie *kreisfreie Stadt.*

Gemütlichkeit *f.* Behaglichkeit, Ruhe und Geborgenheit ausstrahlende, harmonische, wohltuende und entspannte Atmosphäre, die das *Gemüt* anspricht. „Es sich gemütlich machen“ bedeutet letztlich, sich von Belastungen des Gemüts, von „Unmut“, Spannung und dergleichen zu befreien. Das Gemüt galt früher als Wohn- und Werkstätte der Vorstellungen, der inneren Bilder, der Ideen. Die G. scheint eine kulturelle Eigenart der Deutschen zu sein: der Begriff ist schwer zu beschreiben und in keine andere Sprache angemessen zu übersetzen.

Generalinspekteur *m* ↑ Bundeswehr.

Gerichtswesen *n.* Die rechtsprechende Gewalt (Jurisdiktion) wird von den Gerichten ausgeübt. Diese gliedern sich in fünf voneinander unabhängige Zweige, einerseits die *ordentliche Gerichtsbarkeit,* die für Zivil- und Strafsachen zuständig ist, und andererseits die besonderen Gerichtsbarkeiten : *Verwaltungs-, Finanz-, Arbeits- und Sozialgerichtsbarkeit.* Jeder Zweig besteht aus mehreren Ebenen: Die ordentliche Gerichtsbarkeit wird durch die *Amtsgerichte, Landgerichte* und *Oberlandesgerichte* sowie den *Bundesgerichtshof* (Sitz Karlsruhe) repräsentiert. Sie sind zuständig für *Zivilsachen* (z.B. Streitigkeiten aus Verträgen, Erbschafts- und Familienangelegenheiten) und *Strafsachen* (Durchsetzung des staatlichen Strafanspruchs; Anklagebehörde ist die Staatsanwaltschaft). Die *Amtsgerichte* sind die unterste Instanz der ordentlichen Gerichtsbarkeit. Bei ihnen entscheidet in Zivilsachen ein Einzelrichter, in Strafsachen entweder ein Einzelrichter oder ein Schöffengericht (mit einem Amtsrichter als Vorsitzenden und zwei Laienrichtern, den *Schöffen*). Die *Landgerichte* sind erste Instanz für Zivilsachen mit höherem Streitwert und zweite Instanz für Berufungen und Beschwerden (↑*Rechtsmittel*) gegen Entscheidungen des Amtsgerichts. Für Zivilsachen besteht eine *Zivilkammer* aus drei Berufsrichtern. In Strafsachen ist das Landgericht für schwere Kriminalität zuständig, mit einer *großen Strafkammer* aus 3 Berufsrichtern und 2 Schöffen oder mit einer *Schwurgerichtskammer* bei Kapitalverbrechen. Das Landgericht ist ferner Rechtsmittelinstanz für Entscheidungen des Amtsgerichts. Die *Oberlandesgerichte* (in Berlin das *Kammergericht*) haben einen *Zivilsenat,* der vor allem für Zivilstreitigkeiten über Berufungen und Beschwerden gegen Entscheidungen der Landgerichte zuständig ist, und einen *Straf-*

senat, der in erster Instanz für Staatsschutzsachen zuständig, vor allem aber Rechtsmittelinstanz ist. Über *Revisionen* (↑*Rechtsmittel*) in Zivil- und Strafsachen entscheidet der *Bundesgerichtshof* als oberste Instanz. Dieser ist, wie die Oberlandesgerichte, in *Senate* aufgeteilt. Beim Bundesgerichtshof besteht eine *Bundesanwaltschaft,* an deren Spitze der *Generalbundesanwalt* steht. In Bayern gibt es außerdem noch das *Oberste Landesgericht,* dem verschiedene Zuständigkeiten des Oberlandesgerichtes und des Bundesgerichtshofs übertragen sind.

In den Zuständigkeitsbereich der allgemeinen und besonderen *Verwaltungsgerichte* fallen sämtliche öffentlich-rechtlichen Streitigkeiten nichtverfassungsrechtlicher Art zwischen Bürgern und Behörden sowie zwischen Behörden. Sie gewähren Rechtsschutz gegen ungerechtfertigte hoheitliche Maßnahmen der Verwaltung. Die allgemeine Verwaltungsgerichtsbarkeit ist dreistufig aufgebaut. Sie umfaßt die *Verwaltungsgerichte* als erste Instanz, die *Oberverwaltungsgerichte* als Berufungsinstanz und das *Bundesverwaltungsgericht* (Sitz Berlin) als Revisionsinstanz. Für spezielle öffentlich-rechtliche Streitigkeiten sind besondere Verwaltungsgerichtsbarkeiten eingerichtet: die *Finanzgerichtsbarkeit* (Rechtsstreitigkeiten über Steuerbescheide u. ä.) und die *Sozialgerichtsbarkeit* (Renten-, Sozialversicherungs- und Kriegsopferversorgungsstreitfälle). Beide Gerichtszweige sind zweistufig. Oberste Instanzen sind der *Bundesfinanzhof* in München und das *Bundessozialgericht* in Kassel. Zur Gewährleistung

einer einheitlichen Rechtsprechung
innerhalb der verschiedenen Gerichtszweige gibt es einen gemeinsamen Senat der obersten Gerichtshöfe
des Bundes in Karlsruhe. An der Spitze der rechtsprechenden Gewalt steht
als oberstes Verfassungsorgan („Hü-
ter der Verfassung") das *Bundesverfassungsgericht* (Sitz Karlsruhe). Es
besteht aus zwei Senaten zu je acht
Richtern, die jeweils zur Hälfte von
↑*Bundestag* und ↑*Bundesrat* gewählt
werden. Seine Entscheidungskompe-
tenz ist sehr umfangreich. Es hat zu
befinden über Streitigkeiten zwischen
obersten Bundesorganen (↑*Bundespräsident,* ↑*Bundesregierung,* ↑*Bundeskanzler,* ↑*Bundesrat,* ↑*Bundestag),* über die Vereinbarkeit von einfachen Gesetzen mit dem ↑*Grundgesetz,* über Verfassungsbeschwerden
von Bürgern, die sich durch Hoheits-
akte in ihren Grundrechten verletzt
fühlen, und schließlich über die Auflösung verfassungsfeindlicher Partei-
en. Die *Verfassungsgerichte der*
↑*Länder* haben die Einhaltung der jeweiligen Landesverfassung sicherzu-
stellen.

Gesamthochschule *f* ↑ Universitäten.

Gesamtkunstwerk *n.* Synthese der
verschiedensten Künste (Architektur,
Plastik, Malerei, Kunsthandwerk,
u. U. auch Dichtung und Musik) zu
einer einheitlichen Wirkung auf möglichst alle Sinne. Eine führende Rolle
spielt dabei entweder die Architektur
(↑*Jugendstil,* ↑*Bauhaus*) oder das
Theater (Richard Wagner: „Das
Kunstwerk der Zukunft").

Gesamtschule *f* ↑Schulwesen.

Geschichtsdaten, symbolische ~ *npl.*
Dreimal war der 9. *November* Wen-
depunkt in der dt. Geschichte: Während der *Novemberrevolution 1918*
(↑*Revolutionen, Putsche, Unruhen*)
war er der Stichtag für den Sturz der
Monarchie, die Entthronung der dt.
Fürstenhäuser und die Ausrufung der
ersten Republik, der ↑*Weimarer Republik.* Am 9. *November 1938* wollte
der siebzehnjährige Sohn eines jü-
disch-polnischen Zwangsdeportier-
ten im Dritten Reich aus Rache den
dt. Gesandten in Paris erschießen,
traf aber einen Botschaftssekretär,
der selbst als Gegner der Antisemiten
bei der Gestapo verdächtigt war. Dies
wurde zum Anlaß für gesteuerte Gewalttaten gegen jüdische Bürger und
ihr Eigentum in der Nacht vom 9.
zum 10. November 1938, der sog.
Reichskristallnacht (↑*Antisemitismus*), und danach. Am 9. *November
1989* erreichte die friedliche Revolution in der DDR ihren Höhepunkt
(siehe unten). – Weitere s. G.: Am
1. *September 1939* begann der *Weltkrieg II* mit dem Einmarsch dt. Truppen in Polen und der Kriegserklärung
Englands. – Am 20. *Juli 1944* scheiterte ein Attentat gegen Hitler durch
Oberst Claus Graf Schenk von Stauffenberg, der als Teilnehmer an militärischen Lagebesprechungen Zugang
zu Hitler hatte. Einige der am Putsch-
versuch Beteiligten begingen Selbstmord (z. B. Generalfeldmarschall
Rommel); Stauffenberg und viele andere wurden erschossen oder erhängt
(↑*Widerstand im Dritten Reich*). –
Am 7.–9. *Mai 1945* kapitulierte die
dt. ↑*Wehrmacht* bedingungslos, wodurch der ↑*Weltkrieg II* beendet wurde. – Am 23. Mai 1949 erfolgte die

Gründung der Bundesrepublik Deutschland, am 7. *Oktober 1949* die Gründung der Deutschen Demokratischen Republik (↑*Feiertage*). – Am 17. *Juni 1953* (↑*Feiertage*) kam es in Ostberlin zu einem Arbeiteraufstand, der sich zunächst gegen die Normerhöhung in der Produktion richtete, dann aber – zunehmend unterstützt von der sich solidarisierenden Bevölkerung – politische Forderungen stellte wie „Freie Wahlen", „Rücktritt der Regierung", „Generalstreik". Die Unruhen griffen rasch auf die ganze DDR über. Vom sowjetischen Stadtkommandanten wurde der Ausnahmezustand verhängt; sowjetische Truppen griffen mit Panzern ein und schlugen am 19. Juni den Aufstand blutig nieder. – Der ständig anschwellende Strom der Flüchtlinge aus der DDR in die BRD führte 1961 zu einer dramatischen Zuspitzung der Krise um Berlin. Am 1. August 1961 kündigte die Regierung der DDR Beschränkungen im innerdeutschen Reiseverkehr an. In der Nacht zum 13. *August 1961* kam es jedoch bereits zum Einsatz der Volksarmee (↑*NVA*) und der Volkspolizei (↑*VoPo*), die mit Hilfe von Straßensperren und Befestigungen den sowjetischen Sektor abriegelten. Ostberliner und Bewohner der DDR durften nur noch mit ausdrücklicher Genehmigung der Behörden in Ost-Berlin den westlichen Teil der Stadt besuchen, Westberliner nur mit Genehmigung den Ostsektor betreten. Am 15. August wurden an der Berliner Sektorengrenze bereits Betonteile statt Stacheldraht verwendet. Es war der Anfang des *Mauerbaus* (↑*DDR*). – Die DDR öffnete die Grenzüber-

gänge zur BRD und nach West-Berlin erst am 9. *November 1989* wieder, und die Mauer begann zu fallen. – Ein Jahr später wurde die dt. ↑*Wiedervereinigung* vollzogen (3. *Oktober 1990*, ↑*Feiertage*).

Gestapo *f, Geheime Staatspolizei.* Zunächst von Hermann Göring 1933 in Preußen, dann 1934 von Heinrich Himmler im übrigen D. geschaffene, politische Polizei. 1936 wurde sie dem ↑*Reichssicherheitshauptamt* (↑*SS*) eingegliedert. Aufgabe der G. war die Bespitzelung aller Dt. und die rücksichtslose Bekämpfung aller Gegner des NS-Regimes mit unmenschlichen Methoden (Folterung, ↑*Konzentrationslager,* Mord).

Gewerkschaften *fpl.* Die G. als Organisationen der Arbeitnehmer zur Vertretung von deren Interessen gegenüber den Arbeitgebern, bes. zur Verbesserung ihrer wirtschaftlichen und sozialen Lage, entstanden in D. wie im übrigen Europa bereits im 19. Jh.; aber erst unter der ↑*Weimarer Republik* konnten sie sich frei entfalten und als Partner der Arbeitgeber auftreten, allerdings gab es unterschiedlich politisch-ideologisch motivierte G. (sozialistische, bürgerlich-demokratische). 1933 wurden die G. vom NS-Regime verboten, nach 1946 wurden sie neu gegr. und schlossen sich 1949 im *Deutschen Gewerkschaftsbund (DGB)* zusammen. Die G. bildeten sich ursprünglich nach dem Prinzip des Fachverbandes: Bestimmte Berufsgruppen schlossen sich zu einem Verband zusammen. Infolge der industriellen Entwicklung entstanden jedoch die *Industriege-*

werkschaften (IG) von Arbeitern eines Wirtschaftszweiges, ohne Rücksicht auf deren berufliche Herkunft und Funktion innerhalb eines Betriebes. So gehört z. B. ein Tischler, der in einem Stahlwerk arbeitet, der IG Metall an. Abgesehen von den zahlenmäßig nicht sehr starken *Christlichen Gewerkschaftsbund Deutschlands (CGB)*, der *Deutschen Angestellten-G. (DAG)*, die sich in elf Berufsgruppen gliedert, dem *Deutschen Beamtenbund (DBB)* – keine G. im engeren Sinne – und dem *Bundeswehrverband*, hat sich in der BRD das Prinzip der *Einheitsgewerkschaft* gegenüber den politischen Richtungsgewerkschaften und das *Industrieverbandsprinzip* gegenüber dem *Berufsverbandsprinzip* durchgesetzt. In der BRD ist mehr als ein Drittel der Berufstätigen gewerkschaftlich organisiert, vor allem in den 17 Einzelgewerkschaften des DGB (z. B. *IG Metall* und *Gewerkschaft Öffentliche Dienste, Transport und Verkehr, ÖTV*). Dabei agiert jede einzelne G. selbständig, bes. gegenüber den Arbeitgebern, der DGB vertritt dagegen seine allgemeinen Interessen gegenüber der Öffentlichkeit.

In der ehem. DDR war der *FDGB (Freier Deutscher Gewerkschaftsbund)* die kommunistische Einheitsorganisation der G. Ihre Aufgabe war die Durchsetzung der Parteilinie der SED (↑*Parteien*) bei den Arbeitern.

Gleichschaltung *f* ↑ Drittes Reich.

Glücksbringer *mpl* sind in D. Hufeisen, Schornsteinfeger (Kaminkehrer), vierblättrige Kleeblätter, Schweinchen sowie deren Nachbildungen (aus Marzipan, Schokolade, Pappe, Keramik usw.).

Goethe-Institut *n.* Das G.-I. (in gewisser Weise vergleichbar dem British Council, dem Institut français oder dem Instituto Cervantes) widmet sich der internationalen kulturellen Zusammenarbeit und der Pflege der dt. Sprache im Ausland. Es ist die größte Institution der dt. auswärtigen Kulturpolitik (Zentrale in München). Bis heute (Stand: 1993) gibt es 162 Institute in aller Welt und 16 in D. Das G.-I. erteilt nicht nur Sprachunterricht, sondern organisiert oder vermittelt auch Vorträge, Konzerte, Theaterveranstaltungen, Ausstellungen, wissenschaftliche und künstlerische Kolloquien usw. Die den G.-I. der BRD entsprechenden Kulturinstitute der ehem. DDR hießen *Kultur- und Informationszentren der DDR.*

Gotha, der ~. Nach dem Verlagsort, der Stadt G. in Thüringen, geprägte Bez. für das genealogische Handbuch des europäischen Adels.

Götz-Zitat *n.* Das G. stammt aus J. W. von Goethes Drama „Götz von Berlichingen", in dem der Titelheld sagt: „Vor Ihro Kaiserliche Majestät hab ich, wie immer, schuldigen Respekt. Er aber sag's ihm, er kann mich im Arsch lecken!", und bedeutet: ich tue doch, was ich für richtig halte! Der Volksmund begnügt sich mit der Kurzform: „Leck mich…!" Gebildetere Leute verweisen nur auf das „Götz-Zitat".

Graue Panther *mpl*, Senioren-Schutz-Bund e. V. Selbsthilfegruppe älterer

Menschen, 1975 in Wuppertal gegr. Die G.P. wollen Senioren helfen, aus ihrer oft isolierten Situation herauszukommen und für ihre Rechte einzutreten. Zu ihren Forderungen gehören eine Mindestrente, der Ausbau ambulanter Pflegemöglichkeiten, das Verbot einer Zwangseinweisung in Altenheime, Schutz vor Behördenwillkür. 1989 gründeten die G.P. die ↑*Partei* „Die Grauen".

Gretchenfrage *f.* Eine heikle Gewissensfrage, die auf ein Bekenntnis abzielt. Geht zurück auf Goethes „Faust", I. Teil, Marthens Garten, mit Gretchens Frage an Faust: „Nun sag: wie hast du's mit der Religion?"

Grimms Märchen *npl.* Hauptsammler und eigentlicher Bearbeiter der Märchen, deren naiven Erzählstil er vorzüglich traf, war der Sagenforscher und kritische Herausgeber mittelhochdeutscher Dichtungen Wilhelm Grimm (1786–1859), dem es zu verdanken ist, daß die Grimmschen Märchen ein Volks- und Kinderbuch geworden sind. Mit seinem Bruder Jacob Grimm (1785–1863), dem Begründer der modernen Germanistik, gab er die „Kinder- und Hausmärchen" (3 Bände, 1812–1822) und die „Deutschen Sagen" (2 Bände, 1816–1818) heraus. Die Brüder Grimm, getragen vom Geist der jüngeren Heidelberger Romantik, sind durch ihre Forschungen und Standardwerke über Grammatik, Literatur- und Sprachgeschichte, Altertumskunde, Mythologie, Märchen, Sagen und das umfangreiche, erst im 20. Jh. vollendete *„Deutsche Wörterbuch"* international bekannt geworden.

Großdeutschland *n* ↑Drittes Reich, ↑Nationalsozialismus.

Große Freiheit *f* ↑ Sankt Pauli.

Großer Kurfürst *m* ↑ Preußen.

Gründerjahre *npl.* Die Jahre von 1871 bis etwa 1890, als aufgrund der frz. Kriegsentschädigungen große Geldmengen in D. verfügbar waren und der eigentliche Durchbruch in der industriellen Entwicklung stattfand: Firmengründungen, rege Bautätigkeit (Neurenaissance, Neugotik) im Industrie-, Handwerks- und Privatsektor.

Grundgesetz *n.* Seit Mai 1949 die Verfassung der BRD. Das G. legt die staatliche Grundordnung fest, indem es die Staatsform, die Aufgaben der Verfassungsorgane und die Rechtsstellung der Bürger regelt. Grundgesetzänderungen können nur mit einer Zweidrittelmehrheit im ↑*Bundestag* und ↑*Bundesrat* beschlossen werden. Zur Ausarbeitung dieser Verfassung wurde im September 1948 von 11 Landtagen (↑*Länder*) (dazu 5 Berlin-Vertreter in beratender Funktion) eine Versammlung gewählt, der sog. *Parlamentarische Rat.* Der Name „Grundgesetz" statt „Verfassung" sollte angesichts der damaligen politischen Lage (↑*Nachkriegsdeutschland*) den provisorischen Charakter der Verfassung ausdrücken. Seit der deutschen ↑*Wiedervereinigung* gilt das Grundgesetz auch für die ehem. ↑*DDR.*

Grundschule *f* ↑Schulwesen.

Grundvertrag *m,* auch *Grundlagen-vertrag.* Kurzbez. für den Vertrag über die Grundlagen der Beziehungen zwischen der BRD und der DDR, unterzeichnet am 21. 12. 1972, trat am 21. 6. 1973 in Kraft. Er erkannte die Gleichberechtigung beider dt. Staaten und die Unverletzlichkeit der bestehenden Grenzen an. Damit gab die BRD ihren Alleinvertretungsanspruch für ganz D. auf (↑*Hallstein-Doktrin*). Von unmittelbar praktischer Bedeutung waren gewisse humanitäre Erleichterungen für Bürger der DDR.

Grüne Woche *f.* Kurzbez. für die Internationale Grüne Woche, die alljährlich in Berlin stattfindende internationale Ausstellung für Landwirtschaft und Ernährung.

Grüne, die ~n *m/fpl* ↑Parteien.

Grüner Plan *m.* Teil des Agrarberichts (*Grüner Bericht*) über die Lage der dt. Landwirtschaft, den die Bundesregierung dem ↑*Bundestag* und ↑*Bundesrat* jährlich vorlegt und in dem sie die für die Landwirtschaft erforderlichen Maßnahmen und finanziellen Mittel begründet und in die Budgetplanung des Bundes einbezieht. Die Entscheidung über die im G. P. geforderten Mittel trifft der Bundestag.

Gruppe 47 *f.* Zusammenschluß (Herbst 1947) dt. Schriftsteller und Publizisten um Hans Werner Richter (gest. 1993), der zwei Jahrzehnte lang als „die neue deutsche Literatur" großes Ansehen in der Öffentlichkeit genoß. Auf jährlichen Tagungen lasen

(bis 1968) rund 200 Autoren im Kollegenkreis ihre Texte vor und stellten sie zur Diskussion. Seit 1950 wurde auch ein Literaturpreis verliehen (Preisträger u. a. Günter Eich, Heinrich Böll, Ilse Aichinger, Günter Grass, Johannes Bobrowski, Peter Bichsel, Jurek Becker). Im September 1977 löste sich die Gruppe endgültig auf.

GSG 9 *f* ↑Bundesgrenzschutz.

Gymnasium *n* ↑Schulwesen.

H

Habilitation *f* ↑ Universitäten.

Hackbrett *n* ↑Musikinstrumente, volkstümliche.

Haff *n* ↑Ostseeküste.

Hakenkreuz *n* ↑Staatssymbole.

Halligen *fpl* ↑Nordseeküste.

Hallstein-Doktrin *f.* Nach dem damaligen Staatssekretär im Auswärtigen Amt, Walter Hallstein, benannte, 1955 formulierte Doktrin, in der die BRD ihren *Alleinvertretungsanspruch* für das dt. Volk geltend machte und der damaligen ↑*DDR* jegliche Legitimierung dafür verweigerte. Die BRD drohte den Ländern, die die DDR anerkannten und diplomatische Beziehungen zu ihr aufnahmen, mit dem Abbruch der diplomatischen Beziehungen, wozu es auch in zwei Fällen kam: mit Jugoslawien (1957) und Kuba (1963). Nach 1967 wurde die

H. D. allmählich wirkungslos, und durch den ↑*Grundvertrag* zwischen der BRD und der DDR im Jahre 1973 wurde sie annulliert.

Hammelsprung *m.* Eine der vier Abstimmungsarten im dt. ↑*Bundestag*. Erstmals 1874 im Dt. Reichstag eingeführtes, nur in D. praktiziertes Verfahren, bei dem alle Abgeordneten den Saal verlassen und ihn durch die Ja-Tür, die Nein-Tür oder die Stimmenthaltungs-Tür hinter ihren „Leithammeln" wieder betreten und dabei gezählt werden. Dieses Verfahren wird angewandt, wenn trotz einer Gegenprobe Unklarheiten über das Abstimmungsergebnis im Bundestag bestehen.

Hammer und Zirkel ↑Staatssymbole.

Handelskammer *f* ↑IHK.

Handwerkskammer *f.* Interessenvertretung aller Handwerksbetriebe auf Bezirks-Ebene (Mitgliedschaft in der Kammer ist Pflicht), auf Bundesebene zusammengeschlossen im *Zentralverband des Dt. Handwerks* (ZVDH). Die H. führt die *Handwerksrolle*, in der jeder selbständige Handwerker eingetragen ist, regelt die Berufsausbildung und Prüfungsordnung für Lehrlinge, Gesellen und Meister, benennt Sachverständige, erstellt Gutachten und führt Aufsicht über die fachlich gegliederten *Handwerksinnungen* (Verbände von Handwerkern des gleichen Handwerks in einem Bezirk).

Hanse *f,* auch *Hansa f.* Im Mittelalter Bez. für meist von dt. Kaufleuten im Ausland gegründete Gemeinschaften zur gemeinsamen Vertretung von Handelsinteressen (überwiegend Seehandel) sowie zu gegenseitigem Schutz; seit etwa 1350 Bez. für einen politischen und wirtschaftlichen Bund von dt. und anderen Handelsstädten: Hamburg, Lübeck, Bremen, Danzig, Königsberg und viele andere, v. a. norddt. Städte, mit Niederlassungen z. B. in London, Brügge, Gotland, Schweden, Bergen (Norwegen) und Nowgorod. Im 14. und 15. Jh. beherrschte die H. den Ostseeraum und zum großen Teil den Handel auf der Nordsee. Mit dem Aufstieg Englands und Hollands zu Seemächten und der Entstehung von Nationalstaaten in Skandinavien, Polen und Rußland begann gegen Ende des 15. Jh. der Niedergang der H. *Hansestadt* ist heute noch die offizielle Bez. für Lübeck, Rostock, Wismar, Greifswald und Stralsund, *Freie und Hansestadt* für Hamburg und *Freie Hansestadt* für Bremen (↑*Länder*); daher der Buchstabe *H* in den Autokennzeichen (HL, HH, HRO usw.).

Hanns-Seidel-Stiftung *f* ↑Stiftungen.

Hardthöhe *f.* Bonner Stadtteil Hardtberg, auf dem das Bundesverteidigungsministerium seinen Sitz hat. Im Politiker- und Journalistenjargon steht der Ortsname für das Ministerium, etwa in „wie von der H. zu hören ist", „die Entscheidung muß auf der H. getroffen werden".

Hauptschule *f* ↑Schulwesen.

Hausmusik *f.* Seit dem 17. Jh. im Bürgertum der deutschsprachigen

Länder gepflegtes Musizieren im Familien- und Freundeskreis. Volksmusik, aber v. a. auch Werke der klassischen Kammermusik werden geprobt und gelegentlich bei *Hauskonzerten* aufgeführt.

Heide(landschaft) *f.* Weite, meist flache Landschaft mit nährstoffarmem, sandigem Boden und typischer Vegetation aus Zwergsträuchern wie Ginster, Zwergkiefern und bes. *Heidekraut (Erika)*, heute in weiten Teilen mit Kiefernwäldern bepflanzt (z. B. östl. der Elbe). Die größte H. in D. ist die in Nordd. gelegene *Lüneburger Heide*. Auf diesem „unbebauten" Land (althochdt. Bed. von H.) werden seit Jahrhunderten kleine Schafe, die sog. *Heidschnucken* gezüchtet.

Heiliger Abend, Heiligabend *m* ↑Weihnachten.

Heiliges Römisches Reich Deutscher Nation *n* ↑Reich.

Heimat *f.* Ort, an dem man zu Hause, daheim ist, im weiteren Sinne „Vaterland", oft auch die engere Heimat, die Region, in der man geboren wurde oder aufgewachsen ist. In D. assoziiert man mit *Heimatfilm, Heimatlied* und *Heimatroman* häufig ein übertriebenes *Heimatgefühl*, etwas Rührseliges, Melodramatisches, ↑*Kitsch*. Ein sog. *Heimatabend*, meist für Touristen veranstaltet, bietet oft verfälschte Folklore. Ein *Heimatmuseum* hingegen zeigt reg. geprägte Volkskunst und besitzt meist auch naturkundliche und kunsthistorische Sammlungen zu Lebensweise, Sitten und Gebräuchen, Handwerk u. a. eines Gebietes.

Hermes-Bürgschaften *fpl.* Exportgarantien und Exportbürgschaften, die dt. Unternehmen (von der in Hamburg ansässigen Hermes-Kreditversicherungs AG) im Auftrag der Bundesregierung gewährt werden, um wirtschaftliche und politische Risiken des Auslandsgeschäfts abzusichern.

Herrgottswinkel *m (süddt.).* In der bäuerlichen katholischen Wohnstube ist ein Winkel dem Herrgott vorbehalten. Dort nehmen das Kruzifix, die Bibel, Kerzen, aber auch Heiligenbilder oder andere Devotionalien einen Ehrenplatz ein, der meist mit Zweigen, Blumen, heimischen Gewächsen geschmückt ist.

Hessen. 1. Die *Hessen mpl*, ein westgermanischer Volksstamm, der zur Gruppe der ↑*Franken 1.* gehörte, siedelten im Gebiet des unteren Mains, des mittleren Rheins und im östlich davon gelegenen Bergland; sie standen im Mittelalter zunächst unter fränkischer, dann unter thüringischer Herrschaft. **2.** *Hessen (n).* 1292 entstand die Landgrafschaft (zugleich Reichsfürstentum) H., die durch Erweiterungen gegen Ende des Mittelalters dem Siedlungsgebiet der H. entsprach. Es kam dann zu dynastischen Teilungen in a) *Hessen-Kassel* (Oberhessen), später *Kurhessen*, 1866 von ↑*Preußen* annektiert und mit dem *Herzogtum Nassau*, der Landgrafschaft Hessen-Homburg und einigen kleineren Gebieten zur *preußischen Provinz Hessen-Nassau* vereinigt; b) *Hessen-Darmstadt*, seit 1806 Großherzogtum, 1918–1933 Freistaat; c) *Hessen-Homburg*, Landgrafschaft von 1622 bis 1866, wie a) von ↑*Preu-*

ßen annektiert. 3. Das heutige *Bundesland Hessen* wurde aus Teilen des ehem. Hessen-Darmstadt und Hessen-Nassau gebildet. Ein Teil der historischen Gebiete von H., bes. Rheinhessen mit der Stadt Mainz, wurde nach dem ↑*Weltkrieg II* von den Besatzungsmächten in das neue Bundesland Rheinland-Pfalz eingegliedert. Die Hauptstadt von H. ist heute Wiesbaden, seine größte Stadt die Wirtschaftsmetropole Frankfurt/Main.

Hitlerjugend *f,* Abk. *HJ,* Jugendorganisation des Nationalsozialismus. Vor 1933 gab es in D. die verschiedensten Formen der ↑*Jugendbewegung* wie z.B. die Pfadfinder, die Wandervögel, katholische und evangelische Jugendverbände, politisch motivierte Organisationen wie die Roten Falken (sozialistisch), die Roten Jungpioniere (kommunistisch) und seit 1926 die HJ. 1936 wurden alle noch bestehenden Jugendorganisationen aufgelöst, ab 1939 war die Mitgliedschaft bei der HJ für alle Jungen und Mädchen zwischen 10 und 18 Jahren obligatorisch. Die HJ umfaßte vier Organisationen: die eigentliche HJ für Jungen zwischen 14 und 18, das *Jungvolk* für Jungen zwischen 10 und 14, den *Bund Deutscher Mädel* (*BdM*) für Mädchen zwischen 14 und 18 und den *Jungmädelbund* für Mädchen zwischen 10 und 14. Charakteristisch für die HJ waren paramilitärische Struktur und Ausbildung (Uniformen, Märsche, Exerzieren, Geländespiele und Schießübungen). An der Spitze der HJ stand der *Reichsjugendführer* (1932–1940 Baldur von Schirach

und nach 1940 Arthur Axman). Im Krieg wurde die HJ bei der Erntehilfe eingesetzt, die Jungen auch als sog. *Flakhelfer* (bei der Flugabwehrartillerie, vor allem in den großen Städten), in der Endphase des Krieges sogar im Kampf gegen die alliierten Truppen.

Hitlerputsch *m* ↑Revolutionen, ↑Nationalsozialismus.

Hitler-Stalin-Pakt *m* ↑Deutsch-sowjetischer Vertrag.

HJ *f* ↑Hitlerjugend.

HO *f, Handelsorganisation.* Staatlicher Betrieb des Konsumgüterhandels in der ehem. DDR.

Hochdeutsch *n* ↑Deutsche Sprache.

Hochschulrahmengesetz *n* ↑Universitäten.

Hochschulrektorenkonferenz *f* ↑Universitäten.

Hohenzollern. Seit 1061 als Zollern, und ab Mitte des 16. Jh. als Hohenzollern dokumentierte schwäbische Dynastie (mit der gleichnamigen Stammburg H. in Baden-Württemberg), die sich im 13. Jh. in eine fränkische und eine schwäbische Linie teilte. Die schwäbische spaltete sich wiederum in die Linien *H.-Hechingen* (1869 erloschen) und *H.-Sigmaringen,* die 1623 in den Reichsfürstenstand erhoben wurden. Aus der fränkischen ging die *brandenburgpreußische* Linie hervor, die im 17./18. Jh. mit den H.-Sigmaringen einen Erbvertrag schloß und Ende 1849 ihre Souveränitätsrechte an ↑*Preußen* abtrat. Die markantesten Persönlichkeiten aus dem Hause H. waren Friedrich Wilhelm, der „große Kurfürst", (Regierungszeit 1640–88) und die Könige von Preußen Friedrich Wilhelm I., der „Soldatenkönig", (Regierungszeit 1713–40) und Friedrich II., der „Große" (Regierungszeit 1740–86). Von 1871 – seit Wilhelm I. – bis 1918 waren die Könige von Preußen zugleich dt. Kaiser.

Holstein (*n*) ↑ Schleswig-Holstein.

Horst-Wessel-Lied *n* ↑Staatssymbole.

Humboldt-Stiftung *f* ↑Stiftungen.

Hummel-Hummel! Mit diesem Ruf begrüßten sich früher und begrüßen sich z.T. noch heute Hamburger in der Fremde, worauf der Gesprächspartner mit „*Mors, Mors!*" (=„Arsch") antwortet(e). Dies geht auf ein Hamburger Original namens *Hummel* zurück, der auf den Straßen Hamburgs mit zwei Eimern unterwegs war, die es Passanten ermöglichten, ihren Darm zu entleeren. Da vor allem Kinder „*Hummel-Hummel*" riefen, um sich über den Mann lustig zu machen, antwortete er ihnen mit dem derben Ausruf „*Mors, Mors!*", eine Anspielung auf das ↑*Götz-Zitat*.

I

IC *m* ↑Deutsche Bundesbahn.

ICE *m* ↑Deutsche Bundesbahn.

IG *f* ↑Gewerkschaften.

IHK *f, Industrie- und Handelskammer.* Zur Zeit gibt es in D. 83 IHK, denen 2,5 Mio. Unternehmen angehören, die wiederum mehr als ¾ des Sozialprodukts erwirtschaften. Im jeweiligen *Kammerbezirk* sind alle dort ansässigen Unternehmen Pflichtmitglieder. Die Kammer vertritt deren Interessen, fördert die *gewerbliche Wirtschaft* und unterstützt gleichzeitig die Behörden durch Gutachten, Berichte und Vorschläge. Sie berät auch die Ausbildungsbetriebe, überwacht die Qualität der Lehrlingsausbildung und stellt über 100 000 ehrenamtliche Prüfer, zumeist aus Unternehmen. Zur Zeit gibt es außerdem noch 54 *Auslandshandelskammern* für dt. und ausländische Unternehmen. Die Dachorganisation aller IHK ist die 1949 gegr. *DIHT* (Deutscher Industrie- und Handelstag, Sitz Bonn). Er hat beratende und vermittelnde Funktion zwischen Politik und Unternehmern, führt zweimal pro Jahr eine Konjunkturumfrage durch und trägt der Regierung Vorschläge und Forderungen vor. Auch bei der Errichtung des Europäischen Binnenmarktes (Abschaffung der Zölle, Vereinheitlichung der Steuern und Normen) berät der DIHT. Die Informationen aus der engen Zusammenarbeit mit den Auslandshandelskammern werden vom DIHT an die IHK weitergegeben.

Imbiß *m.* Kalte oder warme Mahlzeit, schnell, meist im Stehen, in einer *Imbißstube* (kleines Lokal), Snack-Bar, oder an einem für die Imbißzubereitung eingerichteten Verkaufswagen (*Imbißstand*) eingenommen. Beliebte I. sind Sandwiches, Brat-, Curry- oder Bockwürste, Hamburger, Frikadellen („Bouletten" in Berlin), Schaschlikspieße, Pommes frites und fertige Salate, auch Spezialitäten wie italienische Pizzas, türkische Döner Kebab und griechische Gyros.

Industrie- und Handelskammer *f* ↑IHK.

Innere Mission *f* ↑Wohlfahrtsverbände.

Innung *f* ↑Handwerkskammer.

Intercity *m* ↑ Deutsche Bundesbahn.

Inter Nationes e. V. 1952 in Bonn gegr. Vereinigung zur Förderung zwischenstaatlicher Beziehungen; wird beauftragt und finanziert vom Auswärtigen Amt und Bundespresseamt; sie informiert Ausländer über D. durch Lehrmaterialien, Publikationen und Veranstaltungen, verleiht seit 1969 einen Preis für Leistungen im Sinne der Völkerverständigung und organisiert Besuchsreisen von Schriftstellern und Journalisten durch D. ↑DAAD, ↑Goethe-Institut.

Interregio *m* ↑Deutsche Bundesbahn.

Isar-Athen *n.* Scherzhafte Bez. für das an der Isar gelegene München (analog zur Bez. ↑*Elbflorenz* für Dresden). Sie spielt an auf die städtebauliche Gestaltung Münchens unter Ludwig I. von Bayern, die sich an architektonischen Vorbildern der griechischen Antike wie auch der italienischen Renaissance orientierte und zwischen 1815 und 1860 ein neues Stadtbild schuf. Deutlichstes Beispiel ist der Königsplatz mit Glyptothek und Propyläen, besonders prägend die Stadterweiterung durch die prächtige Ludwigstraße zwischen Feldherrnhalle und Siegestor.

J

Jahrmarkt *m.* Ursprünglich im Gegensatz zum Wochenmarkt ein nur einmal im Jahr gefeiertes Volksfest, und zwar im Anschluß an eine Messe, zur Ehrung eines Schutzheiligen oder eines kirchlichen ↑*Feiertages* (Ostern, Pfingsten), daher auch der Name *Kirchweih*, reg. auch *Kerwa, Kirta* (Kirchtag), *Kirmes* (Kirchmesse). Zum J. gehören Belustigungen, Schießbuden, Schausteller, Karussells, Darbietungen aller Art, aber auch ↑*Bier,* ↑*Wein,* geröstete Mandeln, ↑*Lebkuchen,* gebratener Fisch, Fleisch, Würste (↑*Wurstwaren*) u. a. Aus besonderem Anlaß wurde auch Warenhandel „geduldet", daher der Name *Dult,* erhalten geblieben z. B. in München, wo dreimal im Jahr in der Vorstadt Au die *Auer Dult,* ein großer Markt für Geschirr, Töpferwaren, Trödel und alte Bücher stattfindet. ↑*Oktoberfest.*

Joch *n* ↑Alpen.

Jodeln *n* (nach dem Jodelruf *jo* gebildet), ursprünglich Verständigungsmittel der Hirten von ↑*Alm* zu Alm, wurde zu einer volkstümlichen Musikform des Alpengebiets. Hauptmerkmal des *Jodlers* ist der ständige Wechsel zwischen Kopf- und Bruststimme; unwichtig ist der Text, der häufig nur aus Silbenketten ohne Wortbedeutung besteht. ↑*Volkslied.*

Johannisfeuer *n* ↑Feste.

Johanniter *mpl* ↑Wohlfahrtsverbände.

Jugendamt *n.* Als Teil der Verwaltung der kreisfreien Städte und Landkreise ist das J. zuständig für alle Angelegenheiten der öffentlichen Jugendhilfe, meist in enger Verbindung mit den Sozialämtern: Jugendschutz, Beratung und Hilfe in Beruf und Ausbildung, Vormundschafts- und Pflegekinderwesen, Fürsorgeerziehung, Jugendgerichtsbeistand u. a. Aufsicht über Heime und Einrichtungen, in denen Minderjährige betreut werden, führt das Landesjugendamt.

Jugendbewegung *f.* Die J. entstand um die Jahrhundertwende als antibürgerliche und antiindustrielle Protestbewegung der vorwiegend bürgerlichen Jugend, die in der romantischen Vorstellung vom Vagantenleben als ihre Ideale Einfachheit, Wahrhaftigkeit und Individualismus proklamierte. So entstand 1896/97 in Berlin eine Wandergruppe von Gymnasiasten, die sich 1901 im *Wandervogel* konstituierte. In Opposition zu den ↑*Studentenverbindungen* formierte sich 1913 die *Freideutsche Jugend.* Ab 1906 entstanden parallel dazu Arbeiterjugendbewegungen, 1918 die kommunistische *Freie sozialistische Jugend.* Daneben gab es christliche Gruppen wie *Quickborn, Neudeutschland (ND)* u. a. Seit 1923 wurden sie alle als *Bündische Jugend*

bezeichnet. 1935 wurden alle diese Organisationen zwangsweise in die ↑*Hitlerjugend* integriert oder verboten. Z. T. lebten sie nach 1945 wieder auf, doch haben sie in der industriellen Konsumgesellschaft ihre ursprüngliche Bedeutung nicht mehr erlangen können.

Jugendherbergen *fpl.* Aus der 1. JH (Burg Altena in Westfalen, besteht heute noch), gegr. 1909, wo Schulkinder aus dt. Industriestädten Erholung in der Natur finden sollten, wurde ein Netz von inzwischen rund 750 Erholungs-, Freizeit- und Begegnungsstätten, offen für die Jugend – und auch für Familien – des In- und Auslandes (1990 z.B. übernachteten über 1 Mio. Ausländer in dt. JH.). ↑*Wandern,* Naturerlebnis, Sport, Erholung, Toleranz im Umgang mit anderen, interkulturelles Lernen und Gemeinschaftsdenken sind die Grundideen, die auch durch preiswerte Erlebnis- und Bildungsreisen in rund 60 Länder der Welt (über 5400 Häuser) gefördert werden.

Jugendstil *m.* Dt. Bez. einer internationalen Stilrichtung von etwa 1895 bis 1914 (vgl. *Art nouveau, Modern Style, Modernismo, Sezessionsstil*), abgeleitet von der in München seit 1896 erscheinenden Zeitschrift „Jugend", deren neuartige typographische Gestaltung auf die Erneuerung v. a. des Kunsthandwerks, der Graphik und der Architekturdetails Einfluß gewann. Der J. richtete sich gegen die historisierenden Stile des 19. Jh. und strebte nach Materialgerechtigkeit, Funktionalität und einer umfassenden Neugestaltung des Lebensraums. Formal auffallend sind Flächenhaftigkeit und Betonung der dynamischen Linie, pflanzliche und geometrische Ornamentik. Zentren des J. waren München, Darmstadt, Dresden, Wien (stilistisch nicht einheitlich). Zu den wichtigsten Vertretern zählen Franz v. Stuck, Henry van de Velde, Gustav Klimt (Wien). Der J. bildet den Beginn einer Stilentwicklung, die zu den Arbeiten des Dt. Werkbundes und des ↑*Bauhauses* führte.

Junge Pioniere *mpl* ↑FDJ.

Junges Deutschland *n.* Gruppe liberal-revolutionärer Schriftsteller, gebildet nach der Julirevolution von 1830. Ziel des J. D. war es, die Literatur aus einer wirklichkeitsfernen, ästhetischen Scheinexistenz zu einem wirkungsvollen Instrument des gesellschaftlichen Lebens und des politischen Fortschritts zu machen, um so zur Erneuerung der ethischen, politischen und sozialen Verhältnisse beizutragen. Das J. D. kämpfte für die Freiheit des Geistes und des Wortes, für die Emanzipation des Einzelnen, der Frau, der Juden, für religiöse Freiheit, für Verfassung, Demokratie sowie eine weltbürgerlich orientierte Kultur- und Literaturanschauung. Zu den Hauptvertretern des J. D. zählen Heinrich Heine, Ludwig Börne, Theodor Mundt, Heinrich Laube. 1835–1842 waren die Publikationen der dem J. D. angehörenden Schriftsteller wegen ihrer revolutionären Gesinnung verboten.

Junge Union *f* ↑Parteien.

Jungmädelbund *m* ↑Hitlerjugend.

Jungvolk *n* ↑Hitlerjugend.

Junker *m.* Ursprünglich Bez. der jungen Fürstensöhne, dann allgemein der Söhne des Adels, später Bez. für die adeligen Gutsbesitzer in Preußen, häufig auch pej. gebraucht.

Juso *f* ↑Parteien.

K

Kabarett *n* ↑Kleinkunst.

Kaffeefahrten *fpl.* Offizielle Bez. „Ausflugsfahrten mit Verkaufsveranstaltung". K. sind kurze Pauschalreisen mit sehr günstigen Preisen für Busfahrt und Verpflegung, oft mit Musikveranstaltungen und Künstlerauftritten verbunden, wobei Vertriebsfirmen Waren des täglichen Gebrauchs (bes. Haushaltsartikel) zu häufig absolut nicht günstigen Preisen anbieten. Zielgruppen der Organisatoren sind zumeist ältere, alleinstehende und Geselligkeit suchende Menschen sowie Ausländer. Da bei diesen K. oft ein gewisser Druck auf die Teilnehmer ausgeübt wird, etwas zu kaufen, geben die K. immer wieder Anlaß zu Kritik.

Kammerfensterln *n* ↑Fensterln.

Kammergericht *n* ↑Gerichtswesen.

Kanzler *m* ↑Bundeskanzler, ↑Universitäten.

Kanzler, Der eiserne ~. Der langjährige Reichskanzler und wohl größte dt. Staatsmann des 19. Jh., Otto von Bismarck (1815–1898), erhielt diesen Beinamen wegen seiner Energie und Willensstärke. Bismarck, der davon überzeugt war, daß es keine zwei mächtigen Staaten innerhalb D. geben konnte, führte einen siegreichen Krieg gegen Österreich (1866), das aus dem dt. Einigungsprozeß ausgeschaltet wurde, und nach dem siegreichen dt.-frz. Krieg 1870/1871 (↑*Emser Depesche*) erreichte er das von ihm seit langem verfolgte Ziel: die deutsche Einigung durch die Gründung des zweiten Dt. Reiches (↑*Reich*).

Kapo *m* ↑Konzentrationslager.

Kapp-Putsch *m* ↑Revolutionen, Putsche, Unruhen.

Kar *n* ↑Alpenlandschaft.

Karl-Marx-Orden *m* ↑Orden und Ehrenzeichen.

Karneval *m,* am ausgiebigsten im Rheinland gefeiert, beginnt am 11. 11. um 11 Uhr 11 und endet am Aschermittwoch (Beginn der Osterfastenzeit, in der katholischen Kirche wird das Aschenkreuz als Zeichen der Buße auf die Stirn gezeichnet). Zum K. gehören die Narrenregierung (der *Elferrat*), Tambourcorps mit Tanzmariechen, uniformierte Ehrengarden, Prinzenpaare, witzig-spöttische *Büttenreden* (Bütt = Faß oder Narrenkäfig), Spott- und Prunkwagen für den *Rosenmontagszug,* Masken- und Musikgruppen, und ganz allgemein das Singen, Tanzen und

↑*Schunkeln.* Am Donnerstag vor den „drei tollen Tagen" ist *Weiberfastnacht,* bei der maskierte Frauen das Regiment führen. Mit Übernahme der Rathausschlüssel „regieren" in den Städten für ein paar Tage die Narren. Hochburgen des K. sind Köln, Düsseldorf und Mainz. Die schwäbisch-alemannische *Fastnacht, Fas(e)nacht* oder *Fasnet* geht auf den Brauch des Winteraustreibens (nach dem 6. Januar) mit erschreckenden Masken zurück. In Bayern heißt der K. *Fasching,* er endet am Dienstag mit dem *Kehraus.*

Kartenspiele *npl.* Zu den populärsten K. gehören in D. der *Skat,* ein K. für drei Personen mit dt. oder frz. Karten (32 Blatt, ohne Zwei bis Sechs), wobei es darum geht, durch *Stechen* und *Trumpfen* die Mehrheit (61) der insgesamt 120 Punkte zu erreichen. Das *Skat-Spiel* entstand um 1810–1820 im Erzgebirge. Ursprünglich ein dt. Spiel, wird Skat heute auch in anderen Ländern (z. B. Südamerika, Australien) gespielt. Auch *Schafkopf* ist ein altes dt. K., benannt nach dem Brauch, die Gewinne durch Kreidestriche kenntlich zu machen, die zusammen einem Schafkopf ähneln. Gespielt wird mit der dt. Skatkarte oder der frz. Karte (32 Blätter), mit vier Personen und um „Augen" (=Punkte). An die Stelle des älteren *Schafkopf* ist mehr und mehr der von vier bis sechs Personen gespielte (ursprünglich norddt.) *Doppelschafkopf* oder *Doppelkopf* getreten. Er wird mit zwei Kartenspielen gespielt, aus denen man die Sieben oder Achten (bisweilen auch die Neunen entfernt), so daß 48 (40) Blätter übrig bleiben, die zu je 12 (10) verteilt werden. Das (oder der) *Tarock* (auch *Tarok* oder *Tarot*), seit dem 14. Jh. zuerst in Frankreich, dann auch in Italien dokumentiert, besteht aus 78 Blättern mit symbolhafter Bedeutung. K. mit der Tarockkarte gibt es vorwiegend in Südd. *Bayrisch-Tarock* (36 Blatt mit dt. Zeichen) und *Tapptarock* oder *Sans perdre* (36 Blatt mit frz. Zeichen) sind skatähnliche K.

Kartoffelpuffer *m,* süddt. *Reiberdatschi,* rheinisch auch *Reibekuchen.* Dünner, knusprig gebackener kleiner Fladen aus einem Teig von geriebenen Kartoffeln, Eiern, Mehl, Zwiebeln. Reg. unterschiedlich gegessen: in Südd. oft zu Hasenbraten, Sauerkraut oder Spargel, im Rheinland mit Rüben- oder Apfelkraut, in Nordd. mit Zucker bestreut zu Heidelbeeren oder Apfelmus.

Kasperletheater *n.* Handpuppenbühne mit dem *Kasperle* als lustiger Hauptfigur. Die Figuren des K. sind typische Vertreter einer dem Märchen verwandten Gesellschaftsordnung mit Königen, Prinzessinnen, Hofpersonal, Polizisten etc. und Hexen, Teufel, Tod, Zauberer, Krokodilen, Drachen als Störer der hierarchischen Ordnung. *Kasper* (*Kasperl* oder *Kasperle*) ist ein etwas naiver, aber mit Witz und Humor begabter Außenseiter, der in einem Spiel mit primitiver Fabel dem Guten zum Sieg verhilft und die gestörte Gesellschaftsordnung wiederherstellt.

Kate *f.* In Nordd. Bez. für ein kleines, ärmliches Haus, in dem meist Kleinbauern und Landarbeiter wohnten.

Katholische Akademie *f* ↑Akademien 4.

Kerwa *f* ↑Jahrmarkt.

Kieler Woche *f.* Großveranstaltung des internationalen Segelsports in Kiel seit 1882. Umfaßt seit 1948 auch andere sportliche sowie viele kulturelle Veranstaltungen.

Kindergeld *n.* Gesetzlich festgelegter Zuschuß für jedes in einem Haushalt lebende (auch aufgenommene) Kind. Dadurch sollen Familien mit Kindern unterstützt werden, die im Vergleich zu Ledigen oder kinderlos Verheirateten höhere finanzielle Belastungen zu tragen haben. Das K. ist steuerfrei und – bei niedrigem Einkommen – bei mehreren Kindern überproportional steigend.

Kirchen *fpl* ↑Religion und Kirchen.

Kirchensteuer *f.* Im Gegensatz zu den meisten anderen Staaten wird für die Zugehörigkeit zu einer der christlichen Kirchen eine K. erhoben, die einen bestimmten Prozentsatz der Einkommensteuer ausmacht (meist 8– 10%).

Kirchweih(fest) *f* (*n*) ↑Feste.

Kirmes *f* ↑Jahrmarkt.

Kitsch *m.* Zur ↑*Gründerzeit* im Milieu des Münchner Kunsthandels geprägte Bez. für drittklassige Kunst, Pseudokunst, dann übertragen auf andere Bereiche: falsche Milieuwahl in der Trivialliteratur, Verflachung (Verkitschung) von Gefühlen zu Sentimentalität (in Literatur, Film, Heimatlied, „Schlager", „Schnulze"), Kunstersatz, billige Imitation, scheinbare Volkstümlichkeit. Die K.-Objekte der umsatzstarken K.-Industrie haben meist Fetisch-Charakter (Buttons, Andenken, Maskottchen, ↑*Gartenzwerge* u. a.).

Klamm *f* ↑Alpen.

Klein-Erna *f* ↑Witzfiguren.

Kleinkunst *f.* Als Kleinkunstbühne wurde das *Kabarett* in seiner heutigen Form aus dem Variété entwikkelt. Seine künstlerischen Darbietungen (Sketche, Songs, Pantomimen, Gedichte, Chansons) kritisieren meist satirisch gesellschaftliche Zustände oder politische Ereignisse und parodieren menschliche Verhaltensweisen. Von dieser „literarischen K." ist das Tanz- oder Nachtkabarett, meist *Cabaret* genannt (eher ein Nachtlokal, Night Club), zu unterscheiden, das Tänze, Striptease, Magie u. a. bietet.

Klöße *mpl* ↑Knödel.

KMK *f.* Die Ständige Konferenz der Kultusminister der Länder zur Beratung und Behandlung von Angelegenheiten der Kulturpolitik mit überregionaler Bedeutung. Ihr Ziel ist eine gemeinsame Willensbildung und die Vertretung gemeinsamer Anliegen. Ihre Beschlüsse sind jedoch nicht bindend. Die KMK wurde geschaffen, weil die Kultur (einschließlich ↑*Schulwesen* und ↑*Universitäten*) in D. Sache der ↑*Länder* ist. Das Bundesministerium für Wissenschaft und

Erziehung hat daher im Vergleich zu den Erziehungsministerien anderer Staaten nur begrenzte Kompetenzen, z. B. Förderung der Wissenschaft, Hochschulbauten u. a.

Knacker *m,* **Knackwurst** *f* ↑Wurstwaren.

Knappschaft *f* ↑Kohlenpott.

Knecht Ruprecht *m* ↑Feste.

Kneipe *f.* Ursprünglich Zusammenkunft einer Studentenverbindung zum Zechen und Singen. Heute umgangssprachliche Bez. (teils abwertend, teils sympathisch gemeint) für ein einfaches, meist gemütliches Lokal, in dem etwas gegessen werden kann, v. a. aber alkoholische Getränke serviert werden.

Kneippkur *f.* Der Pfarrer und Naturheilkundige Sebastian Kneipp führte 1886 im bayerischen Bad Wörishofen Wasserkuren zur Abhärtung, Gesunderhaltung und Heilung des Körpers ein. Die K. basiert immer auf einer Wasserkur, umfaßt heute aber sämtliche Behandlungsarten der physikalischen Therapie und wird bes. eingesetzt zur Vorbeugung und Behandlung bei Herz- und Gefäßkrankheiten, aber auch sog. Zivilisationserscheinungen wie Streß, psychosomatischen Störungen u. a. In vielen dt. Städten gibt es Kneipp-Vereine und Kneipp-Anlagen.

Knigge *m.* Das von Adolf von Knigge (1752–1796) verfaßte Buch „Über den Umgang mit Menschen" (1788 veröffentlicht), das praktische Le

bensregeln enthielt und vor allem im
dt. Bürgertum als eine Art Katechis-
mus für „gute Manieren" und „kor-
rektes Benehmen" galt. Der K. erschien in zahlreichen Auflagen bis in
unsere Zeit.

Knödel, Klöße *mpl.* Aus Teig und Gewürzen geformte und in Wasser oder
Fleischbrühe gekochte Kugeln unterschiedlicher Größe. Klassische Beila-
ge zu Schweine- oder Sauerbraten
sind Kartoffel-K. (aus rohen und lok-
ker gekochten geriebenen Kartoffeln)
oder Semmel-K. (diese auch zu Pil-
zen, mit Schinkenstückchen: Speck-
K.). Suppeneinlage sind der Leber-K.
(Bayern) oder die kleineren Grieß-
oder Markklößchen. „Königsberger
Klopse" (seit Mitte des 18. Jh. in
Nordd. verbreitet) sind dagegen kleine Fleischklöße, meist in Kapernsau-
ce serviert.

Kö, die ~ ist Düsseldorfs eleganteste
Einkaufsstraße, die *Königsallee.*

Kohlenpott, auch Ruhrpott *m.* Ursprünglich im Ruhrgebiet entstandene, umgangssprachliche Bez. für
diese Region, wobei der K. nicht ganz iden-
tisch ist mit dem „Ruhrgebiet". Der
Name bezieht sich auf die Kohleför-
derung „unter Tage" (*Pütt*), früher
noch mehr als heute die Basis aller
dort vertretenen Industrien. Der
Bergmann – im K. *Püttmann* oder
Kumpel genannt – bekommt als Ar-
beitslohn *Püttgeld.* Die seit dem Mittelalter existierende *Knappschaft* (die
Zunft der Bergleute) sorgt v. a. für die
Kranken- und Invalidenversicherung.
Heute noch ist die Knappschaftsver-
sicherung, in der alle Arbeitnehmer

und Lehrlinge von Bergbaubetrieben
pflichtversichert sind, ein eigener
Zweig der ↑*Sozialversicherung.*

Kohlepfennig *m.* Ausgleichsabgabe
an die Kraftwerke für die Stromer-
zeugung aus dt. Steinkohle, da diese
teurer ist als ausländische. Den K.
muß seit 1974 jeder Stromverbrau-
cher in den alten Bundesländern in
Form eines prozentualen Aufschlags
auf die Stromrechnung bezahlen
(1990 ca. 8,25%, dann nur noch ca.
7%). Mit dem K. werden Kraftwerke
dafür entschädigt, daß sie sich im Zuge der Kohlekrise dazu verpflichte-
ten, bis 1995 größere Mengen Kohle
aus der BRD abzunehmen. Damit Regionen mit hohem Strompreis nicht
einen höheren Beitrag zahlen müssen,
ist der Prozentsatz für den K. in den
einzelnen Bundesländern unterschiedlich.

Kollegstufe *f* ↑Schulwesen.

Kolpinghaus *n.* Ursprünglich (seit
1853) waren die Kolpinghäuser „Ge-
sellenhospize" zum Schutz und zur
Betreuung der wandernden Handwerker, heute sind es auch der Allge-
meinheit frei zugängliche, preiswerte
Speiselokale, Vereinshäuser und Her-
bergen. Der katholische Priester und
Sozialreformer *Adolph Kolping*
(1813–1865) wurde durch seine pro-
grammatische Schrift „Der Gesellen-
verein" (1848) und die Gründung des
Vereins und der Hospize für junge
Handwerker und Arbeiter – zunächst
für das „Industrieproletariat" im
Rheinland und in Westfalen – zum
Gründervater des *Kolpingwerks,* dem
heute fast 4000 örtliche *Kolpingfami-*

lien in 40 Ländern auf allen fünf Kontinenten angehören. Ihre Ziele sind nach wie vor persönliche, religiöse und berufliche Weiterbildung sowie Schutz und Hilfe durch das Gemeinschaftsleben im Verein. Sitz des dt. Zentralverbandes und des Internationalen Kolpingwerks ist Köln.

Konrad-Adenauer-Stiftung *f* ↑Stiftungen.

Konzentrationslager *n*, Abk. *KZ,* im offiziellen NS-Sprachgebrauch: *KL.* Lager für die Gefangenhaltung von Zivilisten gab es schon vor dem ↑*Dritten Reich,* z.B. im Burenkrieg unter Lord Kitchener (1900–1902), aber erst das NS-Regime machte schon ab 1933 die KZ zum Instrument systematischen politischen Terrors. Die ersten KZ-Häftlinge wurden noch unter dem Vorwand einer „Schutzhaft" eingesperrt, aber bald wurde auf eine solche Scheinbegründung verzichtet. Die ersten KZ entstanden bei Dachau (Oberbayern) und bei Oranienburg (Brandenburg), 1934 wurden die KZ der ↑*SS* unterstellt, Polizei und Justiz, aber auch die ↑*SA* hatten keinerlei Einflußmöglichkeit. Die Häftlinge der KZ waren in erster Linie politische Gegner des NS-Regimes, aber auch sog. „asoziale Elemente", Berufsverbrecher und Homosexuelle und bald auch Juden und „Zigeuner". Die Einweisung in ein KZ erfolgte durch die ↑*Gestapo,* ohne Gerichtsverfahren und ohne Berufungsmöglichkeit. Sie bedeutete den Verlust aller Rechte, ökonomische Ausbeutung der Häftlinge durch Zwangsarbeit (ab 1942 auch für die deutsche Kriegsindustrie), Schikanen

durch die Wachmannschaften, z.T. aber auch durch die sog. *Kapos* (Häftlinge mit Aufsichtsfunktion), bei Verstößen gegen die Lagerdisziplin auch Quälereien, Folter und Tod. Viele Häftlinge starben an Krankheiten oder Unterernährung bei harter Arbeit, nicht wenige wurden für medizinische Versuche mißbraucht. Nach Beginn des ↑*Weltkrieges II* wurden auch Ausländer in KZ gefangengehalten, und es wurden KZ in besetzten Gebieten errichtet, z.B. Struthof im Elsaß, Theresienstadt in der Tschechoslowakei, Jasenovac in Jugoslawien und Auschwitz in Polen. Bei Kriegsende gab es neben 20 Hauptlagern 165 sog. *Außenlager.* Nach der *Wannsee-Konferenz* (↑*Antisemitismus*), auf der über die endgültige Ausrottung der Juden beschlossen worden war, wurden zusätzliche *Vernichtungslager* geschaffen, wie z.B. die von Auschwitz, Majdanek und Treblinka in Polen, in denen Millionen von Menschen vergast wurden. Keines der Vernichtungslager lag im alten Reichsgebiet, um die Massenvernichtungen möglichst geheim zu halten.

Konzertierte Aktion *f.* Gemeinsame Beratungen von Bundesregierung, Vertretern der Wirtschaftsverbände (Arbeitgeber) und Gewerkschaften (Arbeitnehmer), um sich angesichts einer schwierigen Wirtschaftslage über eine abgestimmte Wirtschaftspolitik zu einigen und vor allem die weitere Entwicklung der Löhne und Gehälter festzulegen. Eine K. A. gab es von 1967 bis 1977 in der BRD, um eine „Politik der kollektiven Vernunft" zur „Sicherung des Wirt-

schaftswachstums nach Maß" festzulegen. Angesichts der schwierigen
Wirtschaftslage der 90er Jahre wird
eine Wiederaufnahme der K. A.,
möglicherweise unter anderem Namen, diskutiert. ↑*Solidarpakt.*

Köpenickiade *f.* Schelmenstreich, der
auf der Ausnutzung der Obrigkeits-
und Uniformgläubigkeit der Bürger
beruht. Die Bez. K. geht zurück auf
die Besetzung des Rathauses im Berliner Stadtteil Köpenick durch den
Schuster Wilhelm Voigt im Jahre
1906, der in der Uniform eines
Hauptmanns mit einer Gruppe von
Soldaten, denen er zufällig begegnete,
den Bürgermeister verhaftete und die
Stadtkasse beschlagnahmte. Literarisch wurde der Stoff verarbeitet in
dem Roman von W. Schäfer (1930)
und dem Schauspiel von Carl Zuck-
mayer (1930), beide unter dem Titel
„Der Hauptmann von Köpenick".
Der Stoff wurde auch zweimal ver-
filmt. Über diesen Streich lachte damals ganz Deutschland... und sogar
Kaiser Wilhelm II.

Korn *m* ↑Liköre und Schnäpse.

KPD *f* ↑Parteien.

Krampus *m* ↑Feste.

Kreis *m.* 1. In der BRD ↑*Gemeinde;*
2. in der ehem. DDR ↑*Bezirk.*

Kreisauer Kreis *m* ↑Widerstand im
Dritten Reich.

kreisfreie Stadt *f* ↑Gemeinde.

Kreistag *m* ↑Gemeinde.

Kristallnacht *f* ↑Antisemitismus.

Kudamm *m.* Der Kurfürstendamm,
ein rund 3,5 km langer, weltstädti-
scher Boulevard in Berlin, entstand
im 16. Jh. als ein von Kurfürst Joachim II. angelegter Dammweg zu
seinem Jagdschloß im Grunewald; er
wurde unter Bismarck 1881 ausge-
baut.

Kulturkampf *m.* Der Konflikt zwischen dem preußischen Staat und der
katholischen Kirche nach 1871. Er
wurde v. a. durch die Opposition der
katholischen Kirche und deren politischer Vertretung (↑*Zentrum*) gegen
die liberale Staatslehre des neuen dt.
↑*Reiches* mit seinem preußisch-prote-
stantischen Kaisertum ausgelöst. Bismarcks Kampfmaßnahmen: Der
Kanzelparagraph untersagte dem
Klerus öffentliche Erörterung politischer Themen, durch das *Jesuitenge-
setz* (1872) wurde der Orden ausge-
wiesen (erst 1904 und 1917 aufgehoben), die *Schulaufsicht* wurde allein
dem Staat übertragen, Bischöfe und
Geistliche als Lehrer abgesetzt, alle
kirchlichen Orden, mit Ausnahme
der reinen Pflegeorden, aufgelöst und
1875 die *obligatorische Zivilehe* eingeführt. Die Katholiken leisteten, mit
Unterstützung von Papst Pius X., der
die preußischen Kirchengesetze für
ungültig erklärte, erfolgreich passiven Widerstand. Als Bismarck um
1880 erkannte, daß er für seine neue
Wirtschafts- und Sozialpolitik auf die
parlamentarische Unterstützung der
Konservativen und des Zentrums an-
gewiesen war, begann er einzulenken,
so daß es (unter Papst Leo XIII.) allmählich zu einem Ausgleich kam und

die Gesetze zum Teil wieder aufgehoben wurden.

Kumpel *m* ↑Kohlenpott.

Kurfürst *m.* Das Heilige Römische Reich (↑*Reich 1.*) war seit dem Hochmittelalter eine Wahlmonarchie. Seit 1257 hatten die damals sieben K. das alleinige Recht, den dt. Kaiser zu *küren* (= wählen). K. waren: die Erzbischöfe von Mainz, Trier und Köln, der Pfalzgraf bei Rhein, der Herzog von Sachsen, der Markgraf von Brandenburg und der König von Böhmen (bis 1708). Später kamen hinzu: der Pfälzische Kurfürst (dessen Stimme 1623 an ↑*Bayern* ging; ↑*Wittelsbacher*) und der Kurfürst von Hannover. Das Territorium eines K. hieß *Kurfürstentum.*

L

Länder *npl,* offiziell: *Bundesländer.* Da die durch das ↑*Grundgesetz* von 1949 errichtete ↑*Bundesrepublik* eine föderalistische Struktur hat, ist die Staatsgewalt zwischen dem ↑*Bund* und den L. aufgeteilt. Der Bund ist u. a. zuständig für Außenpolitik, Landesverteidigung, Währungspolitik, Eisenbahnen, Luftverkehr, gewerblichen Rechtsschutz (Patentierung), Staatsangehörigkeit, Post- und Fernmeldewesen, Maße und Gewichte, Zölle und Finanzmonopole. Alle L. haben eine eigene Verfassung (die neuen Länder z. T. noch als Entwurf) und eine eigene Gesetzgebung. Die Ausübung der staatlichen Aufgaben ist grundsätzlich Sache der Länder. Diese haben auch die Kulturhoheit (Souveränität in kulturellen Angelegenheiten). In vielen Fällen ist die Kompetenz zwischen Bund und L. geteilt, z. B. im Finanz- und Steuerwesen. Im Konfliktfall zwischen dem Recht des Bundes und dem eines Landes gilt der Grundsatz „Bundesrecht bricht Landesrecht". Die Bundesrepublik bestand bis 1990 aus 11 L. unterschiedlicher Größe, nach der ↑*Wiedervereinigung* mit der ehem. ↑*DDR* kamen die dort inzwischen wieder eingerichteten fünf sog. *neuen Bundesländer* hinzu. Die elf *alten Bundesländer* des Westens sind (von Norden nach Süden): *Schleswig-Holstein* (Hauptstadt: Kiel), die beiden Stadtstaaten: *Freie und Hansestadt Hamburg* und *Freie Hansestadt Bremen, Niedersachsen* (Hauptstadt: Hannover), das bevölkerungsreichste Bundesland: *Nordrhein-Westfalen* (Hauptstadt: Düsseldorf), *Hessen* (Hauptstadt: Wiesbaden), *Rheinland-Pfalz* (Hauptstadt: Mainz), das nach der endgültigen Lösung der Saarfrage in die Bundesrepublik integrierte ↑*Saarland* (Hauptstadt: Saarbrücken), *Baden-Württemberg* (Hauptstadt: Stuttgart), das flächenmäßig größte Bundesland, der „Freistaat" ↑*Bayern* (Hauptstadt: München) und – bis zur Wiedervereinigung – *Westberlin.* Die *neuen Bundesländer* sind: *Mecklenburg-Vorpommern* (Hauptstadt: Schwerin); *Brandenburg* (Hauptstadt: Potsdam), *Sachsen-Anhalt* (Hauptstadt: Halle), der „Freistaat" *Sachsen* (Hauptstadt: Dresden) und *Thüringen* (Hauptstadt: Erfurt). Nach der Wiedervereinigung wurden Ostberlin und Westberlin zum Land *Berlin* vereinigt. Die Möglichkeit einer Vereinigung von Berlin mit Brandenburg zu *einem* Bundesland wird (1993) noch diskutiert. Die Regierungschefs der Bundesländer (mit Ausnahme der Stadtstaaten Berlin, Bremen und Hamburg) heißen *Ministerpräsidenten*. In Bremen ist der Chef der Landesregierung der *Oberbürgermeister* und *Präsident des Senats,* in Hamburg der *Erste Bürgermeister* und *Präsident des Senats* und in Berlin der *Regierende Bürgermeister.* Die Regierung in den Stadtstaaten Berlin, Bremen und Hamburg heißt *Senat* und ihre Mitglieder *Senatoren.* Die Minister der bayerischen und sächsischen Landesregierung werden als *Staatsminister* bezeichnet. Die Parlamente der L. (mit Ausnahme der drei Stadtstaaten) heißen *Landtag.* In Bayern gibt es ein Zweikammersystem: Neben dem *Landtag,* der aus direkt gewählten Abgeordneten besteht, gibt es einen *Senat,* dessen Mitglieder 60 Vertreter der sozialen, wirtschaftlichen, kulturellen und kommunalen Körperschaften sind und auf 6 Jahre berufen werden (nicht zu verwechseln mit den Senaten in den drei Stadtstaaten, in der ↑*Gerichtsbarkeit* und an den ↑*Universitäten*). Die Stadtparlamente von Bremen und Hamburg heißen *Bürgerschaft,* das von Berlin *Abgeordnetenhaus.* Siehe Karte S. 141.

Landesarbeitsamt *n* ↑Bundesanstalt für Arbeit.

Landeszentralbank *f* ↑Bundesbank.

Landgericht *n* ↑Gerichtswesen.

Landkreis *m* ↑Gemeinde.

Ländler. *m* Seit dem 18. Jh. Bez. für verschiedene, mäßig schnelle Volkstänze im ¾-Takt. Entstanden im „Landl", in Oberösterreich, wurde der L. schnell beliebt im gesamten österreichisch-bayerischen Raum. Durch Haydn, Mozart und Beethoven fand der L. in die Kunstmusik Eingang. Auch die Musik des ↑*Schuhplattlers* gehört zu den Ländlern.

Landrat *m* ↑Gemeinde.

Landschaftsformen. Typische L. in D.: ↑Alpen, ↑Mittelgebirge, ↑Heide, ↑Moor, ↑Ostseeküste, ↑Nordseeküste.

Landschaftsschutzgebiet *n* ↑Naturschutz.

Landschulheim *n,* auch *Landerziehungsheim* oder *Schullandheim.* Erholungsheim auf dem Lande für Schulen in der Stadt, auch Heimschule, in der neben dem Unterricht das Gemeinschaftsleben bes. gepflegt wird. Die ersten L. wurden Ende des 19. Jh. nach engl. Vorbild gegr.

Landsmannschaften *fpl.* Vereinigungen von Heimatvertriebenen und Flüchtlingen des ↑*Weltkrieges II* in der BRD, die sich 1952 im *Verband der L.* und 1957 mit dem *Bund der vertriebenen Deutschen* zum *Bund der Vertriebenen, Vereinigte Landsmannschaften* und *Landesverbände* zusammenschlossen. ↑*Zuwanderung.*

Landtag *m* ↑Länder.

LDPD *f* ↑Parteien.

Lebensraum *m* ↑ Nationalsozialismus.

Leberkäse *m* ↑Wurstwaren.

Lebkuchen *m*. Haltbares, meist länglich oder rund geformtes Gebäck, oft auf Backoblaten gebacken, das neben Honig die für L. typische und intensiv schmeckende Gewürzmischung aus Nelken, Muskat, eventuell auch Zimt, Anis, Koriander, Ingwer u.a. enthält. Berühmt sind die (weichen) vorweihnachtlichen *Nürnberger L.* Die festen L. (auch *Pfefferkuchen*) werden zu ↑*Festen* (↑*Oktoberfest*) traditionell als Figuren und Herzen gebacken und mit buntem Zuckerguß verziert. In manchen Gegenden gibt es zu ↑*Weihnachten* ein *Leb-* bzw. *Pfefferkuchenhaus.*

Lieschen Müller *n*. Scherzhafte, auch herablassende Bez. für eine durchschnittliche, naive, treuherzige Frau mit wenig Ansprüchen. Als Repräsentantin des billigen Massengeschmacks der 50er und 60er Jahre, mit dem Hang zum Biederen und Kleinbürgerlichen, gehört diese Gestalt im Zuge der sich zunehmend verändernden Rolle der Frau in der Gesellschaft praktisch der Vergangenheit an.

Liköre und Schnäpse. Zu den feinsten *Kräuterlikören*, destilliert aus Rosenblüten, Orangenblättern, Kardamom, Orangenschalen, Kümmel, Koriander, Muskatnuß und Pfeffer, gehört das *Danziger Goldwasser,* ein ursprünglich in Danzig (seit 1945 polnisch) hergestellter, farbloser L. Sein besonderes Kennzeichen sind Schwebeteilchen von 22 karätigem Blattgold. Unter den *Abtei- und Klosterlikören* (besseren Kräuterlikören) ist der *Ettaler Klosterlikör,* aus dem Kloster Ettal bei Oberammergau (Bayern), einer der bekanntesten. *Schnaps* ist eine volkstümliche Sammelbez. für *Branntwein* allgemein, daneben aber auch eine allgemeine Bez. für einfachen *Korn m* (Abk. für *Kornbranntwein*), nach dt. Gesetz ein ausschließlich aus Roggen, Weizen, Buchweizen, Hafer oder Gerste hergestellter Branntwein mit mindestens 32% Alkoholgehalt. (*Kornbrand-*) *Doppelkorn* oder *Edelkorn* enthält mindestens 38 Vol.-%, *Korn-Kümmel* ist mit Kümmel aromatisiert, ähnlich der vor allem im Norden beliebte *Aquavit* (mindestens 38%). *Klarer* (oder *Weißer*) ist die Bez. für einen farblosen Branntwein einfachster Art. *Enzian* ist die Sammelbez. für alle Branntweine, die aus den Wurzeln des gelben Enzians hergestellt werden; sie haben immer einen herben Geruch und einen bitteren, erdigen Geschmack. *Weinbrand,* dessen Alkohol ausschließlich aus Weindestillat stammt, zählt zu den Edelbranntweinen, ebenso das *Zwetschgenwasser,* das aus vergorenen Zwetschgen gewonnen wird. *Wacholder* ist ein Branntwein, der aus dem Destillat von Wacholderbeeren oder zerquetschten Wacholderbeeren hergestellt wird, wie z.B. der *Steinhäger,* aus Steinhagen in Westfalen. Der *Bärwurz,* ein Schnaps aus der gleichnamigen Gebirgspflanze, ist eine Spezialität des Bayerischen Waldes.

Linksradikalismus *m* ↑Radikalismus, politischer.

Literaturpreise *mpl*. Die Deutsche ↑*Akademie* für Sprache und Dichtung in Darmstadt verleiht jährlich den mit 60 000 DM dotierten *Georg-Büchner-Preis*, den bedeutendsten dt. Literaturpreis, außerdem den *Sigmund-Freud-Preis* für wissenschaftliche Prosa und den *Johann-Heinrich-Merck-Preis* für literarische Kritik und Essay. Alle 3 Jahre geht der *Goethepreis* der Stadt Frankfurt an eine hervorragende Persönlichkeit, „deren schöpferisches Wirken einer dem Andenken Goethes gewidmeten Ehrung würdig ist" (unter den frühesten Preisträgern waren u. a. Thomas Mann, Max Planck und Walter Gropius). Der *Bayerische Literaturpreis* wird seit 1983 jährlich wechselnd als *Jean-Paul-Preis* für ein literarisches Gesamtwerk eines deutschsprachigen Autors oder als *Karl-Vossler-Preis* für eine wissenschaftliche Darstellung von literarischem Rang verliehen. Weitere L. sind der *Heinrich-von-Kleist-Preis*, der *Ernst-Robert-Curtius-Preis* für Essayistik, der *Geschwister-Scholl-Preis*, der *Lion-Feuchtwanger-Preis* der Akademie der Künste zu Berlin, der *Deutsche Jugendliteraturpreis* u. a. Kein L. im engeren Sinne ist der renommierte, jährlich zum Abschluß der Buchmesse (↑*Börsenverein*) feierlich in der Frankfurter Paulskirche verliehene *Friedenspreis des deutschen Buchhandels* für die „Förderung des Gedankens des Friedens, der Menschlichkeit und der Verständigung der Völker untereinander" (seit 1950, seit 1972 auch posthum und an Organisationen).

LKA *n* ↑Bundeskriminalamt.

Lorelei *f*. Schieferfels am rechten Rheinufer südlich von Koblenz (Rheinland-Pfalz), der Clemens von Brentano (1778–1842) anläßlich einer Rheinreise inspirierte, die Phantasiegestalt eines schönen, sich sein goldenes Haar kämmenden Mädchens zu schaffen, das die Männer anzieht und ihnen Unglück bringt. Um diesem Fluch zu entgehen, stürzt es sich von einem Felsen in den Rhein. Aus diesem Stoff schuf Heinrich Heine in seinem Gedicht „Die Lorelei" (1824) die bekannteste Version (als Lied vertont von Friedrich Silcher), nach der die L. vom Rheinfelsen aus die Schiffer betört und ins Verderben lockt.

LPG *f*, *Landwirtschaftliche Produktionsgenossenschaft*. Die LPG war in der ehem. DDR ein genossenschaftlicher Zusammenschluß von Landwirten und landwirtschaftlichen Arbeitern zu Großbetrieben (gegr. 1952–1962). Sie war das Instrument zur Kollektivierung der Landwirtschaft nach dem Vorbild des sowjetischen Sowchos. Jedes Mitglied hatte (teils freiwillig, meist aber unter Zwang) seinen Landanteil in die LPG eingebracht, wo dann der gesamte Grund und Boden kollektiv (in Brigaden) bearbeitet und genutzt wurde.

Lüftlmalerei *f*. Volkstümliche Form der Fassadenmalerei im süddt. Alpenvorland vor allem an bäuerlichen Wohnhäusern. Themen sind oft biblische, der ländlichen Bevölkerung vertraute Stoffe, Schutzheilige, deren Bildnisse Feuer, Hungersnot und Seuchen vom Hof fernhalten sollten, Szenen aus dem ländlichen Alltag, ähnlich den Votivtafeln in den ↑*Wallfahrtsorten*. Nach Vorläufern im 17. Jh. („Hirschenhaus" in Berchtesgaden, um 1610) erlebte die L. ihre Blüte im Barock des 18. Jh., ihr Hauptmeister war Franz Seraph Zwinck. Eine Neubelebung erfuhr sie um 1900 im Zuge der Volkskunstbewegung.

Lyoner *f* ↑Wurstwaren.

M

Maar *n*. Durch eine vulkanische Explosion entstandene, kraterförmige Vertiefung in der Erdoberfläche, die häufig mit Wasser gefüllt ist. Die meisten Maare in D. gibt es in der *Eifel* (↑*Nordrhein-Westfalen*).

MAD *m* ↑Nachrichtendienste.

Magister *m* ↑Universitäten.

Maibaum *m*. Das Aufrichten des M., meist eines langen Fichtenstammes, gehört zu den Frühjahrsbräuchen. Im bayerischen Raum ist der M., bekränzt und geschmückt mit bunten Bändern und bemalten Emblemen der Handwerke, Mittelpunkt des Dorfes. Seit dem 16. Jh. wird er in dieser Funktion als Orts-, Tanz-, Wirts- und Marktbaum erwähnt.

Malteser Hilfsdienst *m* ↑Wohlfahrtsverbände.

Manufakturen *fpl* (in D. praktisch nur auf die Porzellanherstellung bezogen). Nachdem J. F. Böttger 1707

in Dresden die Erfindung des europäischen Porzellans gelungen war, wurde 1710 auf der Albrechtsburg in Meißen die erste europäische M. eingerichtet. Die berühmtesten dt. M. sind (in chronologischer Folge ihrer Entstehung): Meißen (Schwertermarke), Fürstenberg, Nymphenburg, Berlin (Zepter, später Zepter mit KPM), Höchst, Rosenthal.

Mark *f*. 1. Seit der Karolingerzeit Bez. für ein Gebiet an den Grenzen des Reiches. Das Wort ist heute noch Teil mancher Ortsnamen, z. B. M. Brandenburg, Uckermark, Neumark u. a.; 2. ↑*Geld und Währung*.

Markt *m*, **Marktgemeinde** *f*. In Bayern können größere Orte, die in ihrer Dimension zwischen einem Dorf und einer kleinen Stadt liegen, die Bez. Markt erhalten, z. B. Markt Stadtbergen. Diese Bezeichnung hat jedoch keine juristischen Konsequenzen.

Marshallplan *m* ↑Nachkriegsdeutschland.

Maße und Gewichte. In D. gilt generell das metrische System, doch haben sich noch einige ältere Maßeinheiten erhalten: *der Morgen,* ein altes Flächen- bzw. Feldmaß, ursprünglich die Fläche, die an einem Morgen von einem Gespann umgepflügt oder von einem Mann abgemäht werden konnte; *das Tagwerk,* ursprünglich die an einem Tag von einem Ochsengespann umgepflügte Ackerfläche; *der Klafter,* ein früheres Längen-, Flächen- und Raummaß, vorwiegend als Brennholzmaß gebräuchlich, entsprach der Spannweite der ausgestreckten Arme eines Mannes, oft auch Manneshöhe; *der Zoll* war früher eine allgemeine Längeneinheit, heute nur noch bezogen auf Rohrdurchmesser und Gewinde (1 Z. = 25,4 mm); *der Scheffel* war bis 1872 Hohlmaß vor allem für Getreide (reg. verschieden, zwischen 30 und 300 l); *der Ballen,* ein altes Zähl- und Stückmaß, ist für Papier, Baumwolle, Tuch und Leder immer noch gebräuchlich.

Mauerbau *m* ↑DDR.

Max-Planck-Institut *n.* Forschungseinrichtung der 1948 gegr. Max-Planck-Gesellschaft, der bedeutendsten Forschungsorganisation der BRD, benannt nach dem Physiker und Nobelpreisträger Max Planck (1858–1947). Die 54 M.P.I. bieten aufgrund ihrer Anlage und Ausstattung bes. günstige Voraussetzungen für wissenschaftliche Spitzenleistungen, vor allem für Grundlagenforschung. Sie arbeiten an Forschungsprojekten in chemisch-physikalisch-technischen, biologisch-medizinischen und geistes- und gesellschaftswissenschaftlichen Bereichen, die für die Hochschulforschung noch nicht weit genug entwickelt sind oder sich wegen ihres Umfangs und ihrer Struktur nicht an die Universitäten verlagern lassen.

MdB *n, Mitglied des* ↑*Bundestages.* Bundestagsabgeordnete(r).

MdL *n, Mitglied des Landtages.* Landtagsabgeordnete(r) (↑*Länder*).

Mecklenburg-Vorpommern *(n).* *Mecklenburg* wurde im Zuge der dt.

Ostkolonisation 1161 erobert (↑*Drang nach Osten*), stand 1186–1227 unter dänischer Oberhoheit und wurde nach einer wechselvollen Geschichte mit verschiedenen Teilungen 1701 in die Herzogtümer M.-Schwerin und M.-Strelitz aufgeteilt, die 1815 zu Großherzogtümern wurden. 1919 wurden beide Freistaaten, 1934 wurden sie im ↑*Dritten Reich* zum Land Mecklenburg vereinigt. 1945 wurde Mecklenburg, das zur russischen Besatzungszone gehörte, mit einem Teil des früher zu ↑*Preußen* gehörenden *Vorpommern* (der Rest von Vor- und ganz Hinterpommern fielen an Polen; ↑*Ostgebiete*) zum Land M. V. vereinigt. Nach Abschaffung der Länder in der ↑*DDR* wurde M. V. 1952 in drei ↑*Bezirke* aufgeteilt, nach der ↑*Wiedervereinigung* D. wurde es 1990 zum Bundesland M. V. (↑*Länder*).

„Mein Kampf" ↑Nationalsozialismus.

Mensa *f.* Restaurationsbetrieb an ↑*Universitäten,* der verbilligte Mahlzeiten, Getränke und Süssigkeiten an Studenten abgibt. Die Verwaltungskosten werden in der Regel durch öffentliche Subventionen gedeckt. Die Mensen werden vom sog. *Studentenwerk* betrieben. Inzwischen sind sie zu einer Art Kantine geworden, die sämtlichen Hochschulangehörigen zugänglich ist.

Mensur *f* ↑Studentenverbindungen.

Michael Kohlhaas. Titel und Hauptfigur der gleichnamigen Novelle (1810) von Heinrich von Kleist

(1777–1811) und nach dieser sprich-
wörtliche Bez. für Menschen, die mit
hoffnungsloser Hartnäckigkeit, aber
wenig Aussicht auf Erfolg für die Wiedergutmachung eines ihnen oder anderen angetanen, oft geringfügigen
Unrechts kämpfen.

Minderheiten *fpl.* Im Vergleich zu anderen europäischen Staaten wie z.B.
Spanien, Frankreich, Italien, v.a. aber
den ost- und südeuropäischen Ländern, gibt es in D. heute wenige und
zahlenmäßig nicht sehr starke, seit
langem ansässige ethnische M. Diese
sind durch das Gesetz und durch internationale Verträge geschützt: 1. In
Südschleswig gibt es eine ca. 60 000
Personen starke *dänische Volksgrup-
pe* (↑*Schleswig-Holstein*). 2. An der
Nordseeküste (und in den Niederlanden) leben die *Friesen,* die noch z.T.
ihre eigene Sprache (↑*Minderheitensprachen)* sprechen. 3. Die nationale
M. der *Sorben,* die zu den Westslawen
gehören, war unter der ↑*Weimarer
Republik* geschützt, wurde aber unter
dem NS-Regime verfolgt. Die im Gebiet der Lausitz lebenden ca. 100 000
Sorben – die *Obersorben* um Bautzen,
die *Niedersorben* um Cottbus – wurden von der DDR in jeder Hinsicht,
auch in Bezug auf ihre Kultur, ihre
Schulen, ihr Brauchtum stark gefördert. 4. Die *Zigeuner,* die sich selbst
als *Roma* bezeichnen und die Bez.
„Zigeuner" ablehnen, wurden unter
dem NS-Regime verfolgt, viele von
ihnen umgebracht (↑*Konzentrationslager).* Heute verlangen die *Roma*
(v.a. die *Sinti,* die sich vor 1000 Jahren in D. niederließen) die volle
Gleichberechtigung als Staatsbürger
und die Beseitigung jeglicher Diskri-

minierung. Seit dem Umbruch in Ost-
und Südosteuropa hat sich der Zustrom von *Roma* verstärkt. ↑*Zuwanderung.*

Minderheitensprachen *fpl.* Die ↑*Minderheiten* in D. haben z.T. noch ihre
Sprache bewahrt: 1. Das *Dänische* in
Südschleswig mit ca. 60 000 Spre-
chern; 2. Das *Friesische* wurde jahr-
hundertelang vom Niederdeutschen
(↑*Deutsche Sprache*), vom Niederländischen und nach dem 17. Jh. v.a.
auch vom Hochdeutschen zurückgedrängt. In D. gibt es noch etwa 12 000
Sprecher (in den Niederlanden dagegen noch 400 000); 3. Das *Sorbische*
war in der NS-Zeit verboten und wurde in der ehem. DDR stark gepflegt.
Die neuen Bundesländer *Brandenburg* und *Sachsen* bemühen sich ebenfalls, die sorbische Sprache und Kultur zu pflegen und zu erhalten. M.
genießen Schutz und werden in der
Schule unterrichtet. Die Sprachen der
alteingesessenen ethnischen Minderheiten spielen eine geringe Rolle im
Vergleich zu denen von Millionen
ausländischer Arbeiter (↑*Ausländer).*

Ministerpräsident *m* ↑Länder.

Ministerrat *m* ↑DDR.

Misereor. Kirchliches Hilfswerk,
1958 im Auftrag der dt. katholischen
Bischöfe ins Leben gerufen (Ge-
schäftsstelle Aachen). Der Ertrag der
jährlichen Spendensammlung geht als
„Hilfe zur Selbsthilfe" in die Entwick-
lungsländer, um Hunger und Krank-
heit zu lindern und die sozialen Strukturen zu verbessern. ↑*Brot für die
Welt.*

Mißtrauensvotum, konstruktives ↑Bundeskanzler.

Mitbestimmung *f.* Beteiligung der Arbeiter und Angestellten an Entscheidungen in den Betrieben sowie im öffentlichen Dienst. In jedem Betrieb mit i.d.R. mindestens fünf Mitarbeitern können die Arbeitnehmer einen *Betriebsrat* wählen zur Wahrung ihrer Interessen in allgemein-betrieblicher, sozialer, personeller und wirtschaftlicher Hinsicht, in neuester Zeit auch bes. im Hinblick auf die Einführung neuer Technologien. Seine Rechtsgrundlage ist das *Betriebsverfassungsgesetz* von 1972. Dem *Betriebsrat* entspricht in der öffentlichen Verwaltung und bei Gerichten und Schulen der *Personalrat* (nach dem *Bundespersonalvertretungsgesetz* von 1974). Außerdem sind die Arbeitnehmer im Aufsichtsrat von Aktiengesellschaften und bei den Organen anderer Handelsgesellschaften (zwischen 33% und 50%) beteiligt.

Mitläufer *m* ↑Entnazifizierung.

Mittelhochdeutsch *n* ↑Sprache.

Mittelmächte *fpl* ↑Weltkrieg I.

Montagsdemonstrationen *fpl* ↑Wiedervereinigung.

Moor (süddt. *Moos*) *n.* Gelände mit feuchtem, schwammigem Boden von meist schwarzem Aussehen (auf einer unterschiedlich dicken Schicht Torf, der früher als Brennstoff verwendet wurde) im Gegensatz zum wäßrigen Sumpf. Der norddt. *Bruch* bildet den Übergang zwischen M. und Sumpf

(z.B. *Fiener Bruch* in Brandenburg, *Oderbruch* an der polnischen Grenze). Man unterscheidet die *Grünmoore*, welche mit einem grünen Rasen und oft hoch wachsenden Gräsern überzogen sind; die in der Regenwasserzone entstandenen *Hochmoore* (Torf-M. und Heide-M.); *Flachmoore* (Nieder-M., *Ried*), entstanden nach dem Austrocknen von Seen; und bei wechselnder Ausbildung beider Typen die *Übergangsmoore*. Die größten M. in D. sind in Ostfriesland, in der Lüneburger Heide, im Havelland, das *Teufelsmoor* bei Bremen, das *Donaumoos* in Bayern. Mit dem M. sind oft, z.B. in der Literatur, Malerei oder Musik, mystisch-romantische Vorstellungen verbunden.

Morgenthau-Plan *m* ↑Nachkriegsdeutschland.

Münchhausen. Der Freiherr von M. wird auch der *Lügenbaron* genannt, weil die Schilderungen seiner Kriegs-, Jagd- und Reiseabenteuer, die er als Offizier in der 2. Hälfte des 18. Jh. erlebt haben wollte, den Zuhörern allzu unglaubwürdig erschienen. Seitdem nennt man ähnlich prahlerische Geschichten, Possen und Schwänke *Münchhausiaden*. Einige wurden im 18. Jh. publiziert, sofort ins Englische übersetzt und international bekannt. Verschiedene Romane, Dramen und Filme basieren auf dieser Vorlage.

Münchner Abkommen *n.* Die dt. Bevölkerung, die seit 1526 im früheren Böhmen und Mähren unter österreichischer Herrschaft lebte, erhielt nach dem Grenzgebirge der *Sudeten* die Bez. *Sudetendeutsche.* Nach der Gründung der Tschechoslowakei (1918) gehörte das *Sudetenland* zu diesem neuen Staat. Die etwa 3,5 Mio. Sudetendeutschen verlangten die Autonomie für ihr Gebiet und wurden nach 1933 von Hitler in dieser Haltung bestärkt. Als nach dem ↑*Anschluß* Österreichs Hitler den Anschluß des Sudetenlandes an das Dt. Reich forderte, kam es zu einer Krise mit akuter Kriegsgefahr. Um die Sudetenfrage zu lösen, fand im September 1938 eine Konferenz in München unter Beteiligung von Hitler, dem britischen Premierminister Neville Chamberlain, dem frz. Ministerpräsidenten Edouard Daladier und Benito Mussolini statt. Durch das dort geschlossene M. A. wurde die Tschechoslowakei, die bei der Konferenz nicht vertreten war, gezwungen, das Sudetenland an D. (und andere Gebiete an Polen und später an Ungarn) abzutreten. Damit war der Konflikt zunächst beigelegt. Das M. A. wurde von vielen Menschen in D., Frankreich und Großbritannien begrüßt, weil sie glaubten, damit sei die Kriegsgefahr beseitigt, später aber auch als Ausdruck westlicher „Beschwichtigungspolitik" kritisiert. Durch die dt. Invasion in der sog. Rest-Tschechoslowakei (die Slowakei wurde zum unabhängigen „Schutzstaat") im März 1939 wurden die Grundlagen des M. A. beseitigt, das Gebiet als *Protektorat Böhmen und Mähren* dem Dt. Reich angegliedert. Nach der Befreiung der Tschechoslowakei (1945) wurden 2,5 Mio. Sudetendeutsche aus ihrer Heimat vertrieben. Die meisten von ihnen gingen in die westlichen ↑*Be-*satzungszonen, etwa 20% in die damalige sowjetische Besatzungszone (die spätere ↑*DDR*), viele auch nach Österreich.

Münster *n* ↑Dom.

Mure *f,* **Murgang** *m* ↑Alpen.

Musikinstrumente,   volkstümliche. Das *Alphorn* ist ein in den Alpenländern gebräuchliches Blasinstrument, bis zu 10 m lang, meist aus einem Tannenstamm geschnitzt, auf dem Boden aufliegend und mit nach oben gebogenem Schalltrichter. Da es keine Ventile, Klappen oder Grifflöcher hat, können nur die Naturtöne geblasen werden. Berühmt sind die Schweizer und in D. die Allgäuer Alphornbläser, die häufig in Gruppen auftreten. Das *Hackbrett,* ein altertümliches Instrument der Volksmusik, ist verwandt mit Harfe, Zither und Cymbal. Es ist ein Instrument ohne Hals, mit flachem Schallkasten und über Stege gespannten, chromatisch gestimmten Metallsaiten, die mit leichten Holz- oder Rohrschlegeln geschlagen werden. Wegen seines hellen Klangs ist das Hackbrett in den Alpenregionen als Begleitinstrument von Violine und Kontrabaß sehr beliebt. Ähnlich die *Zither,* sie hat ebenfalls einen kleinen Schallkasten, über den fünf über ein Griffbrett gespannte und chromatisch gestimmte Saiten laufen. Die Griffsaiten werden mit einem Dorn geschlagen, die Baßsaiten hingegen werden gezupft. Zu den v. M. gehören auch die *Harmonikas.* Die *Mundharmonika,* bei der die Töne angeblasen und angesaugt werden, ist wie die *Klampfe* (=

Gitarre) besonders beliebt in Freizeit- und Jugendlagern. Die *Ziehharmonika*, auch Akkordeon oder „Schifferklavier" genannt, hat einen die Luft teils anblasenden, teils ansaugenden Balg und auf beiden Seiten eine Grifftastatur für Diskant- und Baßtöne. Sie ist in ganz D. auf Volksfesten und fröhlichen Feiern ein beliebtes Instrument.

Mutterkreuz *n* ↑Orden und Ehrenzeichen.

Muttertag *m* ↑Feste.

N

Nachkriegsdeutschland *n* (1945– 1949). Nach der bedingungslosen Kapitulation der dt. ↑*Wehrmacht* wurde ganz D. besetzt und in vier ↑*Besatzungszonen* aufgeteilt. Die Konferenz von Potsdam (17. 7.–2. 8. 1945) legte im *Potsdamer Abkommen* (2. 8. 45) die Politik der vier Siegermächte Großbritannien, USA, Frankreich und Sowjetunion gegenüber D. fest: Entwaffnung und Entmilitarisierung, Beseitigung von ↑*Nationalsozialismus* und Militarismus, Auflösung aller NS-Organisationen, sog. *Entflechtung* der großen Konzerne, Demontage von Industrieanlagen, Abtretung der ↑*Ostgebiete* und Vertreibung der dort siedelnden Dt., Verfolgung der Kriegsverbrecher (↑*Nürnberger Kriegsverbrecherprozeß*) und ↑*Entnazifizierung*. Berlin erhielt einen „Viermächtestatus" und wurde in einen frz., engl., amerikanischen und sowjetischen Sektor geteilt. Die drei Sektoren der West-

mächte bildeten dann das Gebiet von Westberlin (↑*Besatzungszonen*). Ein *Alliierter Kontrollrat* aus den Militärgouverneuren der Siegermächte mit Sitz in Berlin übernahm am 30. 8. 45 die Regierungsgewalt in D. und erließ bald die ersten Gesetze. 1946/47 fanden die ersten Wahlen in Gemeinden, ↑*Kreisen* und ↑*Ländern* statt, um eine dt. Verwaltung aufzubauen. Infolge des zunehmenden Konflikts zwischen den Westmächten und der Sowjetunion trat der Kontrollrat am 20. 3. 48 zum letzten Mal zusammen. Seitdem regierten die Militärgouverneure in den einzelnen Zonen. In der sowjetischen Zone wurde die Umstellung auf ein kommunistisches System eingeleitet. Bis 1949 wurden im Zuge der sog. *Entflechtung* die großen Konzerne und Kartelle aufgelöst (z. B. die IG-Farben-Industrie oder die Großbanken) und im Rahmen der *Demontage* Industrieanlagen abgebaut.

In den Jahren 1945–1949 wurde der Wiederaufbau D. eingeleitet (↑*Trümmerfrauen*). Die Versorgungslage der dt. Bevölkerung war schlecht, der Schwarzmarkt blühte. Ab 1947 wurde den Westzonen (wie anderen westeuropäischen Ländern) im Rahmen des US-*Marshall-Plans* finanzielle Hilfe für den Wiederaufbau gewährt. Am 20. Juni 1948 wurde in den drei westlichen Zonen eine *Währungsreform* durchgeführt (↑Geld und Währung). Als Reaktion sperrte die Sowjetunion alle Land- und Wasserwege nach Berlin (sog. *Berliner Blockade*). Die Westalliierten richteten daraufhin für die Versorgung der Zivilbevölkerung und ihrer eigenen Streitkräfte die *Berliner Luftbrücke*

(Berlin Air Lift) ein, wodurch die Blockade stark an Wirkung verlor. Sie endete im Mai 1949. Durch die Währungsreform kam es zu einem Umschwung und es begann das sog. ↑*Wirtschaftswunder.* Nach dem Zusammenschluß der drei westlichen Zonen wurde die Errichtung der ↑*Bundesrepublik* vorbereitet. Die territoriale Gliederung der ↑*Länder* geht im wesentlichen auf die drei westlichen Besatzungsmächte zurück.

Nachrichtendienste *mpl.* Um die politischen Risiken eines übermächtigen zentralen N. zu vermeiden, sind in der BRD die Aufgaben der N. auf drei Einrichtungen verteilt: Das 1950 errichtete *Bundesamt für Verfassungsschutz* (Sitz Köln) sammelt und beurteilt zusammen mit den Verfassungsschutzämtern der Länder Nachrichten zur Abwehr verfassungsfeindlicher Bestrebungen. Der 1955 durch Beschluß der Bundesregierung gegr. *Bundesnachrichtendienst* (BND) (Sitz Pullach bei München) betreibt Auslandsaufklärung. Der *Militärische Abschirmdienst* (MAD) soll Bestrebungen fremder Geheimdienste gegen die Bundeswehr abwehren und aufklären.

Nacht der langen Messer *f* ↑SA.

Nante *m* ↑Witzfiguren.

Nationalhymne *f* ↑Staatssymbole.

Nationalsozialismus *m.* Eine dt. faschistische Ideologie („Weltanschauung") und politische Bewegung, deren Träger in erster Linie die *Nationalsozialistische Deutsche Arbeiter-*

partei (*NSDAP*) war. Die sog. *Kampfzeit* (1921–1933): In der kleinen, 1919 gegr. *Deutschen Arbeiterpartei* gewann Adolf Hitler rasch entscheidenden Einfluß, wurde 1921 ihr Führer und machte daraus die NSDAP. Zusammen mit reaktionären Politikern und Militärs plante er am 8. November 1923 in München einen Putsch, zunächst in Bayern, später gegen die Berliner Regierung; seine Mitverschwörer zogen sich jedoch zurück und wandten sich sogar gegen ihn. Trotzdem unternahm er am Tag darauf mit seinen Anhängern einen Propagandamarsch durch München. Dieser wurde plötzlich von der Polizei beschossen, dabei starben 16 der Teilnehmer, die später als Märtyrer des N. glorifiziert wurden. Hitler wurde wegen Hochverrats zu 5 Jahren Festungshaft verurteilt, aber bereits nach 9 Monaten entlassen (↑*Revolutionen, Putsche, Unruhen*). Während der Haft schrieb er sein programmatisches Buch „*Mein Kampf*". Die NSDAP wurde 1925 neu gegründet und gewann trotz mancher Rückschläge bis 1933 immer mehr Mitglieder und Einfluß. Hitler wollte nicht mehr durch einen Gewaltstreich, sondern legal an die Macht kommen, was ihm 1933 auch gelang (↑*Drittes Reich*).

Die Ideologie des N., sowohl im Parteiprogramm der NSDAP als auch in *Mein Kampf* dargelegt, ist eine Mischung von nationalistischen, rassistischen und sozialistischen Elementen: Zusammenfassung aller Dt. in einem großdeutschen Reich, Annullierung des ↑*Versailler Vertrages,* ↑*Antisemitismus* („Nur Deutschblütige können Staatsbürger sein"), Verstaatlichung der Trusts und Konzerne, Beseitigung der Gewinne des Zwischenhandels, Altersversorgung, Schutz des Kleinhandels und Schließung der Warenhäuser, Agrarreform, Wehrpflicht und starke Zentralisierung. Der N. war antisemitisch, antikommunistisch, antiliberal, antiparlamentarisch, antichristlich, antiindividualistisch und anfangs antikapitalistisch. Seine Grundidee war die solidarische *Volksgemeinschaft* unter der Leitung des Führers, dessen Handlungen nicht in Frage gestellt werden durften, eine Volksgemeinschaft von „arischen" Menschen, aus der alle „undeutschen Elemente" (Juden, Zigeuner, Berufsverbrecher, Homosexuelle und Geisteskranke) entfernt werden sollten. Die Dt. als *Herrenrasse* sollten Land im Osten erorbern (↑*Drang nach Osten*), um für das dt. Volk genügend *Lebensraum* zu schaffen. Im N. war kein Platz für Menschenrechte, der Kult der Gewalt bestimmte die Handlungen der NS-Anhänger. An die Stelle des Humanismus trat eine Art Biologismus, eine Verehrung der Starken und Verachtung der Schwachen. Ideologische Wegbereiter des N. waren u. a. Gobineau und Houston Stewart Chamberlain (↑*Antisemitismus*), Möller van den Bruck (↑*Drittes Reich*), in gewissem Maße auch Oswald Spengler, ein zumindest teilweise falsch verstandener oder entstellter Nietzsche („Wille zur Macht", „Übermensch") und das Buch *Der Mythos des 20. Jh.* von Alfred Rosenberg, dem Ideologen des N. Auch der Pangermanismus aus dem Österreich der Vorkriegszeit und der wilhelminischen Ära, der italienische Faschismus (farbiges Hemd, bei

den Nazis braune Hemden und der *deutsche Gruß* mit ausgestrecktem Arm, ursprünglich römischer Gruß) gehörten zu den ideologischen Ingredienzen des N., die teilweise mystisch-nebulös waren mit Schlagworten wie „Blut und Boden". Die verschiedenen Programmpunkte sprachen verschiedene Gruppen der Gesellschaft an: Die Forderung nach Annullierung des ↑*Versailler Vertrages,* der von den meisten Dt. als Strafe und Demütigung empfunden wurde, fand bei vielen Beifall, die Herstellung einer starken Ordnung nach den Unruhen der Revolution (1918–1919) ebenfalls. Die antikapitalistischen Elemente des Programms fanden bei Arbeitern und beim Kleinbürgertum Anklang. Der Antikommunismus des N. war vielen Konservativen, die selbst keine Nazis waren, und vielen Militärs durchaus willkommen. Die katastrophale Wirtschaftslage und die Massenarbeitslosigkeit infolge der Weltwirtschaftskrise (1929–1931) taten ein übriges, so daß viele 1933 im N. eine Möglichkeit sahen, die Lage D. zu verbessern. Nachdem Hitler die antikapitalistischen Programmpunkte fallengelassen hatte, konnte er auch weitgehend mit der Unterstützung der Schwerindustrie und des Großkapitals rechnen. Auch die offensichtlichen Schwächen der ↑*Weimarer Republik* kamen dem Machtstreben des N. zugute.

Der Nationalsozialismus im Dritten Reich: Nach der Machtübernahme (1933) stieg die Zahl der Mitglieder der NSDAP stark an. In den ersten Jahren gab es zwar schon Rechtsbrüche, aber vieles, was die

NS-Regierung tat, fand breite Zustimmung; innen- und außenpolitische Erfolge, aber auch die militärischen Siege in den ersten beiden Kriegsjahren stärkten das Prestige der NS-Regierung. Die NSDAP, die alle Lebensbereiche in D. beherrschte, beeindruckte die Dt. durch Massenkundgebungen, bes. im Rahmen der sog. *Reichsparteitage* in Nürnberg. Als die Verfolgung der Juden, aber auch aller Andersdenkenden, immer schrecklicher und offensichtlicher wurde, war es zu spät für einen erfolgreichen ↑*Widerstand.* Die NSDAP mit ihrer vertikalen Organisation (Reich, Gaue, Kreise, Ortsgruppen, Zellen und Blöcke), das *Reichssicherheitshauptamt* (↑*SS*) und mit ihm der gesamte dt. Polizeiapparat, die ↑*SS* und die vielen anderen NS-Organisationen überwachten und kontrollierten die Bevölkerung (↑*Gestapo,* ↑*Konzentrationslager*). Erst die völlige militärische Niederlage konnte die totale Diktatur des N., die nach 1942 noch verstärkt worden war, beseitigen und D. auf einem materiellen und geistigen Trümmerhaufen einen Neubeginn ermöglichen. ↑*Entnazifizierung,* ↑*Nachkriegsdeutschland.*

Naturpark *m* ↑Naturschutz.

Naturschutz *m,* auch *Landespflege* genannt, will Natur und Landschaft gegenüber den Nutzungsinteressen der Gesellschaft bewahren und entstandene Schäden ausgleichen. N. ist damit Teil des *Umweltschutzes* und umfaßt auch die *Landschaftspflege,* die dem Schutz, der Pflege und Gestaltung von biologisch und ästhe-tisch wertvollen Landschaften dient. Unter N. stehen (nach Maßgabe der Bundesgesetze und der entsprechenden Ländergesetze) *Naturschutzgebiete,* bestimmte abgegrenzte Bezirke, v.a. bedeutsame Formen der Landschaft (↑*Alpen,* ↑*Moor*), ursprüngliche Pflanzenvorkommen (Heide, Wald, Schilf u. a.), natürliche Lebensgemeinschaften der Tierwelt (z.B. Vogelniststätten) und *Naturdenkmäler* (Einzelschöpfungen der Natur und Kleinflächen wie Baumgruppen, Alleen, Felsen, Quellen, Wasserläufe). *Landschaftsschutzgebiete* sind weder Naturdenkmäler noch Naturschutzgebiete, jedoch für den Charakter oder das Bild einer Landschaft von Bedeutung. Unter die Landschaftsschutzgebiete fallen auch die *Naturparks,* in sich geschlossene, großräumige Landschaften von besonderer Schönheit und überregionaler Bedeutung, und die als *Nationalparks* geführten Gebiete (wie das Wattenmeer an der ↑*Nordseeküste,* Teile der ↑*Ostseeküste,* das Gebiet des Königssees bei Berchtesgaden oder der Bayerische Wald). Sie sind mit Einrichtungen ausgestattet, die sowohl ihre Erhaltung als auch Naturgenuß und Erholung gewährleisten (Regelung des motorisierten Verkehrs, Lager- und Zeltplätze, Wanderwege, Schutzhütten, Aussichtstürme u.a.). Die Verordnungen zum Schutz der Natur und der Landschaft werden von den ↑*Ländern* erlassen. Diese wachen über deren Einhaltung und übernehmen die entsprechenden finanziellen Verpflichtungen. An der Konzeption und den Kosten der Nationalparks ist der ↑*Bund* maßgeblich beteiligt.

Nazis *mpl.* Umgangssprachliche, meist abwertende Bez. für die Nationalsozialisten.

NDPD *f.* ↑Parteien.

Nehrung *f* ↑Ostseeküste.

Nibelungentreue *f.* Von Bernhard von Bülow (1900–1909 Reichskanzler und preußischer Ministerpräsident) geprägtes Schlagwort, mit dem er am 29. 3. 1909 im Reichstag das Verhältnis des Dt. Reichs zu Österreich-Ungarn nach der bosnischen Annexionskrise beschrieb; seit 1914 wurde der Begriff im Sinne unbedingter Bündnistreue oder Hingabe an eine Führerpersönlichkeit (auch in aussichtslosen Situationen) häufig gebraucht. Die Bez. N. geht zurück auf das Nibelungenlied, das bekannteste dt. Heldenepos des Mittelalters.

Niederdeutsch *n* ↑Deutsche Sprache.

Niedersachsen *(n)* ↑Länder, ↑Sachsen.

Nikolaus *m* ↑Feste, ↑Advent.

Nordlicht *n.* Humoristisch-ironische Bez. für die norddt. Politiker, Wirtschaftsmanager, Wissenschaftler usw., die in Süd- und Mitteldeutschland, v. a. in Bayern tätig sind.

Nordrhein-Westfalen *(n).* Das bevölkerungsreichste Bundesland verdankt wie die meisten ↑*Länder* seine Entstehung der Gliederung der alliierten ↑*Besatzungszonen*. Es wurde 1946 von der britischen Militärregierung aus der früher zu ↑*Preußen* gehören-den Provinz Westfalen und dem nördlichen Teil der ehem. preußischen Rheinprovinz gebildet, zu denen später das Land *Lippe* hinzukam. Der Südteil der Rheinprovinz kam zu ↑*Rheinland-Pfalz* und ein kleinerer Teil zum ↑*Saarland* (↑*Rheinland*).

Nordseeküste *f.* Vor der N. erstreckt sich ein ausgedehntes, flaches, von *Prielen* (Wasserrinnen) durchzogenes, mit Sand oder Schlick bedecktes Gebiet (das *Wattenmeer*), das im Wechsel der Gezeiten oder *Tiden* (Ebbe und Flut) von Wasser bedeckt wird und dann wieder frei liegt. Die gesamte N., in Schleswig-Holstein wie in Niedersachsen, ist flach und muß durch *Deiche* (Dämme aus Erde) gegen die oft stürmische Nordsee geschützt werden. Vor diesen befinden sich vielerorts breite begrünte Flächen (*Marschen*), die bei Sturmfluten oder Hochwasser oft überflutet werden. Die *Marschen* (oder *Helder*), können eingedeicht werden und geben nach jahrelanger Entwässerung nutzbares Land (genannt *Koog* in Nordfriesland, *Polder* in Ostfriesland). Zwischen *Geest* (höher gelegene, eiszeitliche Ablagerungen, Altmoränen) und *Watt* erstrecken sich Landschaftszonen, bestehend aus der *Älteren Marsch* (noch vor 1500 eingedeicht), der *Mittleren Marsch* (im 18. Jh. eingedeicht) und der *Jungen Marsch* (im 20. Jh. eingedeicht), deren Boden sich ausgezeichnet für den Ackerbau eignet. Hier werden Ernten eingebracht, die z. T. weit über den für D. üblichen durchschnittlichen Erträgen pro Hektar liegen. Die östlichen Teile der Köge dienen als Weideland. Mit ihren Dünen- und

Strandinseln, den sog. *Halligen* (Inselgruppe im *Wattenmeer;* Reste der durch große Sturmfluten, u. a. 1362 und 1634, zerstörten Küste), Buchten, Flußmündungen, Binnensystemen, offenen und brandungsgeschützten Wattflächen, bildet die N. eine weltweit einzigartige Naturlandschaft.

Normalverbraucher *m,* auch: **Otto** ~. Bez. für den typischen Durchschnittsdeutschen.

Novemberrevolution *f* ↑Revolutionen, Putsche, Unruhen.

NPD *f* ↑Parteien.

NSDAP *f* ↑ Nationalsozialismus.

NS-Frauenschaft *f* ↑Drittes Reich.

NS-Volkswohlfahrt *f* ↑Winterhilfswerk.

Nürnberger Gesetze *npl* ↑ Antisemitismus.

Null-Acht-Fünfzehn, meist mit einem Substantiv (z. B. Null-Acht-Fünfzehn-Kleidung) oder prädikativ gebraucht (z. B. „das Essen in der Kantine ist N.-A.-F."), drückt aus, daß etwas ohne Originalität, nichts Besonderes ist. Die Bez. kommt von einem beim dt. Militär üblichen Maschinengewehr des Modells 08/15 (1908/1915).

Nürnberger Kriegsverbrecherprozeß *m,* auch kurz: *Nürnberger Prozeß.* Strafprozeß vor dem Internationalen Militärgerichtshof in Nürnberg (14. 11. 1945–1. 10. 1946) gegen die wichtigsten führenden Politiker und Militärs des ↑*Dritten Reichs* wegen Kriegsverbrechen und Verbrechen gegen den Frieden und die Menschlichkeit. Der Gerichtshof bestand aus Vertretern der vier Siegermächte (Großbritannien, Frankreich, USA, Sowjetunion). 12 der Angeklagten wurden zum Tode verurteilt und 10 davon hingerichtet (Hermann Göring beging Selbstmord), 5 zu langen, 2 zu lebenslänglichen Gefängnisstrafen verurteilt, 3 freigesprochen. Adolf Hitler, Joseph Goebbels und Heinrich Himmler hatten schon vorher Selbstmord begangen. Verschiedene NS-Organisationen wurden als kriminell klassifiziert: die ↑*SS,* die ↑*Gestapo* mit dem Sicherheitsdienst (SD) und das Führerkorps der NSDAP (↑*Nationalsozialismus*). Nach dem N. K. (1946–1950) kam es zu weiteren *Nürnberger Prozessen* gegen eine Reihe von (natürlichen und juristischen) Personen (Ärzte, Juristen, Konzerne, Manager, hohe Beamte, Generäle u. a.) wegen ihrer Vergehen im Dritten Reich (↑*Entnazifizierung*).

NVA, *Nationale Volksarmee f.* Die Streitkräfte der ehem. DDR (1956 geschaffen), in der allgemeine Wehrpflicht bestand. Die NVA unterstand dem Oberkommando der Streitkräfte des ehem. Warschauer Paktes. Im Rahmen der ↑ *Wiedervereinigung* der beiden dt. Staaten wurde ein Teil der NVA in die ↑*Bundeswehr* integriert, der Rest wurde entlassen. Dies war u. a. notwendig, um die für 1995 zwischen D. und der ehem. Sowjetunion vereinbarte Reduzierung der gesamten dt. Streitkräfte auf 370 000 zu erreichen. Die Bundeswehr hat von der

NVA mehr als 1 Mio. Waffen, Schiffe und Kriegsgerät übernommen. 17% davon wurden in die Bundeswehr eingebracht, der Rest wurde oder wird vernichtet oder verkauft.

O

Oberbürgermeister(in) *m/f* ↑Gemeinde.

Oberkreisdirektor(in) *m/f* ↑Gemeinde.

Oberlandesgericht *n* ↑Gerichtswesen.

Oder-Neiße-Linie *f* ↑Ostgebiete, deutsche.

Oktoberfest *n*. Seit 1811 findet in München jährlich dieses größte dt. Volksfest statt. Da es zwei Wochen dauert und am 1. Sonntag im Oktober endet, beginnt es trotz seines Namens bereits im September, und zwar mit einem großen Festzug der Bierbrauer und ihren geschmückten Pferdegespannen. Das O. mit seinen gewaltigen Bierzelten, Ochsen-, Wurst- und Fischbratereien, seinen traditionellen Karussells und immer aufwendigeren Fahrgeschäften (Achterbahnen, Geisterbahnen u.a.), seinen Schießbuden und dem gesamten bunten Treiben, zieht Gäste aus aller Welt nach München.

OKW *n*, *Oberkommando der* ↑*Wehrmacht* (1938–1945).

Onkelehe *f*. Eheähnliche Gemeinschaft eines Mannes und einer Mut-

ter mit Kind, das den neuen Partner „Onkel" nennt. Auch wenn die O. auf Dauer gewollt ist, wird keine rechtsgültige Ehe geschlossen, um zu verhindern, daß die Partner Unterhalts- oder Rentenansprüche (aus anderen Ehen) verlieren.

Orden und Ehrenzeichen. Das dt. Reich hatte bis 1918 keine eigenen O., es gab nur die O. der dt. Bundesstaaten. In Kriegszeiten wurden militärische O. verliehen, so das 1813 gestiftete *Eiserne Kreuz* (I. und II. Klasse), das 1870 (dt.-frz. Krieg), 1919 und 1939 (1. bzw. 2. Weltkrieg) erneuert wurde. Die ↑*Weimarer Republik* verlieh keine O. Im 2. Weltkrieg wurden vom NS-Regime noch andere militärische O., z.B. das *Ritterkreuz* zum Eisernen Kreuz, das *Deutsche Kreuz in Gold* u.a. eingeführt. Außerdem wurden eigene O. für Friedenszeiten gestiftet: der *Deutsche Adlerorden*, der *Deutsche Nationalorden* (für Kunst und Wissenschaft), 1938 das „Ehrenkreuz der Deutschen Mutter" (kurz *Mutterkreuz*) für Mütter von 4 oder mehr Kindern. In der ↑*DDR* waren der *Karl-Marx-Orden* und der *Vaterländische Verdienstorden* die höchsten Auszeichnungen. Heute ist der wichtigste staatliche O. der BRD der „Verdienstorden der Bundesrepublik Deutschland", kurz *Bundesverdienstkreuz* genannt. Es wurde 1951 vom damaligen Bundespräsidenten Theodor Heuss gestiftet. Militärische O. gibt es in der BRD nicht. Jährlich werden etwa 6000 O. verliehen, darunter auch der *„Pour le mérite"*, 1740 von Friedrich II., dem Großen, bis 1918 als preußischer Militärorden, seit 1952 wieder im Zivilbereich verliehen. Daneben gibt es O. der einzelnen Bundesländer.

Ossi(e)s, Wessi(e)s. Nach dem Fall der Mauer 1989 gebräuchliche, scherzhafte, gelegentlich auch abwertende Bez. für Einwohner der ehem. DDR durch Einwohner der BRD (Ossi(e)s) und umgekehrt (Wessi(e)s). Damit wird meist die Schwierigkeit ausgedrückt, sich gegenseitig und die aus der ↑*Wiedervereinigung* resultierenden politischen, wirtschaftlichen und sozialen Probleme zu verstehen und zu akzeptieren.

Ostern *n* ↑Feste.

Ostfriesenwitze *mpl* ↑ Witzfiguren.

Ostgebiete, deutsche *npl.* Die dt. Gebiete, insgesamt 108 000 km², die im Westen durch die *Oder-Neiße-Linie* als Demarkationslinie zwischen den ehem. dt., heute polnischen Gebieten und dem übrigen D. entlang der Flüsse Oder und (Lausitzer) Neiße begrenzt werden. Hinterpommern, Ostbrandenburg, Westpreußen, Nieder- und Oberschlesien und ein Teil Ostpreußens fielen im Potsdamer Abkommen von 1945 (↑*Nachkriegsdeutschland*) unter polnische, der andere Teil Ostpreußens mit Königsberg (heute Kaliningrad) unter sowjetische Verwaltung. Am 14. 11. 1990 schlossen die BRD und Polen ein Abkommen, das die *Oder-Neiße-Linie* als endgültige, unverletzliche dt.-polnische Grenze festschreibt, wie sie schon im Warschauer Vertrag von 1970 zwischen beiden Ländern festgelegt worden war. ↑*Preußen,* ↑*Zuwanderung.*

Ostpreußen (*n*) ↑ Ostgebiete, ↑ Preußen.

Ostseeküste *f.* An den Abschnitten der O. mit starker Brandung entstand eine Steilküste, während sich an anderen Stellen flacher Sandstrand mit zum Teil leicht ansteigendem Ufer bildete. Weit ins Flachland reichende, langgestreckte Meeresbuchten, die sog. *Förden,* bilden hervorragende Naturhäfen, z.B. die Buchten bei Kiel, Flensburg und Rostock. Durch einen Landstreifen, eine sog. *Nehrung,* oder durch Inseln vom offenen Meer getrennte Gewässer (Lagunen) mit Süßwasserzufuhr nennt man *Haff.* An der Küste von Mecklenburg-Vorpommern gibt es *Bodden,* unregelmäßig geformte, flache Meeresbuchten, die weit ins Landesinnere reichen (z.B. Greifswalder Bodden).

P

Pädagogische Hochschule *f* ↑Universitäten.

Palais Schaumburg *n.* Früher Amtssitz des Bundeskanzlers, heute dessen Gästehaus, am Bonner Rheinufer gelegen.

Pankow (*n*). Stadtteil von Berlin. Verwaltungsbezirk von Ost-Berlin zur Zeit der DDR, wo auch deren Regierung ihren Sitz hatte. In der nichtkommunistischen Welt wurde deshalb häufig mit P. verallgemeinernd die Regierung der ehem. DDR bezeichnet.

Parlament *n* ↑Bundestag und Bundesrat.

Parlamentarischer Rat *m* ↑Grundgesetz.

Parteien *fpl.* 1. *BRD.* In der BRD sind die Mitwirkung der P. an der politischen Willensbildung, ihre innere Organisation und die Parteienfinanzierung durch das ↑*Grundgesetz* und das Parteiengesetz vom 24. Juli 1967 geregelt. Bei einem Verstoß gegen die freiheitliche demokratische Grundordnung dürfen P. nicht wie andere verfassungswidrige Vereinigungen einfach von der Exekutive aufgelöst werden, sondern ihre Verfassungswidrigkeit muß auf Antrag des ↑*Bundestages,* des ↑*Bundesrates* oder der Bundesregierung (↑*Bundeskanzler)* durch das *Bundesverfassungsgericht* (↑*Gerichtswesen)* festgestellt werden. Die großen Volksparteien in der BRD sind die *SPD (Sozialdemokratische Partei Deutschlands),* 1869 als Sozialdemokratische Arbeiterpartei gegr., die einzige der im Bundestag vertretenen P., die bereits vor 1945 bestand, und die *CDU (Christlich-Demokratische Union),* 1945 in Anknüpfung an das ↑*Zentrum* entstanden. In Bayern wurde 1945 die *CSU (Christlich-Soziale Union)* gegr., organisatorisch selbständig, aber weitgehend in ihren Zielen mit der *CDU* übereinstimmend. Nach 1945 knüpften die Freien Demokraten an die Tradition des dt. Liberalismus an,

und 1948 entstand die *FDP (Freie Demokratische Partei),* die in wechselnden *Koalitionen* mit den großen P. die politische Entwicklung der BRD entscheidend mitgestaltete. Zu diesen P. gehört jeweils eine Jugendorganisation: zur SPD die *Jungsozialisten (Jusos),* zur CDU/CSU die *Junge Union Deutschlands (JU),* zur FDP die *Jungen Liberalen (Julis).* Ab Mitte der 70er Jahre gab es überregionale Zusammenschlüsse von ↑*Bürgerinitiativen,* und es beteiligten sich „grüne", „bunte" oder „*alternative Listen" (AL)* an Kommunal- und Landtagswahlen. 1979 schlossen sich die verschiedenen grünen P. und Gruppierungen erstmals bundesweit zusammen. 1980 wurde die Bundespartei *Die Grünen* gegr.; 1983 zog sie in den Bundestag ein; 1993 vereinigte sie sich mit dem *Bündnis 90* (siehe unten). Die grünen Fundamentalisten („*Fundis")* vertreten eine kompromißlose, parlamentarische Opposition und lehnen politische Mitverantwortung ab, die Realpolitiker („*Realos")* streben eine Bündnispolitik mit der SPD an. 1991 wurde in Brandenburg und Bremen zum ersten Mal eine sog. *Ampelkoalition* (rot-gelbgrün) – ein Bündnis von *SPD, FDP* und *Grünen* – beschlossen. Als Kaderpartei wurde 1968 die *DKP (Deutsche Kommunistische Partei)* gegr., ideologisch und politisch an der früheren Kommunistischen Partei der Sowjetunion orientiert, Nachfolgerin der 1956 in der BRD für verfassungswidrig erklärten und verbotenen *KPD (Kommunistische Partei Deutschlands),* die ihrerseits 1918/ 1919 aus dem Spartakusbund hervorgegangen war, geführt von Karl

Liebknecht und Rosa Luxemburg (↑*Revolutionen*). Teile der rechtsextremistischen *Nationaldemokratischen Partei Deutschlands (NPD)* und der *Deutschen Volksunion (DVU)* gründeten Anfang 1991 zusammen mit Mitgliedern der *Republikaner* (1983 gegr. P. mit stark nationalistischen Ansätzen) einen Verein, der sich zu einer rechtsradikalen Sammlungsbewegung (*Vereinigte Rechte*) entwickeln sollte (*politischer* ↑*Radikalismus*). Die *Grauen*, 1989 von den ↑*Grauen Panthern* gegr., setzen sich vorwiegend für ältere Menschen ein. Die sog. *Rathausparteien* bewerben sich nur auf kommunaler Ebene, haben dort auch z.T. großen Einfluß und stellen manchmal sogar die Bürgermeister.

2. *Ehemalige DDR.* In der kommunistisch regierten DDR waren in der *Nationalen Front* alle politischen P. und Massenorganisationen der DDR unter Führung der *SED* (*Sozialistische Einheitspartei Deutschlands*), bis 1989 Staatspartei der DDR, vereinigt. Sie benannte unter anderem die Wahlkandidaten und stellte eine Einheitsliste für die Wahlen auf. Die Wahlen selbst hatten nur deklamatorische, keine Auswahlfunktion. Das *Blockparteiensystem* verpflichtete alle P. zur Beteiligung an der Regierung unter straffer Führung der *SED* und verhinderte die Bildung einer legalen Opposition. Neben der SED waren vertreten: die *CDU-Ost*, die *LDPD* (*Liberal-Demokratische Partei Deutschlands*), die *DBD* (*Demokratische Bauernpartei Deutschlands*) und die *NDPD* (*National-Demokratische Partei Deutschlands*). Nach der ↑*Wende* (2.) entstand die

PDS (Partei des Demokratischen Sozialismus) als Nachfolgepartei der SED. Im August 1990 wurde das *Bündnis 90* gegr., ein Zusammenschluß von fünf Bürgerbewegungen und den Grünen der ehem. DDR; 1993 schlossen sie sich mit den *Grünen* (siehe oben) zusammen.

Passionsspiele *npl* gibt es seit dem Mittelalter: Die dramatisierte Geschichte vom Leiden und Sterben Christi, nach alten Textvorlagen in den Tagen vor Ostern von Laiendarstellern gespielt. Der berühmteste P.-Ort ist Oberammergau, wo seit 1634 alle zehn Jahre buchstäblich der ganze Ort zur Bühne und alle Einwohner zu Darstellern werden. Auch in Waal (Unterallgäu) gibt es P.

PDS *f* ↑Parteien.

Peenemünde (*n*) ↑ V1, V2.

Persilschein *m* ↑Entnazifizierung.

Personalrat *m* ↑Mitbestimmung.

Pfalz *f.* 1. Im Mittelalter den dt. Königen oder Kaisern, die keinen festen Sitz hatten, als Residenz dienende, burgähnliche Anlage, die so zeitweise Sitz der Regierung, der Verwaltung und der Gerichtsbarkeit wurde; 2. ein Teil des heutigen Bundeslandes Rheinland-Pfalz (seit 1816 Rheinpfalz genannt), zu unterscheiden von der zu ↑*Bayern* gehörenden *Oberpfalz*.

Pfefferkuchen *m* ↑Lebkuchen.

Pils *n* ↑Bier.

Platt(deutsch) *n* ↑Deutsche Sprache.

Polder *m* ↑Nordseeküste.

Polizei *f.* Die P. sorgt für Sicherheit und Schutz des Bürgers, für öffentliche Ruhe und Ordnung, für Verhütung und Verfolgung strafbarer Handlungen (Schutz-, Verkehrs-, Kriminalpolizei). In größeren Städten heißt der Leiter der P. *Polizeipräsident.* Zuständig für die P. sind die ↑*Länder* (Orts-, Kreis-, Bezirkspolizeibehörden), wobei die Organisation der P. in den einzelnen Ländern nicht einheitlich ist. Dem ↑*Bund* unterstehen Verfassungsschutz (↑*Nachrichtendienste*), ↑*Bundesgrenzschutz* und ↑*BKA.* Die militärisch organisierte, kasernierte *Bereitschaftspolizei* steht der Regierung zur Abwehr eines Staatsnotstands zur Verfügung, unterstützt aber auch nach Entscheidung des Innenministers oder Innensenators bzw. der Bundesregierung im Notfall oder bei Großeinsätzen die im ständigen Vollzug stehenden Beamten und übernimmt die Schulung und Ausbildung von Polizeibeamten.

Polnischer Korridor *m* ↑Preußen.

Polterabend *m.* Nach altem dt. Brauch wird am *Abend vor der Hochzeit* „gepoltert", indem nach dem Motto „Scherben bringen Glück" Geschirr (kein Glas) zerschlagen und laut und fröhlich gefeiert wird. Mit dem P. nimmt man Abschied von der Junggesellenzeit.

Pommern *(n)* ↑Länder, ↑Ostgebiete, ↑Preußen.

Potsdamer Abkommen *n* ↑Nachkriegsdeutschland.

Pressack *m* ↑Wurstwaren.

Presse *f.* In D. gibt es mehr als 400 verschiedene *Tageszeitungen* (über 27 Mio. Exemplare), die zu zwei Dritteln aus Anzeigen (Annoncen) finanziert werden. 97% der Zeitungen verstehen sich als lokale bzw. regionale Blätter. Diese Regionalisierung der P. ist im Vergleich etwa zu Frankreich oder den USA ein Charakteristikum der dt. Presse. Freiheit und Unabhängigkeit der P. sind in der Verfassung garantiert. Darüber wacht der *Bundesverband dt. Zeitungsverleger* (BDZV, Sitz Bonn). Neben den Tageszeitungen gibt es rund 40 *Wochenzeitungen*, fast 600 *Zeitschriften* für das breite Publikum und rund 900 *Fachzeitschriften.* Die wichtigsten dt. Tageszeitungen von überregionaler Bedeutung sind: *Die Welt* (Berlin), die *Frankfurter Allgemeine Zeitung (FAZ),* die *Süddeutsche Zeitung* (München) sowie das Boulevardblatt *Die Bild-Zeitung.* Der Zeitungsmarkt wird von vier Großunternehmen beherrscht: Bauer, Burda, Springer, Bertelsmann/Gruner & Jahr (Herausgeber der Illustrierten *Stern*). Die Wochenzeitung *Die Zeit* bringt Analysen und Kommentare v. a. zu innen- und außenpolitischen, wirtschaftlichen und kulturellen Fragen. Das Nachrichtenmagazin *Der Spiegel* (seit 1947) liefert wöchentlich ausgewählte Nachrichten und Berichte sowie ein bes. brisantes Thema in Form einer Story mit ausführlichen Hintergrundinformationen. In der DDR gab es Pressefreiheit weder in-

haltlich noch ökonomisch. Die wichtigsten (seit der ↑*Wende* unabhängigen) Zeitungen waren das SED-Or-
gan *Neues Deutschland* (90% der
Auflagen aller DDR-Zeitungen), die
CDU-nahe *Neue Zeit* und, eher lokal,
die *Berliner Zeitung* (*BZ*).

**Presse- und Informationsamt der
Bundesregierung** *n*, kurz auch *Bundespresseamt*. Oberste Bundesbehörde (Sitz Bonn), die unter der Leitung
eines Staatssekretärs als Sprecher der
Bundesregierung (Bundespressechef)
unmittelbar dem ↑*Bundeskanzler* un-
tersteht. Wichtigste Aufgaben des
Amtes sind es, den ↑*Bundespräsidenten* und die Bundesregierung über alle
wichtigen Ereignisse in der Welt, die
Massenmedien und die Öffentlichkeit
über die Politik der Bundesregierung
und in Zusammenarbeit mit dem
↑*Auswärtigen Amt* das Ausland aus
dt. Sicht zu informieren.

Preußen (*n*). Ursprünglich Bez. für
das vom baltischen Stamm der *Pruz-
zen (Prußen)* bewohnte Gebiet, das
etwa dem des späteren Ost- und
Westpreußen entsprach. Im Zuge der
dt. Ostkolonisation (↑*Drang nach
Osten)* wurde dieses Gebiet im
13. Jh. vom Dt. Ritterorden erobert,
1525 in ein weltliches Herzogtum P.
verwandelt, das durch Erbfolge 1618
an den ↑*Kurfürsten* von Brandenburg
fiel, aber nicht zum dt. Reich gehörte,
sondern bis 1660 unter polnischer
Oberhoheit stand. In der ↑*Mark*
Brandenburg, ursprünglich Grenz-
land zu den Slawen im Osten, regierten die ↑*Hohenzollern* seit 1445 als
Markgrafen und ↑*Kurfürsten*. Unter
Friedrich Wilhelm (1640–1688), der

Große Kurfürst genannt, umfaßte
das Herrschaftsgebiet der Hohenzollern drei räumlich voneinander getrennte Gebiete: seit 1618 das *Herzogtum Preußen* im Osten, die *Mark
Brandenburg* im Zentrum und seit
1614 *Gebiete im Rheinland* (Kleve,
Berg, Mark). Der Große Kurfürst organisierte seinen Staat mit viel Ge-
schick und schuf eine starke Armee.
Sein Sohn Friedrich III. (1688–1713)
wurde 1701 unter dem Namen Friedrich I. „König in Preußen". Seitdem
nannte sich das gesamte Herrschaftsgebiet der Hohenzollern *Königreich
P*. Sein Nachfolger, Friedrich Wilhelm I. (1713–1740), bekannt als der
„*Soldatenkönig",* schuf die Grundlagen des preußischen Verwaltungs-
und Militärstaates. Seine Herrschaft
war gekennzeichnet durch harte
Pflichterfüllung und größte Sparsam-
keit. Sein Sohn, *Friedrich II., der
Große* (der „*alte* ↑*Fritz*" genannt),
der sich als der „erste Diener des
Staates" fühlte, regierte P. (1740–
1786) zwar autokratisch und mit
strengem Zentralismus, aber nach
den Prinzipien des aufgeklärten Absolutismus. Auch er verfügte über eine starke, leistungsfähige Armee, die
er für seine Machtpolitik einsetzte. In
Kriegen mit Österreich eroberte er
Schlesien, das bei P. verblieb. Unter
Friedrich dem Großen hatte der preußische Obrigkeitsstaat mit einer starken Militärmacht bei entscheiden-
dem Einfluß des Landadels (↑*Junker*), aus dem auch das gesamte Offizierskorps stammte, seinen Höhepunkt erreicht. Schon 1648 war Hinterpommern, 1720 dann Vorpommern an Brandenburg gefallen, 1744
Ostfriesland, und bei der ersten Tei-

lung Polens (1772) kam Westpreußen zu P. So wurde die räumliche Verbindung zwischen Ostpreußen, Pommern und Brandenburg hergestellt. Auch eine Reihe kleinerer Gebiete kamen zu P. In den Napoleonischen Kriegen erlebte P. einige schwere Niederlagen; mit dem Wiener Kongreß (1814/15) ging die Expansion P. nach Westen weiter. Nach der Ausschaltung Österreichs aus der dt. Politik als Folge des preußisch-österreichischen Krieges von 1866 spielte P. unter der Regierung Bismarcks eine entscheidende Rolle bei der Gründung des *Zweiten Deutschen* ↑ *Reiches*. Die Könige von P. waren gleichzeitig dt. Kaiser (1871–1918). P. war das größte und mächtigste Land im Dt. Reich. Das preußische Staatsgebiet umfaßte 1937 Ostpreußen (das 1919–1939 durch den sog. *Polnischen Korridor* vom übrigen P. getrennt war), Pommern, Schlesien, Brandenburg, Hannover, ↑*Sachsen,* ↑*Schleswig-Holstein,* Westfalen, die Rheinprovinz und das Land Hohenzollern. Nach dem ↑*Weltkrieg II* wurden die ↑*Ostgebiete* P. an Polen bzw. Rußland abgetreten. 1947 wurde P. durch ein Gesetz des ↑*Alliierten Kontrollrates* auch formal aufgelöst.

P., ein Land mit geringen wirtschaftlichen Ressourcen, verdankte seinen Aufstieg zur europäischen Macht seinem straff organisierten Staatsapparat, der pflichtbewußten Beamtenschaft, der disziplinierten Armee, der aus protestantischem Ethos erwachsenen Treue der Untertanen zu Beruf und Staat, der sparsamen, ja frugalen Lebens- und Wirtschaftsweise der Regierenden und der Regierten. Dies hatte einerseits Obrigkeitsgläu-

bigkeit und blinden Gehorsam gefördert (↑*Köpenickiade),* zu sozialer Immobilität bei Vorherrschaft der Großgrundbesitzer (↑*Junker*) geführt und durch die beherrschende Stellung der Armee im Staate den weltweit negativ beurteilten preußischen Militarismus entstehen lassen (seine negativste Ausprägung fand das Preußentum im Imperialismus und Militarismus Wilhelms II. und vieler seiner Zeitgenossen). Dazu kam die reaktionäre, demokratiefeindliche Haltung vieler preußischer Militärs und Großgrundbesitzer in der ↑*Weimarer Republik.* Andererseits gehörten zum Preußentum positive Werte wie Loyalität und Unbestechlichkeit, Disziplin, Opferbereitschaft, Pflichterfüllung und bescheidene Lebensführung. Maßgebliche Persönlichkeiten des ↑*Widerstandes im Dritten Reich* kamen bezeichnenderweise aus dem preußischen Adel und dem preußischen Offizierskorps, sie verkörperten positive, religiös und ethisch fundierte Seiten des Preußentums.

Printen *fpl.* Ein dem ↑*Lebkuchen* ähnliches, lange haltbares Weihnachtsgebäck, Spezialität der Stadt Aachen (*Aachener Printen*). Es gibt extrem harte, aber auch weiche P., mit oder ohne Schokoladen- oder Zuckerglasur, auch mit Mandelsplittern bestreut.

Prinz-Albrecht-Straße *f* ↑SS.

Promotion *f* ↑Universitäten.

Protektorat Böhmen und Mähren *n* ↑Münchner Abkommen.

Pumpernickel *m* ↑Brot.

Pütt *m* ↑Kohlenpott.

R

Radikalismus, politischer *m.*
1. *Rechtsradikalismus.* Antidemokra-
tisch-autoritäre und nationalistisch-
völkische Ideologie. Obwohl die
Rechtsradikalen in D. ohne nennens-
werten parlamentarischen Einfluß
sind, ist der Rechtsradikalismus als
eine ernste Bedrohung für die Demokratie zu bewerten. Seit Anfang der
80er Jahre rückten Mordanschläge
und andere Gewalttaten, die deutlich
steigende Anfälligkeit eines Teils der
Bevölkerung, v. a. der Jugend, für
neonazistisches oder extrem nationa-
listisches Gedankengut und die Bereitschaft zur Gewalt gegenüber
↑*Ausländern,* v. a. Asylanten (↑*Zuwanderung*), verstärkt ins öffentliche
Bewußtsein. Die rechtsextreme Ju-
gendszene hat nach 1945 noch nie so
große Anziehungskraft gehabt wie
heute. Seit 1989 sind rechtsradikale
↑*Parteien* wie die *NPD,* die *DVU*
und besonders die *Republikaner* zunehmend in Gemeinde- und Stadträ-
ten sowie Landtagen vertreten. Daneben gibt es viele kleinere, aber relativ
unbedeutende Gruppen. Im Jahre
1992 und 1993 haben Mordanschläge gegen Ausländer, Brandanschläge
auf Asylantenheime sowie antisemitische Angriffe in beunruhigender Weise zugenommen, was dem Ansehen
D. in der Welt sehr geschadet hat.
2. Der *Linksradikalismus* spielte
bes. im Zusammenhang mit der Ideologie der „Neuen Linken", die aus
der Studentenbewegung von 1968
entstand, in der BRD eine wichtige
Rolle, v. a. in den 70er und 80er Jahren. Die größte Bedrohung stellte bisher die RAF (↑*Rote-Armee-Fraktion*)
dar, die unter anderem 1989 für den
Mord an dem Wirtschaftsmanager
Alfred Herrhausen und den Atten-
tatsversuch gegen Staatssekretär
Neusel (1990) und im April 1991 für
die Ermordung des Präsidenten der
Berliner Treuhandanstalt D. K. Roh-
wedder verantwortlich war. Daneben
gibt es die *Revolutionären Zellen
(RZ),* die verschiedene Attentate ver-
übten (5 im Jahre 1990) und die ↑*Autonomen Gruppen* sowie eine Reihe
kleinerer, weniger bedeutender Organisationen. Seit dem Zusammenbruch der Sowjetunion und der kommunistischen Regimes in den Ost-
blockstaaten scheint der Linksradikalismus rückläufig und eine für die
demokratische Rechtsordnung ge-
ringere Gefahr als der Rechtsradikalismus.
3. *Politischer Radikalismus bei
Ausländern in der BRD.* Neben den
dt. links- und rechtsradikalen Organisationen gibt es auch extremisti-
sche, z. T. sehr aktive, meist linksge-
richtete Organisationen von Ausländern, z. B. von Arabern (die der PLO
nahestehen), von Iranern (gegen das
fundamentalistische islamische Regime im Iran), von Kurden (gegen die
Türkei) sowie von kommunistischen
Türken und Griechen. Extrem natio-
nalistisch sind einige Organisationen
von Türken, Sikhs und Tamilen. Die
radikalen Ausländer stellen jedoch
nur einen äußerst geringen Prozentsatz der Gesamtzahl der Ausländer in
D. dar.

Radlermaß *f* ↑Bier.

RAF *f* ↑Rote-Armee-Fraktion.

Raiffeisen, Friedrich Wilhelm, gründete 1848 den ersten „Hilfsverein zur Unterstützung unbemittelter Landwirte". Aus diesem zunächst caritativen Vorhaben wurden landwirtschaftliche Kreditgenossenschaften (Spar- und Darlehnskassen), die seit 1972 im Bundesverband der Dt. Volksbanken und Raiffeisenbanken zusammengeschlossen sind (mehr als 3000 Banken mit fast 20000 Filialen in D., über 11 Mio. Mitglieder). Die R.-Genossenschaften in über 100 Ländern der Welt sind seit 1968 in der Internationalen R.-Union (IRU) zusammengeschlossen. Raiffeisen-Warenhäuser führen Artikel vom und für den Landwirt.

Rapallo (*n*). Seebad bei Genua (Italien), dessen Name wegen des dort 1922 zwischen dem Dt. Reich und der Sowjetunion geschlossenen Vertrags, der beide Staaten aus der internationalen Isolation herausführte, symbolisch für deren Zusammengehen gegen die Westmächte steht („*Geist von Rapallo*"). Ähnlich wird „*München*" gelegentlich für ein Nachgeben („Beschwichtigungspolitik") gegenüber einer Diktatur gebraucht (↑*Münchner Abkommen*).

Raststätte *f* ↑Autobahnen.

Räterepublik *f* ↑Revolutionen.

Rathausparteien *fpl* ↑Parteien.

Rattenfänger von Hameln *m*. Der Sage nach soll 1284 ein Pfeifer die Stadt Hameln an der Weser von der Rattenplage befreit haben, indem er die Tiere durch sein Flötenspiel anlockte und in den Fluß trieb, wo sie ertranken. Da die Stadtväter ihm den versprochenen Lohn nicht zahlen wollten, lockte er am nächsten Sonntag alle Kinder in einen Berg. Später kamen sie in Siebenbürgen wieder zum Vorschein, wo er der Sage nach mit ihnen die Kolonie der Siebenbürger Sachsen gründete. Der Begriff R. wird im übertragenen Sinne pej. gebraucht: Skrupellose Demagogen wenden *Rattenfängermethoden* an (z. B. „die braunen Rattenfänger" = NS-Demagogen).

Rauchbier *n* ↑Bier.

Realos *mpl* ↑Parteien.

Realschule *f* ↑Schulwesen.

Rechtsmittel *npl* bewirken die Überprüfung gerichtlicher Entscheidungen durch die nächsthöhere Instanz. Prozeßbeteiligten dienen sie zur Anfechtung noch nicht rechtskräftiger Entscheidungen. Sie müssen unter Beachtung bestimmter, in den Prozeßordnungen festgelegter Formen und Fristen eingelegt werden. Urteile können mit der *Berufung* und/oder der *Revision* angefochten werden. Vor den Berufungsgerichten wird der Rechtsstreit sowohl in tatsächlicher als auch in rechtlicher Hinsicht erneut verhandelt. Neues Vorbringen ist (in eingeschränktem Umfang) zulässig. In der Revisionsinstanz wird das angefochtene Urteil nur noch auf Rechtsverletzung bzw. Einheitlichkeit der Rechtsanwendung überprüft, also auf die Frage, ob die untere Instanz die Verfahrensregeln beachtet und den von ihr zugrunde gelegten Sachverhalt rechtlich zutreffend beurteilt hat. Als Rechtsmittel gegen gerichtliche Beschlüsse stehen die *Beschwerde* und die *Rechtsbeschwerde* zur Verfügung. Als außerordentlichen Rechtsbehelf gegen rechtskräftige Entscheidungen gibt es die *Wiederaufnahme des Verfahrens,* durch die eine Korrektur unrichtiger Urteile erreicht werden kann. Allerdings muß ein gesetzlich definierter Wiederaufnahmegrund vorliegen (z.B. schwerer Verfahrensfehler, Beibringung neuer Tatsachen oder Beweismittel).

Rechtsextremismus *m* ↑Radikalismus, politischer.

Reeperbahn *f* ↑Sankt Pauli.

Referendar, Assessor *m.* Beamtenanwärter der Laufbahnen des höheren Dienstes während ihrer praktischen Ausbildung im Vorbereitungsdienst. Nach dem 1. Staatsexamen heißen sie Referendare, nach abgeschlossenem Vorbereitungsdienst und 2. Staatsexamen, nach dem sie in den Staatsdienst übernommen werden können, Assessor. Dienstbezeichnungen: Studien-, Regierungs-, Gerichts-, Forst-, Berg- R./Ass.

Reformationstag *m* ↑Feiertage.

Regierender Bürgermeister *m* ↑Länder.

Regierungsbezirk *m* ↑Bezirk.

Reich *n.* Es gab im Laufe der Geschichte drei dt. Reiche:
1. Das *Heilige Römische Reich,* seit dem 15. Jh.: *Heiliges Römisches Reich Deutscher Nation.* Bez. für das 962 entstandene Kaiserreich des Mittelalters und der frühen Neuzeit. Dieses bestand nominell bis zu seiner Auflösung im Jahre 1806 weiter, war aber seit Beginn der Neuzeit nur noch eine Art Staatenbund. Die einzelnen, praktisch souveränen Staaten verfolgten ihre eigene Politik und führten z.T. sogar Krieg gegeneinander (z.B. ↑*Preußen* und Österreich). Von 1273 bis 1806 stellten die Habsburger die Kaiser des R. Bei seiner Auflösung nahm der letzte Kaiser, Franz II., den Titel „Kaiser von Österreich" an. 2. *Zweites Reich.* Diese Bez. wird als historischer, nicht als staatsrechtlicher Terminus für das dt. Kaiserreich von seiner Gründung 1871 bis zum Sturz der Monarchie 1918 verwendet. Es umfaßte alle damals bestehenden dt. Staaten mit Ausnahme Österreichs. Offiziell hieß der deutsche Staat (Kaiserreich und ↑*Weimarer Republik*) von 1875 bis 1945 *Dt. Reich.* 3. ↑*Drittes Reich.*

Reichsarbeitsdienst *m,* Abk. *RAD.* Zunächst unter der ↑*Weimarer Republik* eine freiwillige Organisation für Arbeiten im öffentlichen Interesse. 1934 wurde der RAD eine Organisation der *NSDAP* (↑*Nationalsozialismus*). 1935 wurde nach der Wiedereinführung der allgemeinen Wehrpflicht auch der RAD Pflicht für alle männlichen Jugendlichen (6 Monate, jeweils vor dem Militärdienst), 1939 auch für alle weiblichen Jugendlichen. Die jungen Männer, die

Arbeitsmänner hießen, wurden zum Bau von Straßen, Kanälen, aber auch beim Bau des ↑*Westwalles* eingesetzt und erhielten eine vormilitärische Ausbildung. Im Krieg wurden sie weitgehend für militärische Bauarbeiten und z.T. für militärische Hilfsdienste verwendet. Die jungen Frauen, die *Arbeitsmaiden,* arbeiteten bes. in sozialen Institutionen und in der Landwirtschaft.

Reichskanzler *m* ↑Weimarer Republik.

Reichskristallnacht *f* ↑Antisemitismus.

Reichsparteitage *mpl* ↑Nationalsozialismus.

Reichspräsident *m* ↑Weimarer Republik.

Reichssicherheitshauptamt **(R.S.H.A.)** *n* ↑SS.

Reichsstädte, freie ~. Im alten Dt. Reich (bis 1806) freie Städte, die sich meist im Mittelalter aus der Abhängigkeit von einem weltlichen oder geistlichen Landesherrn befreit hatten und direkt dem Kaiser und dem Reich unterstanden. Sie waren gewissermaßen die ersten autonomen Republiken. R. waren u.a. Köln, Frankfurt, Nürnberg, Augsburg, aber auch kleinere Städte wie Landsberg am Lech, Rothenburg ob der Tauber und Gengenbach in Baden. Zwischen 1801 und 1810 wurden alle R. dem Territorium eines Landesherrn einverleibt. Nur wenige wurden 1815 durch den Wiener Kongreß wieder

freie R.: Hamburg und Bremen (heute Stadtstaaten), Frankfurt (bis zu seiner Annexion durch Preußen 1866) und Lübeck (bis 1937). Die ehem. R., von denen viele z.T. ihr historisches Stadtbild bewahrt haben, liegen meist im Westen, Südwesten und Süden D.

Reichsstatthalter *m* ↑Drittes Reich, Innenpolitik.

Reichswehr *f* ↑Wehrmacht.

Reife, mittlere ~ *f* ↑Schulwesen.

Reinheitsgebot *n* ↑Bier.

Rektor(in) *m/f.* 1. Leiter(in) von Grund- oder Hauptschule (↑*Schulwesen*); 2. Leiter(in) einer Universität (↑*Universitäten*).

Religion und Kirchen. In D. besteht ein partnerschaftliches Verhältnis zwischen Staat und Kirche. Laut ↑*Grundgesetz* sind die Freiheit des Glaubens, des religiösen Bekenntnisses und die ungestörte Religionsausübung garantiert. Die Religionsgemeinschaften ordnen und verwalten ihre Angelegenheiten im Rahmen der für alle geltenden Gesetze selbst. Sie erheben ↑*Kirchensteuer* (8–10% der Einkommensteuer), unterhalten Klöster, Kindergärten, Schulen, Heime, Krankenhäuser u.a. In D. gibt es rund 30 Mio. Protestanten, 28 Mio. Katholiken (Stand November 1992), 37000 im *„Zentralrat der Juden in D."* registrierte Juden (Stand Januar 1993), 1,7 Mio. Muslime, 30000 aus sonstigen Konfessionen (Stand November 1993). Daneben gibt es mehr und mehr Sekten, z.T. amerikanischen Ursprungs, wie die Zeugen Jehovas, die Mormonen u. a., aber auch asiatische und pseudoasiatische Sekten. Der *„Bund freireligiöser Gemeinden"* zählt rund 70000 Mitglieder. Die beiden großen Konfessionen, die römisch-katholische und die evangelisch-lutherische Kirche, halten alle zwei Jahre *Kirchentage* ab (Gottesdienste und Erörterung religiöser, politischer und sozialer Fragen), sie ernennen Militärseelsorger, betreiben ↑*Wohlfahrtsverbände.* Religionsunterricht ist ordentliches Lehrfach an den Schulen (Alternative für Nichtchristen und Konfessionslose ist das Fach Ethik), die Universitäten haben theologische Fakultäten, und es gibt konfessionell gebundene Schulen, Hochschulen (↑*Universitäten)* und ↑*Akademien.* Seit 1979 besteht in Heidelberg eine „Hochschule für jüdische Studien".

Reparationen *fpl.* Die Wiedergutmachungszahlungen, die das Dt. Reich während der ↑*Weimarer Republik* als Verlierer des ↑*Weltkrieges I* aufgrund des ↑*Versailler Vertrags* an die Alliierten, bes. an Frankreich, zahlen mußte. 1932 wurden die Reparationen auf einen Restbetrag reduziert, dessen Zahlung Hitler 1933 nach seiner Machtübernahme verweigerte.

Republikaner *mpl* ↑Parteien.

Revolutionen, Putsche, Unruhen. Die ersten revolutionären Bewegungen im Zeitalter der Industrialisierung entstanden in D. 1848 und führten zur Revolution des liberalen Bürgertums gegen Konservative und Reaktionäre. – Am Ende des ↑*Weltkrieges*

I, bedingt durch den militärischen Zusammenbruch D., die Verzögerung notwendiger Reformen sowie die Agitation radikaler sozialistischer Gruppen bei den Arbeitern und der Armee, kam es im *November 1918* zum politischen Umsturz (vgl. ↑*Geschichtsdaten).* Die sog. *Novemberrevolution* ging von meuternden Matrosen auf mehreren großen Kriegsschiffen in Wilhelmshaven aus. Die Aufstände griffen auf Kiel, Lübeck, Hamburg, bald auch auf Berlin über. Kaiser Wilhelm II. dankte am 9. 11. *1918* ab, und der Sozialdemokrat Friedrich Ebert übernahm die Regierung. In Bayern löste der Volksstaat Bayern, von dem Berliner Kurt Eisner gegr., als „Soziale und Demokratische Republik" das Königreich Bayern ab. Von Anfang an (Januar 1919) stand die ↑*Weimarer Republik* einer starken Opposition von rechts und links gegenüber, die sich im Ziel, die Demokratie zu beseitigen, einig war. Aus dem *Spartakusbund,* einer linksradikalen Vereinigung, gegr. 1917 unter Rosa Luxemburg und Karl Liebknecht, die im Januar 1919 während des *Spartakus-Aufstandes* in Berlin ermordet wurden, entstand die KPD (↑*Parteien).* Kurt Eisner wurde im Februar 1919 ermordet, in der Nacht zum 7. April die *Räterepublik* Bayern von Anarchisten ausgerufen. Sie hielt sich eine Woche. Am 13. April wurde die zweite *Räterepublik* ausgerufen, geführt von Kommunisten. Anfang Mai wurde die bayerische *Räterepublik* in blutigen Straßenkämpfen von *Freikorps* und Reichswehr niedergeworfen. Im Juli brach die R. zusammen. – Im März 1920 kam es zu einem rechtsradikalen Umsturzversuch unter Führung des Politikers Wolfgang Kapp; die Gewerkschaften riefen zum Generalstreik auf, der *Kapp-Putsch* scheiterte. – Von rechts wurde die Deutsche Arbeiterpartei (DAP) gegründet (1920 in NSDAP umbenannt, ↑*Nationalsozialismus*), deren Vorsitzender Adolf Hitler war. Am 8./9. November 1923 versuchten Hitler und Ludendorff, in Bayern die Macht zu ergreifen und mit einem Marsch auf Berlin die Regierung Stresemann zu stürzen. In der Nacht zum 9. November gab die bayerische Regierung, die anfangs mit dem Putsch sympathisierte, den Befehl zu dessen Niederschlagung. Damit war der *Hitlerputsch* gescheitert. – Nach dem ↑*Weltkrieg II* verbreitete sich Ende der 50er Jahre als Folge der beginnenden ↑*Vergangenheitsbewältigung* eine antiautoritäre Strömung in Studentenkreisen, die sich Ende der 60er Jahre in der massiven Forderung nach einer Reform der universitären Verhältnisse ausdrückte. Diese Studentenrevolte der *Achtundsechziger (68er)* erreichte ihren Höhepunkt in der Zeit zwischen der Demonstration gegen den Schah des Iran in Berlin am 2. Juni 1967 (Tod des Studenten Benno Ohnesorg, der von einem Polizisten erschossen wurde) und den verschiedenen Aktionen, die auf das Attentat gegen den Anarchisten und Ideologen Rudi Dutschke (der „rote Rudi") am 11. April 1968 folgten, z. B. Besetzung von Hochschulen, Wandschmierereien usw. Die *Achtundsechziger* Bewegung war eng verbunden mit dem *SDS* (Sozialistischer Deutscher Studentenbund), der damals die Führungsrolle der *APO* (au-

ßerparlamentarische Opposition) spielte. – Im Herbst 1989 führte die „*friedliche Revolution*" in der DDR zur politischen ↑*Wende* und zur dt. ↑*Wiedervereinigung*.

Rheinland (*n*). Geographischer und historischer Name, der das Tal des Rheins (nördlich von Karlsruhe bis zur holländischen Grenze) und das umgebende Gebiet bezeichnet. Durch die Eroberung Galliens und des linksrheinischen, von Germanen besiedelten Gebiets wurde der Unterlauf des Rheins schon vor Christi Geburt zur Ostgrenze des römischen Reiches gegen das übrige Germanien. Nach dem Untergang des römischen Reiches besiedelten die ↑*Franken* das R., das dann unter den Karolingern mit dem Königssitz (↑*Pfalz*) in Aachen im Frankenreich eine zentrale Stellung innehatte. Im 9. und 10. Jh. kam es zur Bildung mächtiger Herzogtümer (Kleve, Jülich, Mark, Berg und Geldern) und Grafschaften (Westfalen), aber auch vom 10. Jh. an zur Schaffung geistlicher Fürstentümer (Erzbistum und Kurfürstentum Köln, Bistümer Minden, Münster und Paderborn), so daß das R. in viele Herrschaften zersplittert war. Im 17. Jh. fielen Kleve, Mark und Ravensberg an Brandenburg (↑*Preußen*), Jülich und Berg an die Rheinpfalz. 1815 kamen nach Auflösung der geistlichen Fürstentümer Westfalen und die Rheinprovinz (von der heute ein Teil zu ↑*Rheinland-Pfalz* gehört) an Preußen. Die heutige territoriale Gliederung (↑*Nordrhein-Westfalen* und ↑*Rheinland-Pfalz*) wurde 1946 von den alliierten Besatzungsmächten geschaffen.

Rheinland-Pfalz (*n*). Von der frz. Besatzungsmacht 1946 aus der ehem. bayerischen *Rheinpfalz,* einem Teil der ehem. preußischen *Rheinprovinz* und Teilen von ↑*Hessen* gebildetes Land (↑*Länder*).

Rias ↑Rundfunk und Fernsehen.

Richtfest *n*. Dieser alte Brauch der Zimmerleute hat sich bis heute erhalten. Sobald der Dachstuhl auf einem Neubau aufgerichtet ist, wird auf die Spitze ein symbolischer „Baum" (meist aus Zweigen und bunten Bändern) gesetzt und R. gefeiert, wobei der Hausbesitzer die Handwerker zumindest mit Getränken bewirtet.

Ried *n* ↑Moor.

RM, *Reichsmark f* ↑Geld und Währung.

Röhm-Putsch *m* ↑SA.

Rosenmontag *m* ↑Karneval.

Rote-Armee-Fraktion (RAF) *f*. Die RAF, früher auch nach ihren führenden Mitgliedern Andreas Baader und Ulrike Meinhof Baader-Meinhof-Gruppe genannt, ist eine 1970 aus der revolutionären Studentenbewegung hervorgegangene Vereinigung (↑*Revolutionen*). Sie sah in den Schlüsselpositionen der Politik und der Wirtschaft einen „imperialistischen Machtapparat" am Werk, dem sie zugunsten der politisch und gesellschaftlich Schwächeren den Kampf ansagte. Durch eine Reihe politischer Terroranschläge (Morde, Sprengstoff- und Brandanschläge) wollte sie eine gesell-

schaftliche Polarisierung erreichen, die zu einer Revolution der Arbeiterklasse führen sollte. Mit dem Mord an Hanns Martin Schleyer (Präsident des Bundesverbandes der Deutschen Arbeitgeberverbände) 1977 und der von einem palästinensischen Kommando durchgeführten Flugzeugentführung nach Mogadischu/Somalia im gleichen Jahr, die durch den Einsatz der GSG 9 (↑*Bundesgrenzschutz*) beendet wurde, versetzte die RAF die BRD in große Unruhe. In den 70er Jahren protestierten gefangene Mitglieder der RAF mit Hungerstreiks gegen ihre Haftbedingungen. Trotz Zwangsernährung starben Häftlinge an den Folgen des Hungerstreiks. Nach dem Selbstmord der RAF-Führung (1976/ 1977) im Gefängnis von Stuttgart-Stammheim und den Fahndungserfolgen gegen die RAF in den 80er Jahren verlor die RAF ihre maßgebliche Rolle, bleibt aber eine Gefahr, wie die Morde der Jahre 1989 und 1991 beweisen (↑*Radikalismus, politischer* 2.). Nach der ↑*Wiedervereinigung* 1990 wurden in Ost-Berlin ehem. RAF-Mitglieder festgenommen, die sich jahrelang unter dem Schutz des Staatssicherheitsdienstes in der DDR aufgehalten hatten, sich aber z. T. bereits von der RAF losgelöst hatten.

Rote Grütze *f*. Beliebte, vorwiegend sommerliche Süßspeise, bei der feinst gemahlenes Getreide (auch Sago oder Stärke) in rotem Beeren- und/oder Kirschsaft gekocht und mit Früchten ergänzt wird. Zur gut gekühlten R. G. ißt man meist Vanillesauce oder frische Sahne. Grüne G. wird aus Stachelbeeren, neuerdings auch Kiwis, gemacht.

Rote Kapelle *f* ↑Widerstand im Dritten Reich.

Rotwelsch *n.* Schon im 13. Jh. die Geheimsprache der Vagabunden und Gauner. Das Wortgut des R. besteht aus dt. Dialektwörtern, verhüllenden Umschreibungen, Neubildungen, vielen jiddischen und zigeunerischen, in geringerem Maße französischen, italienischen, englischen und slawischen Elementen.

RTL ↑Rundfunk und Fernsehen.

Rudolf-Steiner-Kindergärten *mpl* ↑Anthroposophen.

Ruhrbesetzung *f.* 1923 besetzten frz. und belgische Truppen wegen angeblich von D. bewußt versäumter Zahlung von ↑*Reparationen* das Ruhrgebiet, wo es zum passiven Widerstand der Bevölkerung kam. Die R. endete 1925 (↑*Weimarer Republik*).

Ruhrpott *m* ↑Kohlenpott.

Rundfunk und Fernsehen. Nach dem 2. Weltkrieg entstand unter dem Einfluß der Besatzungsmächte ein föderalistisches Rundfunksystem, das durch Landesgesetze bzw. Staatsverträge (dort, wo die Programme eines Senders in verschiedene Bundesländer ausgestrahlt werden) geregelt ist. Diese aus Gebühren finanzierten Landesrundfunkanstalten, vom Staat institutionell unabhängige Einrichtungen, haben sich 1950 zur *ARD, Arbeitsgemeinschaft der öffentlich-rechtlichen Rundfunkanstalten* in der BRD, zusammengeschlossen. Der *ARD* gehören die Landesrundfunkanstalten Bayerischer R., Hessischer R., Mitteldeutscher R., Norddeutscher R., Radio Bremen, Saarländischer R., Sender Freies Berlin, Süddeutscher R., Südwestfunk, Westdeutscher R. an. Sie senden jeweils mehrere Hörfunkprogramme und beteiligen sich nach einem bestimmten Schlüssel am gemeinsamen Ersten Fernsehprogramm. Darin sind sie auch mit regionalen Programmen vertreten. Die meisten Sendeanstalten strahlen zusätzlich ein „drittes" (regionales) Fernsehprogramm aus. Eine Sonderstellung nehmen in der *ARD* die Sender *Deutsche Welle (DW)* und *Deutschlandfunk (DLF)* sowie *Rias Berlin* (ursprünglich ein amerikanischer Sender) ein, die aus Mitteln des Bundeshaushaltes finanziert werden und ein umfassendes Bild D. im Ausland vermitteln sollen. Das *ZDF (Zweites Deutsches Fernsehen)*, wurde von den Bundesländern durch Staatsvertrag 1961 als gemeinsame Anstalt eingerichtet. Die zwei großen Fernsehprogramme *ARD* und *ZDF* stehen seit Einführung des Privatfernsehens 1985 mit den führenden privaten Programmanbietern *SAT 1, RTL plus, PRO 7*, dem Musiksender *MTV Europe* und den verschiedenen Sportsendern in einem harten Wettbewerb. Bes. umstritten sind die rundfunkrechtlichen und gesellschaftspolitischen Implikationen der Einführung des Kabel- und Satellitenfernsehens. Als problematisch erweist sich nach der ↑*Wiedervereinigung* auch die „Abwicklung" mancher Sender der DDR und die Ausweitung des überkommenen Systems des öffentlich-rechtlichen Rundfunks auf Ostdeutschland.

S

SA *f, Sturmabteilung.* Von 1921 bis Januar 1931 hatte die SA als paramilitärische Massenorganisation und Schlägertruppe des ↑*Nationalsozialismus* eine furchtbare Rolle gespielt. Ihre Mitglieder, die sog. *Braunhemden,* trugen eine hellbraune Uniform. Nach 1933 wollten verschiedene SA-Führer die ursprünglich eher sozialen und antikapitalistischen Grundsätze des NS-Programms durch eine „zweite Revolution" (nach der von 1933) verwirklichen. Hitler wollte jedoch die Militärs und die Wirtschaft für sich gewinnen und deshalb die immer widerspenstigere, zu einem sozialen Populismus tendierende SA unter ihrem Stabschef Ernst Röhm ausschalten. Ein angeblicher Putsch unter Röhm diente als Vorwand, um wichtige SA-Führer, unter ihnen Röhm, dazu andere, dem Regime unbequeme Personen, darunter auch mehrere Generäle, ohne Gerichtsverfahren erschießen zu lassen. Dies geschah am 30. Juni 1934 (der sog. *Nacht der langen Messer*) sowie am 1. und 2. Juli 1934. Die SA bestand zwar als Massenorganisation weiter, war aber entmachtet. Hitler stützte sich in Zukunft auf die ↑*SS.*

Saarland *n.* 1919 wurde durch den ↑*Versailler Vertrag* das aus Teilen der preußischen Rheinprovinz und der bayerischen Pfalz gebildete sog. *Saargebiet* (Hauptort: Saarbrücken) von D. abgetrennt und 15 Jahre lang der Verwaltung des Völkerbundes unterstellt. Die Nutzung der Kohlengruben wurde Frankreich übertragen; das S. wurde 1925 an das frz. Zollgebiet an-gegliedert. Die im Versailler Vertrag vorgesehene Volksabstimmung über die Zukunft des Gebietes mit drei Möglichkeiten (Beibehaltung des Status quo, Anschluß an Frankreich oder Rückkehr ins Dt. Reich) fand im Januar 1935 statt. Eine überwältigende Mehrheit (90,8%) stimmte für die Rückkehr ins Dt. Reich, die bald darauf erfolgte. Nur knapp 9% hatten für den Status quo gestimmt. Nach dem ↑*Weltkrieg II* besetzte Frankreich das S. aufs neue, wie schon nach dem ↑*Weltkrieg I* vor allem, um die Kohlevorkommen für seine lothringische Stahlindustrie zu nutzen. Das S. wurde ein autonomes Gebiet in Wirtschaftsunion mit Frankreich. 1957 wurde es nach einer Abstimmung gegen dieses sog. Saarstatut (67% Gegenstimmen) an D. zurückgegeben und bildet seitdem ein eigenes Bundesland (↑*Länder*).

Sachsen. 1. *Sachsen mpl.* Ursprünglich ein westgermanisches Volk im Gebiet zwischen Elbe, Nordsee (mit Ausnahme von ↑*Friesland*) und Rhein. Die S. wurden in den sog. Sachsenkriegen (772–804) von Karl dem Großen besiegt und mit Gewalt christianisiert; ihr Gebiet fiel an das Reich der ↑*Franken*. 2. *Sachsen (n).* Ehem. Herzogtum, das im 9. Jh. auf dem Gebiet der Sachsen (1.) entstand, später erweitert wurde und nach verschiedenen Teilungen zerfiel. Es entsprach z. T. dem Gebiet der heutigen Bundesländer *Niedersachsen, Schleswig-Holstein* und *Sachsen-Anhalt.* 3. Das heutige *Land Sachsen* war ursprünglich ein Gebiet unter der Herrschaft der ↑*Wettiner;* der Name S. wurde so vom Gebiet des heutigen

Niedersachsen auf die ursprünglich slawischen, im Zuge der Ostkolonisation (↑*Drang nach Osten*) erorberten, weiter östlich gelegenen Gebiete übertragen. Es wurde Kurfürstentum (↑*Kurfürst*), erfuhr eine Reihe von Gebietsveränderungen und wurde 1806 zum Königreich erhoben. Seine Könige regierten bis 1918, dann wurde S. Freistaat. 1952 wurde es in der ↑*DDR* in ↑*Bezirke* eingeteilt und nach der ↑*Wiedervereinigung* als Land wiederhergestellt (↑*Länder*). 4. 1816 wurde aus preußischen, sächsischen und Mainzer Gebieten die *Provinz Sachsen* errichtet. Nach 1945 schloß die sowjetische Besatzungsmacht die *Provinz Sachsen* und das Land *Anhalt* zum Land *Sachsen-Anhalt* zusammen. 1952 wurde es in ↑*Bezirke* aufgeteilt und schließlich nach der ↑*Wiedervereinigung* wiederhergestellt (↑*Länder*). 5. *Niedersachsen,* heute ein Land der BRD, wurde 1946 durch die britische Militärregierung aus der ehem. Provinz Hannover und den Ländern Braunschweig, Oldenburg und Schaumburg-Lippe gebildet.

Samstag, langer ~ *m.* Der erste Samstag im Monat, an dem die Geschäfte, v. a. Kaufhäuser, die an den übrigen Samstagen mittags schließen, länger (bis 16 oder 18 Uhr) geöffnet sind, allerdings meist nur in Großstädten und dort hauptsächlich in der Stadtmitte und in Einkaufszentren.

Sankt Pauli *n.* Berühmtes Vergnügungsviertel in Hamburg mit Kabaretts, Tanzlokalen, Kneipen, Sex-Shows, Bordellen usw., der Rue Pigalle in Paris vergleichbar. Die beiden

Hauptstraßen von St. P. sind die *Reeperbahn* und die *Große Freiheit.*

Saumagen *m* ↑Wurstwaren.

SB, *Selbstbedienungs-.* So werden Einrichtungen bezeichnet (SB-Tankstelle, SB-Laden, SB-Waschsalon etc.), die wenig Personal haben, mit standardisierten Angeboten besonders rationell arbeiten und auf Beratung und Betreuung der Kunden weitgehend verzichten. Dadurch sind sie oft preisgünstiger für den Benutzer.

S-Bahn *f* ↑U-Bahn.

SBZ *f* ↑Besatzungszonen.

Schafkopf *n* ↑Kartenspiele.

Schildbürgerstreich *m.* Ein altes dt. Volksbuch des 16. Jh. erzählt von den törichten Streichen der Bürger des literarisch fingierten Ortes Schilda (heute Schildau in Sachsen), die „klüglich reden und kindisch handeln". Ein Sch. ist somit eine naivdümmliche, lächerliche Handlungsweise, durch die der eigentliche Zweck eines Vorhabens verfehlt wird.

Schillerwein *m* ↑Weine.

Schlagende Verbindungen *fpl* ↑Studentenverbindungen.

Schlesien (*n*) ↑Ostgebiete, ↑Preußen.

Schleswig-Holstein (*n*). Heute das nördlichste Bundesland (Hauptstadt: Kiel) zwischen Elbe, Nordsee und

Ostsee mit dem Süden der Halbinsel Jütland, den nordfriesischen Inseln und der Insel Helgoland. Die Grafschaft *Holstein* wurde 1386 mit dem Herzogtum *Schleswig* vereinigt. Nach 1460 war Sch. H. in verschiedener Form mit Dänemark verbunden (zuerst in Personalunion, später als ein Teil Dänemarks). Nach dem dt.-dänischen Krieg von 1864 fiel es zuerst an ↑*Preußen* und Österreich, 1867 wurde Sch. H. preußische Provinz. Nach dem ↑*Weltkrieg I* wurde in Schleswig gemäß dem ↑*Versailler Vertrag* eine Volksabstimmung durchgeführt (wegen der in Sch. lebenden Dänen, ↑*Minderheitensprachen*). Nordschleswig kam zu Dänemark, Südschleswig blieb bei D. 1946 wurde Sch. H. ein selbständiges Bundesland mit allen demokratischen Rechten für die dänische Minderheit (1955 Außerkraftsetzung der 5%-Sperrklausel für dänische Landtagsabgeordnete).

Schloß *n* ↑Burg und Schloß.

Schorle *f.* Mischgetränk aus Weiß- oder Rotwein mit Mineralwasser. Die Mischung von Apfelsaft und Mineralwasser heißt *Apfelschorle.*

Schrebergarten *m.* Ein Kleingarten, meist am Rande der Stadt, zur Erholung, zum Anbau von Gemüse, Obst und Schnittblumen. Meist sind viele solcher Gartenparzellen zusammengefaßt zu einer Kleingartensiedlung. Man nennt sie auch Laubenkolonien, da häufig ein kleines Holzhaus, eine Laube, in diesen Gärten steht. Der Name geht zurück auf den dt. Arzt und Pädagogen Daniel Gottlieb Mo-

ritz Schreber, der im 19. Jh. als Leiter einer orthopädischen Heilanstalt in Leipzig Spielplätze mit Kinderbeeten und Gärten für Erwachsene anlegen ließ.

Schuhplattler *m.* Ein bes. in Oberbayern und Tirol verbreiteter Volkstanz, wobei die Mädchen sich gleichmäßig drehen und die Burschen – um Aufmerksamkeit werbend – stampfen, springen, juchzen und mit den Händen auf Schenkel, Gesäß und Schuhsohlen schlagen. Dieses Schlagen mit der flachen, der platten Hand nennt man „platteln". Nach diesem Werbezeremoniell wird gemeinsam ein ↑*Ländler* getanzt.

Schultüte *f.* Große, spitze, meist bunte, mit Süßigkeiten gefüllte Tüte aus Pappe, die die Kinder an ihrem ersten Schultag als Geschenk erhalten.

Schulwesen *n.* Bez. für alle schulischen Institutionen der allgemeinen Ausbildung und Fortbildung. Das gesamte Sch. steht unter staatlicher Aufsicht. Die Organisation liegt überwiegend in der Kompetenz der ↑*Länder* („Kulturhoheit"), deshalb gibt es kein für die gesamte BRD geltendes Schulgesetz. Das Schulsystem der ehem. DDR wurde jedoch weitgehend an das der alten Länder angepaßt. Die immer noch unterschiedlich lange Schulzeit bis zum *Abitur* – 13 Jahre in den alten und 12 in den neuen Bundesländern – führte 1990/1991 zu einer Verschärfung der seit Anfang der 80er Jahre geführten Diskussion um die Schulzeitverkürzung. Die *Grundschule* (Klassenstufen 1–4: Primarstufe) ist für alle Kinder, die das 6. Lebensjahr vollendet haben, bis zur 4. Stufe gleich. Für das 5. und 6. Schuljahr gibt es in einigen Bundesländern – in anderen erst versuchsweise – eine Orientierungsstufe, um die Entscheidung für einen der drei weiterführenden Schultypen (*Hauptschule, Realschule* oder *Gymnasium*) zu erleichtern. Die *Hauptschule* (Klassenstufen 5 bzw. 7 bis 9 bzw. 10: Sekundarstufe I) ist eine auf der Grundschule oder den Orientierungsstufen aufbauende, weiterführende, allgemeinbildende Schule mit Unterricht in einer modernen Fremdsprache, Arbeits- und Wirtschaftslehre und differenziertem Fachunterricht. Die *Realschule* (Klassenstufen 5–10 bzw. 7–10) ist eine auf der Grundschule oder den Orientierungsstufen aufbauende, allgemeinbildende Schule mit Abschlußprüfung (die sog. *mittlere Reife*). Ein Wahlpflichtbereich umfaßt in der Regel eine zweite Fremdsprache und eine berufsorientierte Fächerkombination. In der Mehrheit der Bundesländer ist man bestrebt, Durchlässigkeit zwischen den Schultypen zu schaffen, so daß (bei Qualifikation) Schüler nach der Klasse 6 z. B. von der *Hauptschule* zur *Realschule* oder nach der Klasse 10 von der *Realschule* zum *Gymnasium* überwechseln können. *Gesamtschulen* sind Schulzentren, in denen die herkömmlichen Schularten (*Hauptschule, Realschule, Gymnasium*) entweder nur räumlich oder auch organisatorisch zusammengefaßt sind. In der *integrierten Gesamtschule* gibt es in der Orientierungsstufe einen für alle Schüler verbindlichen Stundenplan. Später unterscheiden sich die Leistungspläne der Schüler je nach ihren Neigungen und Fähigkeiten in den einzelnen Fächern. Das *Gymnasium* (Klassenstufen 5–13 bzw. 7–13, wobei 11 bis 13 Sekundarstufe II genannt wird, jeweils bis 12 in den neuen Ländern) ist eine auf der Grundschule oder den Orientierungsstufen aufbauende, allgemeinbildende Schule, die zur Hochschulreife (*Abitur*) führt. Die *mittlere Reife* kann mit erfolgreichem Abschluß der 10. Klasse erworben werden und entspricht dem Realschulabschluß. 1972 wurde die Oberstufe des Gymnasiums reformiert (*Kurssystem, Kollegstufe*). Unter der Bez. *berufsbildende Schulen* werden die Berufs-, Berufssonder-, Berufsaufbau-, Berufsfach- und Fachoberschulen sowie Schulen der beruflichen Fortbildung (Fachschulen) zusammengefaßt. *Berufsschulen* werden von Schülern, die sich in der beruflichen Erstausbildung befinden (z. B. eine Lehre machen oder schon in einem Arbeitsverhältnis stehen) nach dem allgemeinen Schulabschluß und neben der praktischen Ausbildung in der Regel drei Jahre lang einmal wöchentlich besucht. *Fachschulen* werden als Tages- oder Abendschulen nach der Berufsausbildung und einigen Jahren Berufspraxis besucht. An Fachschulen kann u. a. die *Meisterprüfung* abgelegt werden. Die *Fachoberschulen* bauen auf einem Realschulabschluß auf und führen zur Fachhochschulreife. Die Schulgesetze der fünf neuen Bundesländer wurden von den Landtagen 1991 verabschiedet. Über Angleichungen zwischen den Schulen der alten und neuen Bundesländer – vor allem eine zwölfjährige Schulzeit bis zur Hochschulreife – wird noch (1993) diskutiert.

Schunkeln *n.* Nicht nur im rheinischen ↑*Karneval,* sondern auch auf anderen Volksfesten (↑*Feste*) bilden die Teilnehmer eine Kette, in der jeder den rechten und linken Nachbarn am Arm faßt (unterhakt) und im Rhythmus des Liedes, das meist von allen mitgesungen wird, hin- und herschaukelt oder „schunkelt".

Schützenfest *n.* Schützenvereinigungen oder Schützengilden dienten ursprünglich der Bürgerverteidigung. Im 15./16. Jh. war das Sch. das bürgerliche Gegenstück zum adeligen Turnier. Das heutige Sch., vor allem in ländlichen Gemeinden, ist ein buntes Volksfest. Die Schützen haben ihre eigenen Vereine, Fahnen, Schutzpatrone, historische Uniformen und veranstalten ihr Sch., um den besten Schützen, den sog. „Schützenkönig" zu ermitteln und zu feiern. Schützenvereine und Sch. spielen heute noch, vor allem in ländlichen Gegenden, eine große Rolle.

Schwaben 1. *Schwaben mpl.* Dt. Volksstamm in Südwestdeutschland, im heutigen Württemberg (↑*Baden-Württemberg*) und Bayerisch-Schwaben (↑*Bayern*). Die Sch. bilden zusammen mit Deutsch-Schweizern, Liechtensteinern, Vorarlbergern, Südbadenern und Elsässern die ethnische Gruppe der *Alemannen,* deren Dialekte auch die Gruppe des Alemannischen bilden (↑*Deutsche Sprache*). 2. *Schwaben* (*n*). Das *Herzogtum Schwaben* entstand im frühen Mittelalter und umfaßte die dt. Schweiz, Liechtenstein, das Elsaß, Südbaden, Württemberg und Bayerisch-Schwaben. Es wurde 1268 in viele Territorien aufgeteilt. 3. Heute wird Sch. als Gebietsname nur für *Bayerisch-Schwaben* (↑*Bayern*), nicht aber für Württemberg gebraucht, obwohl dessen Einwohner auch Sch. sind und schwäbischen Dialekt sprechen.

Schwartenmagen *m* ↑Wurstwaren.

Schwabenstreich *m* ↑Sieben Schwaben.

SED *f* ↑Parteien.

Sekt *m* ↑Weine.

Senat *m* 1. ↑*Länder* (Berlin, Bremen, Hamburg) =Exekutive; 2. ↑*Länder* (Bayern) = Zweite Kammer der Legislative; 3. ↑*Gerichtsbarkeit;* 4. höchstes beschlußfassendes Organ an ↑*Universitäten.*

Senioren *mpl.* Offizielle Bez. für ältere Menschen. Zu den sozialen Folgen der demographischen Entwicklung, die durch eine wachsende Zahl der über 60jährigen bestimmt ist, gehört ein erhöhter Bedarf an Einrichtungen wie *Seniorenheimen* (Altenheimen) und *Altenpflegeheimen:* Sie sind gedacht für ältere Menschen, die keinen eigenen Haushalt mehr führen wollen oder können, und werden von den Kommunen, ↑*Wohlfahrtsverbänden* oder Kirchengemeinden initiiert und getragen. In bestimmten Bereichen werden für S. Begünstigungen angeboten, z.B. in vielen Gaststätten ein *Seniorenteller* (eine leichtverdauliche oder speziell zubereitete Kost).

Senn(er) *m,* **Sennerin** *f* ↑Alm.

Sieben Schwaben, die ~ ~ *mpl.* Die Gestalten einer humoristischen, mittelalterlichen Erzählung, in der die Schwaben als naiv und ängstlich-dumm hingestellt werden. Der Stoff wurde verschiedentlich literarisch bearbeitet, u. a. auch in ↑*Grimms Märchen*. Man nennt daher noch heute eine unüberlegte, lächerlich wirkende Handlung einen *Schwabenstreich* (ähnlich dem ↑*Schildbürgerstreich*).

Siebenschläfer, der 27. Juni, ist einer der für die Wettervorhersage wichtigen Tage des Jahres („Lostag"), die als günstig oder ungünstig für den Beginn bestimmter Arbeiten gelten, v. a. in der Landwirtschaft. Diese Tage werden in Bauernregeln mündlich überliefert. Der Volksmund sagt: Regnet es an S., so regnet es sieben Wochen lang, da in Mitteleuropa häufig ein Kaltlufteinbruch Ende Juni/Anfang Juli eine längere Regenperiode einleitet.

Silvester *n* ↑Feste.

Simplicissimus, der ~. 1896 in München gegr., politisch-satirische Wochenschrift, an der u. a. der Schriftsteller Frank Wedekind und der norwegische Zeichner Olaf Gulbransson als Karikaturist mitarbeiteten. Erschien bis 1944, erneut von 1954–67 und nochmals 1980.

Skat *m* ↑Kartenspiele.

Soldatenkönig *m* ↑Hohenzollern, ↑Preußen.

Solidarpakt *m.* Um nach der ↑*Wiedervereinigung* im Osten D. die Auf-wärtsentwicklung auf eine breite Basis zu stellen und im Westen die konjunkturelle Schwächephase baldmöglichst zu überwinden und auch künftig dem „Standort D." im europäischen und weltweiten Wettbewerb einen Spitzenplatz zu sichern, haben ↑*Bund,* ↑*Länder* und ↑*Gemeinden,* ↑*Gewerkschaften* und Arbeitgeber, ↑*Parteien* und Verbände im S. ihre gemeinsamen Verantwortlichkeiten nochmals formuliert: Angemessene finanzielle Ausstattung der neuen Länder (aus Mitteln des Bundes und der alten Länder: „Fonds Deutsche Einheit"), Investitionsanreize für Unternehmer durch eine verläßliche Steuerpolitik (Ziel: „Aufschwung Ost"), Sicherung, Sanierung und Erneuerung industrieller Kerne im Osten (↑*Treuhand*), aktive Arbeitsmarktpolitik (Garantie von Ausbildungsstellen), Einsparungen bei Bund und Ländern, Solidaritätszuschlag der Bürger (7,5% ab 1995), maßvolle Tarifpolitik, Absatzförderung für Produkte aus den neuen Ländern („Einkaufsoffensive neue Bundesländer"), Transfer von Fach- und Führungskräften, Unternehmenskooperation, Betriebspatenschaften, Mittel zur Erhaltung der kulturellen Substanz, und v. a. Förderung des sozialen und privaten Wohnungsbaus („Aufbau Ost") und der Infrastruktur sowie der Organisations- und Verwaltungsstrukturen.

Sommerloch *n.* Die Ferien- und Urlaubszeit im Hochsommer, in der in D. relativ wenig in Politik, Wirtschaft und im kulturellen Leben geschieht, weswegen auch die Massenmedien weniger und meist Unwichtiges (aus dem Inland) zu berichten haben.

Sorben *mpl* ↑Minderheiten.

Sorbisch *n* ↑Minderheitensprachen.

Sozialgerichtsbarkeit *f* ↑Gerichtsbarkeit.

Sozialhilfe *f* ist die gesetzlich geregelte, öffentliche Fürsorge, die ein Existenzminimum garantieren soll. Anspruch auf S. hat, wer sich weder selbst helfen kann, noch von anderer Seite (Familienangehörige) ausreichende Hilfe erhält, um ein menschenwürdiges Leben führen zu können. Sie umfaßt Hilfe zum Lebensunterhalt, zur Arbeit, zur Pflege für Alte, Behinderte und Blinde, fortlaufende oder einmalige Leistungen. Zuständig für S.-Anträge ist das *Sozialamt* der Stadt oder des Landkreises. (Nichtdeutsche mit festem Wohnsitz in D. erhalten in der Regel nur Hilfe zum Lebensunterhalt, Kranken- und Schwangerschaftshilfe, Asylbewerber und ausreisepflichtige Ausländer meist nur Hilfe zum Lebensunterhalt oder Sachleistungen.)

Sozialversicherung *f*. Alle Arbeitnehmer (Arbeiter und Angestellte, nicht aber Beamte) sind unter einer bestimmten Lohn- und Gehaltsstufe für den Krankheits- und Rentenfall pflichtversichert. Den Beitrag zahlen je zur Hälfte Arbeitnehmer und Arbeitgeber. Das Gleiche gilt für die obligatorische Unfall- und Arbeitslosenversicherung (Arbeitslosengeld und -unterstützung). Die *AOK* (Allgemeine Ortskrankenkasse) ist im Normalfall die Kasse für alle Versicherungspflichtigen, die nicht einer Betriebs-, ↑*Innungs-*, Landwirtschafts-, Knappschafts- (↑*Kohlenpott*) oder Ersatzkasse (freiwilliger Beitritt) angehören. Die *BfA* (Bundesversicherungsanstalt für Angestellte) garantiert durch die Versicherungspflicht der Angestellten die Alters-, Berufs- bzw. Erwerbsunfähigkeitsversorgung der Angestellten sowie die Versorgung der Hinterbliebenen.

Spätzle *npl*. Nach klassischer Zubereitungsart wird für diese nudelähnliche Speise ein Teig aus Mehl, Salz, Eiern und Wasser auf ein Brett gestrichen, mit einem Messer in kleinen Flocken heruntergeschabt und in kochendem Wasser kurz gegart. Häufig wird auch ein sog. *Spätzlehobel* verwendet. Dieses aus ↑*Schwaben* stammende Gericht ist im ganzen süddt. Raum beliebt.

SPD *f* ↑Parteien.

Spekulatius *m*. Weihnachtsplätzchen, gewürzt mit Zimt, Nelken, Kardamom und häufig mit Mandeln bestreut. Der typische S. stellt menschliche oder tierische Figuren dar, die nach alten Vorlagen in traditionellen Backformen (Modeln) modelliert werden.

Spezi *n*. Getränk aus Cola und Orangenlimonade, besonders erfrischend.

Spiegel, Der ~ ↑Presse.

Spökenkieker *m* (norddt.). Person, die angeblich „das zweite Gesicht" besitzt, die vermeintlich in die Zukunft oder Vergangenheit blicken kann und ihre Ahnungen wie ein „Seher" auch mitteilt.

Spree-Athen (*n.*) Bez. für die Stadt Berlin wegen der dort von Karl Friedrich Schinkel (1781–1841) „nach griechischen Formen und Constructionsweisen" errichteten Bauten (Neue Wache, Schauspielhaus, Schloß Tegel, Altes Museum, Schloß Charlottenhof im Park von Sanssouci bei Potsdam) und generell auch wegen der Pflege der Künste und Wissenschaften in Berlin.

Spruchkammer *f* ↑Entnazifizierung.

SS *f, Schutzstaffel.* 1925 zunächst als paramilitärische Eliteorganisation der ↑*SA* gegründet. Die SS-Leute trugen schwarze Uniformen, im Gegensatz zu den braunen der SA. 1929 wurde Heinrich Himmler zum *Reichsführer der SS* ernannt. Nach dem Röhm-Putsch im Jahre 1934 wurde die SS eine selbständige Organisation und entwickelte sich zum wichtigsten Machtfaktor des NS-Regimes (↑*Drittes Reich,* ↑*Nationalsozialismus*). Die 1940 aus der sog. SS-Verfügungstruppe enstandene *Waffen-SS* wurde zur politisch zuverlässigsten Elitetruppe des Regimes und trat in Konkurrenz zur ↑*Wehrmacht.* 1936 wurde Himmler Chef der deutschen Polizei, 1939 wurden die Kriminalpolizei, die geheime Staatspolizei (↑*Gestapo*) und der Sicherheitsdienst der SS in einer neuen Behörde, dem sog. *Reichssicherheitshauptamt* (RSHA) zusammengefaßt, so daß sich der gesamte Sicherheits- und Terrorapparat des Staates in den Händen der SS befand. Leiter des RSHA war der später von tschechischen Patrioten ermordete Reinhard Heydrich. Eine Abteilung des RSHA

unter Adolf Eichmann war für die sog. Endlösung der Judenfrage (↑*Antisemitismus*) zuständig. Das Hauptquartier des RSHA mit seinen berüchtigten Kellergefängnissen befand sich in der Prinz-Albrecht-Straße in Berlin, weshalb der Name der Straße oft symbolisch für das RSHA verwendet wird. Auch die militärische ↑*Abwehr* wurde gegen Kriegsende dem RSHA unterstellt. Der Internationale Militärgerichtshof von Nürnberg erklärte 1946 die SS zu einer verbrecherischen Organisation. ↑*Nürnberger Kriegsverbrecherprozeß.*

Staatsminister(in) *m/f* 1. ↑Bundeskanzler; 2. ↑ Länder (Bayern, Sachsen).

Staatsrat *m* ↑DDR.

Staatssymbole. 1. *Hymnen.* Das *Deutschlandlied* („Deutschland, Deutschland über alles..."), 1841 von Hoffmann von Fallersleben geschrieben, wurde 1922 zur dt. Nationalhymne erklärt und von 1933 bis 1945 stets zusammen mit dem *Horst-Wessel-Lied* (nach seinem Urheber benannte Kampflied der NSDAP: „Die Fahne hoch...", 1927) gesungen (↑*Nationalsozialismus*). Letzteres wurde von den Alliierten verboten. Die dritte Strophe des Deutschlandliedes „Einigkeit und Recht und Freiheit..." ist seit 1952 offizielle Hymne der BRD. Die Hymne der ehem. DDR „Auferstanden aus Ruinen" verschwand 1990 nach der ↑*Wiedervereinigung.*
  2. *Flaggen.* Die schwarz-weiß-rote Flagge der Kaiserzeit wurde in der

Weimarer Republik durch die schwarz-rot-goldene Flagge ersetzt. – Hitler führte als Symbol seiner Bewegung (1919/20) das *Hakenkreuz* ein. 1935 wurde die *Hakenkreuzfahne* (roter Grund mit weißem Kreis, darin schwarzes Hakenkreuz) Reichs- und Handelsflagge des Deutschen Reiches. – 1945–1948 waren alle Zeichen dt. Staatlichkeit verboten, auch die dt. Farben schwarz-rot-gold. – *Hammer und Zirkel,* nach dem Vorbild von Hammer und Sichel (kommunistisches, speziell sowjetisches Symbol) entworfen, wurden 1959 offiziell als Staatswappen der ehem. DDR in die schwarz-rot-goldene Flagge gesetzt. Der Hammer im Ährenkranz als Symbol des „Arbeiter- und Bauernstaates" war 1953 durch den Zirkel als Sinnbild der „technischen Intelligenz" ergänzt worden. – Die Flagge der BRD (seit 1949) ist ebenfalls schwarz-rot-gold, der *Bundesadler* (in der Tradition des gekrönten Reichsadlers) ist das Wappentier der BRD.

Stadtrat, -rätin *m/f* ↑ Gemeinde.

Stahlpakt *m* ↑Achsenmächte.

Stalingrad (*n*) ↑ Weltkrieg II.

Stammtisch *m.* Tisch in einer Gaststätte, der für einen Kreis von Gästen reserviert wird, die regelmäßig, z.B. zum ↑*Kartenspielen,* zusammenkommen. Auch Bez. für den Personenkreis oder das Zusammenkommen selbst. *Stammtischpolitik* ist die pej. Bez. einer unsachlichen, mit Emotionen und Pauschalurteilen

geführten politischen Diskussion, wie sie oft am S. stattfindet.

Stasi *f, Staatssicherheit.* Das Ministerium für Staatssicherheit (MfS) der ehem. DDR, das 1950 errichtet wurde. Seine Aufgaben waren vor allem die innere Herrschaftssicherung und der Kampf gegen antikommunistische Aktivitäten. 1989 hatte es 85 000 Informanten. Es kontrollierte das gesamte Leben in der ehem. DDR (ähnlich wie unter dem NS-Regime die ↑*Gestapo),* hatte zum Teil die Kirchen unterwandert, schaltete politische Gegner aus (Berufsverbot oder Entlassung, Einweisung in psychiatrische Kliniken) und machte sich vieler Verbrechen gegen Menschenrechte und Menschlichkeit schuldig (↑*Gauck-Behörde).* Am 17. Dezember 1989, also noch vor der ↑*Wiedervereinigung,* wurde das MfS aufgelöst.

Ständige Konferenz der Kultusminister ↑KMK, ↑Universitäten.

Stehausschank *m,* auch *Stehbierhalle.* Einfaches Lokal, in dem man sein Bier, dazu aber auch Schnäpse und Liköre, im Stehen trinkt.

Steinhäger *m* ↑Liköre und Schnäpse.

Sternsinger *mpl.* Nach jahrhundertealtem Brauch ziehen in katholischen Gebieten um den 6. Januar (Dreikönigsfest oder Epiphanie) als Heilige Drei Könige verkleidete Kinder von Haus zu Haus, singen alte Lieder von den drei Königen, die dem Stern zur Krippe folgten, bitten um kleine Geschenke und Spenden und schreiben auf Wunsch mit Kreide die Jahreszahl und „C+M+B" (Christus mansionem benedicat = Christus segne dieses Haus) auf den Türbalken. 1958 wurde dieses „Dreikönigssingen" vom Päpstlichen Missionswerk der Kinder (PMK) unter das Leitmotiv „Kinder helfen Kindern" gestellt. Mit dem für notleidende Kinder gesammelten Geld werden Projekte vorwiegend in Asien, Afrika und Lateinamerika unterstützt.

Stiftung preußischer Kulturbesitz ↑Bibliotheken.

Stiftung Warentest *f.* Die 1964 mit Bundesmitteln gegr. Stiftung informiert in ihrer monatlich erscheinenden Zeitschrift *test* neutral und objektiv über Nutz- und Gebrauchswert von Waren und Dienstleistungen, die nach wissenschaftlichen Methoden geprüft und verglichen werden. Dadurch erleichtert sie dem Verbraucher die Marktbeurteilung, marktwirtschaftliches Verhalten, umfassenden Qualitäts- und Preisvergleich sowie die Anwendung individuell möglicher Umweltschutzmaßnahmen. Seit Dezember 1990 erscheint zweimonatlich auch die Zeitschrift *FINANZtest* mit Ratschlägen zu Geldanlagen, Steuer- und Rechtsfragen, zur privaten Vorsorge, zu Ausgaben im Freizeitbereich. Speziell für die neuen ↑*Länder* erscheint seit 1991 auch *Test&Rat.* ↑*Verbraucherschutz.*

Stiftungen *fpl* sind Institutionen mit eigener Rechtspersönlichkeit, die entweder ein vom Stifter gegebenes Vermögen für einen bestimmten Zweck

verwenden oder von anderer Seite finanzielle Mittel zur Förderung des Stiftungszwecks erhalten. Die *Alexander-von-Humboldt-S.* (Sitz Bonn), gegr. 1860, förderte bis 1923 Forschungsreisen dt. Wissenschaftler ins Ausland, ab 1925 bereits ausländische Wissenschaftler beim Studium in D. (bis 1945) und vergab seit ihrer Neugründung (1953) Stipendien an rund 14 000 Wissenschaftler aus 100 Ländern. Zur Zeit sind es 600 Forschungsstipendien pro Jahr für *hochqualifizierte Wissenschaftler,* rund 150 Forschungspreise, rund 20 ↑*Max-Planck-Forschungspreise* für ausländische und dt. Forscher aller Fachrichtungen und Nationen sowie 150 Forschungsstipendien für Deutsche, dazu 30 für Aufenthalte in Japan. Einziges Auswahlkriterium ist die wissenschaftliche Qualifikation. Die *Studienstiftung des dt. Volkes* (Sitz Bonn, gegr. 1925, 1934 aufgelöst, 1948 wiedererrichtet) betreut und vergibt Stipendien an hochbegabte dt. Studenten und Doktoranden. Die *S. Volkswagenwerk* (Sitz Hannover), gegr. 1961, fördert Wissenschaft und Technik in Forschung und Lehre, v. a. überwissenschaftliche Institute und Veranstaltungen. Die *Carl-Duisberg-Gesellschaft* fördert dt. und ausländische Nachwuchskräfte der Wirtschaft. Ziele der „parteinahen" S. sind politische Bildungsarbeit, aber auch Begabtenförderung, Forschung und internationale Zusammenarbeit. Die älteste der parteinahen S. ist die *Friedrich-Ebert-S.,* gegr. 1925 nach dem Tod des ersten demokratisch gewählten Präsidenten der dt. Republik, um „jungen, befähigten Proletariern" ein Hochschulstudium zu ermöglichen, 1933 verboten. Nach dem Krieg wurde ihr Hauptziel, Demokratieverständnis und demokratische Strukturen im In- und Ausland (weltweite Verbindungsbüros) zu fördern. Dt. und ausländische Studierende werden monatlich unterstützt; in Bildungszentren finden Tagungen zu politischen Themen statt, die Bibliothek mit über 300 000 Bänden am Sitz der S. in Bonn dokumentiert die Geschichte der Arbeiterbewegung. Die *Konrad-Adenauer-S.*, gegr. 1964, benannt nach dem ersten Kanzler der ↑*BRD*, ist den Prinzipien der christlich-demokratischen Bewegung verbunden. Sie verfügt über Forschungs- und Bildungsinstitute in D., ihre Außenstellen pflegen Kontakt zu ähnlichen Institutionen und demokratischen Parteien im Ausland. Ähnliche Ziele verfolgt die der CSU verbundene, in München ansässige *Hanns-Seidel-S.* (gegr. 1961). Die *Friedrich-Naumann-S.*, gegr. 1958, ist den Idealen des Liberalismus verpflichtet, die sie weltweit durch gezielte Aus- und Fortbildungsprogramme, Studien- und Promotionsstipendien fördert. Die *Deutsche S. für internationale Entwicklung* sowie kulturelle und wirtschaftliche Kontakte (*DSE*) konzentriert sich bes. auf ländliche Entwicklung, Ernährungssicherung und Förderung gewerblicher Bildungseinrichtungen in Entwicklungsländern durch Fortbildung von Ausländern in D. und Entsendung dt. Fachkräfte ins Ausland. Der *Stifterverband für die Deutsche Wissenschaft* informiert in einem Handbuch über alle weiteren S. und ihre Ziele.

Stollen *m,* auch *Christstollen.* Ein wie ein Brotlaib gerollter und mit Rosinen, Mandeln, Zitronat, manchmal auch mit Marzipan gefüllter, aus Dresden stammender Weihnachtskuchen. Inzwischen bieten Bäckereien auch das ganze Jahr über einfachere Quark-, Rosinen- u. a. Stollen an, doch das Backen des Christstollens ist im ↑*Advent* immer noch Brauch in vielen Familien.

Strafgerichtsbarkeit *f* ↑Gerichtswesen.

Strudel *m.* Eine bayerisch-österreichische Spezialität. Ein hauchdünn ausgerollter oder mit den Fingern „ausgezogener" Teig wird mit Äpfeln, Rosinen, Nüssen, Mohn, Quark u. a. gefüllt, gerollt und gebacken. Der S. wird warm oder kalt gegessen, als Kuchen oder Nachspeise (auch mit Vanillesauce übergossen).

Struwwelpeter, Der ∼. Titelfigur der 1847 erstmalig erschienenen „lustigen Geschichten und drolligen Bilder für Kinder von 3–6 Jahren" von Heinrich Hoffmann. Typisch für den S. ist sein Haar, das er sich nicht kämmen oder schneiden lassen wollte. Daher sagt man auch heute noch zu Kindern mit struppigem (strubbeligem) Haar, sie sähen aus wie ein S.

Studentenverbindungen *fpl* (*Korporationen*) spielten im 19. und 20. Jh. im akademischen Leben D. eine wichtige Rolle. Es sind Organisationen von Studenten und ehemaligen Studenten zur Förderung des Gemeinschaftslebens. Die S. haben ein besonderes Brauchtum (*Komment* genannt). Als Zeichen der Zugehörigkeit zu einer bestimmten S. tragen sie *Couleur,* eine Schirmmütze und ein Band in bestimmten Farben, bei feierlichen Anlässen Uniformen und Säbel. Die Zusammenkünfte der S. heißen *Kneipen,* auf denen getrunken und gesungen wird (oft aus dem sog. *Kommersbuch,* einer Sammlung von Studentenliedern). Bei den *schlagenden S.* gibt es die *Mensur,* einen Zweikampf mit Fechtwaffen, der auch als Mutprobe gilt. Bis Mitte dieses Jh. sah man viele Mitglieder und ehem. Mitglieder von S. mit einem *Schmiß,* einer aus einem solchen Kampf herrührenden Narbe im Gesicht. Die *nichtschlagenden S.,* z. B. katholische, lehnen Mensur u. ä. ab. Die schon im Berufsleben stehenden Mitglieder der S., die *alten Herren,* von denen viele in Politik, Verwaltung und Wirtschaft großen Einfluß haben, gewähren den jüngeren Mitgliedern der S. finanzielle, gesellschaftliche und berufliche Unterstützung. 1935 wurden vom NS-Regime alle S. verboten. Nach 1950 wurden sie z. T. neu gegründet, haben aber nicht mehr, besonders was die schlagenden S. betrifft, ihre frühere Bedeutung im Hochschulsektor. Zur Zeit erleben sie eine Wiedergeburt in der ehem. ↑*DDR.* ↑*Burschenschaften.*

Studienkolleg *n.* Institution an dt. ↑*Universitäten,* die ausländische Studienbewerber, deren Schulabschluß nicht als Äquivalent des dt. Abiturs (↑*Schulwesen*) anerkannt wird, ein Jahr lang besuchen müssen, um die Hochschulreife zu erlangen und ihre dt. Sprachkenntnisse zu verbessern (↑*Zweiter Bildungsweg*).

Sturm und Drang *m.* Bez. für eine geistige (v. a. literarische) Bewegung in D. (ca. 1765–1790), nach dem Titel eines Theaterstücks von F. M. Klinger (1776), der auf die ganze Bewegung übertragen wurde. Diese wegen ihres Glaubens an die geniale Originalität des Künstlers auch „Geniezeit" genannte Periode beruhte zunächst auf der Auflehnung gegen den Rationalismus der Aufklärung und die stilisierten Auswüchse des Rokoko und appellierte an die Selbsterfahrung und Befreiung des Individuums als Ganzheit. Gefühl, Sinnlichkeit, Leidenschaft und Spontaneität wurden betont. Naturerfahrung ist für den S. u. D. der Ursprung alles Lebendigen und Schöpferischen. Hauptvertreter dieser Bewegung sind in der Philosophie Herder, Lavater und Lichtenberg, in der Dichtung Goethe und Schubart, in der Prosa Goethe mit „Werther" und v. a. in der Dramatik Lenz, Klinger und Goethe mit „Götz von Berlichingen" sowie der junge Schiller mit seinem Drama „Die Räuber". Die literarische Produktion des S. u. D., die eher eine Übergangsphase zur dt. Klassik darstellte, strahlte später noch auf einzelne Autoren aus, z. B. auf Bert Brecht. Die Grundideen des S. u. D. von der schöpferischen Kraft des Individuums, von Natur, Genialität und der Freiheit gegenüber Tyrannei wirkten in der dt. Klassik, in der Romantik, im Expressionismus und darüber hinaus intensiv weiter.

Sudeten *fpl,* **Sudetendeutsche** *m/fpl,* **Sudetenland** *n* ↑ Münchner Abkommen.

Südweststaat *m* ↑ Baden-Württemberg.

T

Taler *m*. In D. bis 1908 gebräuchliche Münzeinheit, zuletzt als Bez. für eine Silbermünze im Wert von 3 Reichsmark. Der Name T. kommt von dem Ort St. Joachimsthal in Böhmen, wo Silbermünzen geprägt wurden (Joachimstaler; daraus entstand *Taler* und amerikanisch *Dollar*).

Tante-Emma-Laden *m*. Umgangssprachliche, fast liebevolle Bez. für den privaten, kleinen Gemischtwarenladen mit festem Kundenstamm aus der Nachbarschaft, der sich neben Großkaufhäusern und Supermärkten nur noch schwer behaupten kann. (Emma ist ein alter, biederer dt. Vorname und symbolisiert hier wohl Bodenständigkeit, Zuverlässigkeit, Nostalgie, Distanz zu modischen Trends und modernem Konsumverhalten).

Tarock *n* ↑ Kartenspiele.

Technische Hochschule *f* ↑ Universitäten.

Thüringen (*n*). Zwischen Sachsen, Bayern, Hessen und Sachsen-Anhalt gelegen, ist T. heute wieder ein eigenes Land (↑ *Länder*) mit Hauptstadt Erfurt. T. gehörte im Laufe seiner wechselvollen Geschichte nacheinander zum Frankenreich und zu Sachsen, war seit dem 16. Jh. in eine Reihe sächsischer Fürstentümer aufgeteilt, 1815 kam ein Teil des Gebietes von T. zu Preußen. 1920 wurden unter der ↑ *Weimarer Republik* drei ehem. Herzogtümer und vier ehem. Fürstentümer zum Land T. zusammengefaßt. 1952 wurde es in der damaligen ↑ *DDR* in die ↑ *Bezirke* Gera, Erfurt und Suhl aufgeteilt.

Till Eulenspiegel ↑ Eulenspiegel.

Tobel (*m* oder *n*) ↑ Alpen.

Touring-Club *m* ↑ Automobilclubs.

Trachten *fpl* ↑ Dirndl.

Treuhandanstalt *f*. 1990 nach der ↑ *Wiedervereinigung* neugeschaffenes Amt (Sitz Berlin) unter der Aufsicht des Bundesfinanzministers. Die T. hat die schwierige Aufgabe, die Staatswirtschaft der ehem. DDR in die soziale Marktwirtschaft zu überführen, denn seit Inkrafttreten der dt.-dt. Wirtschaftsunion am 1. Juli 1990 sollen die rund 8000 ehemals volkseigenen Betriebe (↑ *VEB*) und Kombinate privatisiert und zu wettbewerbsfähigen Unternehmen gemacht werden. In der Praxis hat die T. unter anderem darüber zu entscheiden, welche Betriebe eine Überlebenschance haben und Hilfe in Form von Krediten oder Bürgschaften brauchen, welche Maßnahmen zur Verbesserung der Ertragslage notwendig sind und welche Betriebe schließen müssen (↑ *Abwicklung*). Ziel ist es, den lebensfähigen Kern der Wirtschaft in der ehem. DDR zu sichern und das volkseigene Vermögen nutzbringend zu verwerten. Die T. ist nur für diese Übergangszeit vorgesehen.

Trizone *f* ↑Besatzungszonen.

Trümmerfrauen *fpl*. Jene Frauen, die nach dem ↑*Weltkrieg II* weitgehend alleine (ihre Männer waren im Krieg gefallen oder in Gefangenschaft) begannen, die Kriegsfolgen zu beseitigen, indem sie die Trümmer beiseite schafften, die zerbombten Häuser notdürftig bewohnbar machten, durch Tauschgeschäfte den Lebensunterhalt der Familie organisierten und die Städte wieder einigermaßen funktionsfähig machten. So bereiteten die T. die erste Phase des Wiederaufbaus vor. Über vierzig Jahre später wurde ihre Leistung noch einmal anerkannt, als ihre meist schlechte Altersversorgung aufgebessert wurde.

TU *f* ↑Universitäten.

Tünnes und Schäl *mpl* ↑Witzfiguren.

TÜV *m, Technischer Überwachungsverein.* Jeder Autobesitzer muß seinen Wagen alle 2 Jahre zur technischen Überprüfung bringen. Ein neuzugelassener Personenwagen muß erstmalig nach 3 Jahren, Lastwagen, Omnibusse oder Mietwagen jedoch jedes Jahr vorgeführt werden. Die am Autokennzeichen angebrachte *Prüfplakette* ermöglicht die Kontrolle, ob diese Verpflichtung auch eingehalten wurde. TÜV-Prüfstätten befinden sich in allen größeren Orten. Der TÜV kontrolliert aber auch andere technische Geräte und Anlagen und verleiht die Plakette „TÜV-geprüft". ↑*ASU*.

U

U. A. w. g. steht häufig unten in der linken Ecke auf Einladungskarten: *Um Antwort wird gebeten*. Diese Antwort kann schriftlich, telefonisch oder mündlich erfolgen.

Übersiedler *mpl* ↑Zuwanderung.

UFA *f* ↑Film, deutscher.

Universitäten *fpl,* **Hochschulen** *fpl.* In D. gibt es zur Zeit 290 Hochschulen. „Hochschule" ist der Sammelbegriff für die *Universitäten, Technischen Hochschulen* (TH), *Pädagogischen Hochschulen* (PH), *Gesamthochschulen* und die vergleichbaren anderen H. Die ersten U. im damaligen dt. ↑*Reich* wurden gegründet: 1348 in Prag (Karls-Universität), 1365 in Wien, 1386 in Heidelberg, 1388 in Köln, 1392 in Erfurt und 1409 in Leipzig. Von großer Bedeutung für alle dt. U. war die Gründung der U. Berlin (1809/10) nach den Prinzipien von Wilhelm von Humboldt: Die Freiheit der Lehre und Forschung soll die Studenten zu einer kritischen und selbständigen Auseinandersetzung mit der Wissenschaft führen. Unter dem NS-Regime wurden die U. vom Zentralismus der NSDAP bestimmt. Jüdische, aber auch nichtjüdische, regimekritische Professoren wurden verfolgt, und viele von ihnen emigrierten (z. B. Albert Einstein). Nach dem Zusammenbruch des ↑*Dritten Reiches* mußten die U. und H., die vielfach zerstört waren, neu aufgebaut und organisiert werden. Eine Reihe neuer U. wurde gegründet.

In der BRD unterstehen die U. den ↑*Ländern* (mit Ausnahme der Bundeswehr-H.). Für eine gewisse Koordinierung der Hochschulpolitik wurden die *Ständige Konferenz der Kultusminister* (↑*KMK*) der Länder und die *Hochschulrektorenkonferenz* (bis 1990 „Westdeutsche Rektorenkonferenz") geschaffen. 1968 erhielt der ↑*Bund* die Kompetenz zur Rahmengesetzgebung für die dt. H.; er beteiligt sich seitdem mit 50% an den Hochschulbauten und finanziert Sonderprogramme (1976 *Hochschulrahmengesetz*). Die ständig wachsenden Studentenzahlen der 70er und 80er Jahre machten in einer Reihe von Fächern die Einführung von Zulassungsbeschränkungen, den sog. *Numerus clausus*, notwendig (Zentrale Vergabestelle in Dortmund). 1992 gab es in D. 1,8 Mio. Studenten. Die Integration der H. der ehem. ↑*DDR* nach der ↑*Wiedervereinigung* wirft eine Reihe von Problemen auf, wie z.B. personelle Erneuerung und Personalabbau, Gründung von Fachhochschulen u.ä. 1990 gab es in D. 290 H.: 77 U. und diesen gleichgestellte H., eine integrierte Gesamthochschule, 17 selbständige Pädagogische H., 16 Theologische H., 42 Kunsthochschulen, 121 Fachhochschulen (darunter 24 Verwaltungshochschulen), ferner 16 sonstige H. in den neuen Bundesländern. Die meisten H. sind staatliche Institutionen der Länder, einige gehören der Kirche, Stiftungen, dem Bund (Bundeswehr-H.) oder sind rein private U.

Voraussetzung für ein Hochschulstudium ist in der Regel das Abitur (↑*Schulwesen*). Die Regelstudienzeit beträgt meist 8–10 *Semester* (Studienhalbjahre) plus Prüfung. Es gibt folgende akademische Abschlußprüfungen: *Diplom*, v.a. für Technik und Naturwissenschaften; *Magisterprüfung*, v.a. an Philosophischen Fakultäten (Titel: *M.A.*) und *Staatsexamen* für zukünftige Lehrer, Ärzte und Juristen (↑*Referendar*). Die U. und viele andere H. haben auch das Recht zur *Promotion* (Verleihung des Doktorgrades, Abk. *Dr.*) nach Annahme einer Doktorarbeit (*Dissertation*) und einer mündlichen Prüfung, sowie zur *Habilitation*, mit der die Lehrbefähigung an Hochschulen erworben wird. Die U. können Personen, die sich um die Wissenschaften besonders verdient gemacht haben, den Titel eines Ehrendoktors (*Dr.h.c.* = Dr. honoris causa oder *Dr.eh.* = Dr. ehrenhalber) verleihen.

Den U. vergleichbar sind die *Technischen Hochschulen* und *Technischen Universitäten*, an denen bes. technische und naturwissenschaftliche Fächer, z.T. auch Medizin gelehrt werden. An *Pädagogischen Hochschulen* (PH) werden Lehrer für Grund- und Hauptschulen (↑*Schulwesen*), *Sonderschulen* (für körperlich/geistig behinderte Kinder) und meist auch für Realschulen und die unteren Klassen des Gymnasiums (sog. Sekundarstufe I) ausgebildet. Pädagogische H. bestehen nur noch in Baden-Württemberg, Schleswig-Holstein, Sachsen-Anhalt und Thüringen. In den übrigen Ländern wurden sie in die U. integriert. Neben den traditionellen U. kam 1968 als neuer Hochschultyp mit einem verkürzten Studium, stärkerer Praxisorientierung und längeren Berufspraktika während des Studiums die sog. *Fach-*

hochschule (FH) dazu (v.a. für Sozialberufe, Technik und Wirtschaftswissenschaften; Abschluß meist ein Diplom, mit dem Zusatz „FH"). Die *Gesamthochschulen* entstanden durch die Integration von U., Pädagogischer Hochschule, Fachhochschule und z.T. Kunsthochschule. Es gibt heute praktisch nur noch eine echte Gesamthochschule, die von Kassel, die übrigen nennen sich heute „Universität-Gesamthochschule". An den 31 *Kunst- und Musikhochschulen* der BRD werden bildende Künste, Musik, Architektur, Design u.a. unterrichtet. *Hochschulen der Bundeswehr* (vgl. oben) gibt es in Hamburg und München. An den *kirchlichen Hochschulen* und *Fachhochschulen* werden neben Theologen und Religionslehrern vor allem Sozialpädagogen und Sozialarbeiter ausgebildet. Eine *Fernuniversität* besteht in Hagen (Westfalen).

An der Spitze der U. steht entweder ein für zwei Jahre gewählter *Rektor,* der Professor der betreffenden U. sein muß, oder ein auf vier Jahre gewählter *Präsident,* der nicht der U. angehören muß. Der Leiter der Verwaltung der U. ist der vom jeweiligen Kultusministerium ernannte *Kanzler.* Die U. sind in *Fakultäten* oder *Fachbereiche* eingeteilt. Jede U. besitzt ein Gremium, das ihre jeweilige Grundordnung (Verfassung) oder deren Abänderung beschließt und den Rektor oder Präsidenten wählt („Hochschulrat", „Versammlung") sowie einen *Senat* als höchstes beschlußfassendes Organ für die laufenden Geschäfte. Das beschlußfassende Organ der Fakultäten und Fachbereiche heißt in beiden Fällen *Fachbereichsrat.* Es wählt jeweils den *Dekan,* der die Fakultät oder den Fachbereich leitet, und seinen Vertreter, den *Prodekan.* In allen diesen Gremien sind die Professoren, wissenschaftlichen Mitarbeiter, nichtwissenschaftlichen Mitarbeiter und Studenten vertreten. Die Forschung und Lehre vollzieht sich in *Seminaren* und *Instituten* der einzelnen Fachbereiche oder Fakultäten. Es gibt auch gesamtuniversitäre Institute und daneben zentrale Einrichtungen der U.: Verwaltung, Universitätsbibliothek, Sportzentrum, Sprachenzentrum, akademisches Auslandsamt (für ausländische Studenten und Auslandsstudium dt. Studenten), Studienberatung, Rechenzentrum usw. Bedürftige Studenten können durch das ↑*Bafög* unterstützt werden. Das Studium an den staatlichen Hochschulen in D. ist (bisher) unentgeltlich, auch für sog. *Gasthörer,* die kein Examen anstreben.

V

V1, V2 Abk. für die in der letzten Phase des ↑*Weltkriegs II* (1944/1945) von D. eingesetzten sog. *Vergeltungswaffen* (als Vergeltung für die alliierten Luftangriffe auf D. gedacht), die in *Peenemünde* (Vorpommern) entwickelt worden waren. Die V1 war eine Art unbemanntes Flugzeug, ein Marschflugkörper mit ca. 600 km Aktionsradius und 250 km/h Geschwindigkeit, die V2 eine Rakete mit 250 km Aktionsradius und 5000 km/h Geschwindigkeit. Die V-Waffen, die v.a. gegen London eingesetzt wurden, richteten großen Schaden an, konnten aber nicht, wie es die

NS-Führung erhofft hatte, eine Wende des Krieges herbeiführen. Die von dt. Wissenschaftlern, bes. von Hermann Oberth (1894–1989) und Wernher von Braun (1912–1977) entwickelten Raketen schufen die Basis für die Erforschung des Weltraums, denn eine Reihe dt. Wissenschaftler aus Peenemünde arbeitete nach dem Weltkrieg teils in der Sowjetunion, teils in den USA an der Entwicklung der Weltraumraketen.

Vaterländischer Verdienstorden *m* ↑ Orden und Ehrenzeichen.

Vatertag *m* ↑ Feste.

VEB, *Volkseigener Betrieb m.* Der VEB war nach 1945 die wichtigste Eigentumsform an Produktionsmitteln sowie die bedeutendste Wirtschaftseinheit der DDR. Der VEB arbeitete in ökonomisch-rechtlicher Eigenverantwortlichkeit (aber mit geringer Bewegungsfreiheit) auf der Grundlage staatlicher Pläne. Die Leitung des VEB erfolgte nach dem „Prinzip der Einzelleitung bei kollektiver Beratung". Die Mitwirkung der sog. Werktätigen (Arbeiter) war rechtlich verankert und wurde durch den FDGB (↑ *Gewerkschaften*) wahrgenommen.

Verbraucherschutz *m.* Neben den gesetzlichen Regelungen zum Verbraucher- oder Konsumentenschutz (Preis-, Gewichts- und Qualitätsangaben, Rabattgesetz, Kreditbedingungen, Mieterschutz, Maklergebühren u. a.) informieren und beraten Interessengemeinschaften aller Art, aber auch *Verbraucherzentralen* der Bundesländer sowie der Bundesausschuß für volkswirtschaftliche Aufklärung, 1953 zusammengefaßt in der „Arbeitsgemeinschaft der Verbraucherverbände" (AGV), die in verschiedenen Bundesministerien und Fachausschüssen Mitspracherecht hat (vgl. auch ↑ *Stiftung Warentest*). *Beratungsstellen* zum V. gibt es im gesamten Bundesgebiet, und jeder kann sich dort Information und Beistand holen.

Vereine *mpl.* Trotz vieler individueller Möglichkeiten der Freizeitgestaltung sind V. in D. nach wie vor sehr beliebt. Insgesamt 60% aller Dt. sind Mitglieder in einem oder mehreren der 280 000 V. (Gesellschaften, Klubs). Besonders beliebt sind Sportvereine, Kegelklubs und Schützenvereine. Nach einer Studie von 1991 betrugen die Mitgliedschaften bei V. in D. 1991: 23,2 Mio. in Sportvereinen; 12,8 Mio. in Automobilclubs; 8,5 Mio. in Jugendverbänden; 6,5 Mio. in Geselligkeitsvereinen; 3,9 Mio. in Musikverbänden; 3,6 Mio. in Volkstumsvereinen; 2,7 Mio. in musikkulturellen V.; 2,1 Mio. in Wandervereinen (↑ *Wandern*); 1,3 Mio. in Tiervereinen; 1,2 Mio. in ↑ *Seniorenclubs;* 1 Mio. in Hobbyvereinen; 0,8 Mio. in Schrebergärtnerverbänden (↑ *Schrebergarten*). Die meisten V. haben ein eigenes Klubhaus oder Vereinslokal für geselliges Beisammensein und organisieren auch Ausflüge und Reisen. Den Zusatz „e. V." (eingetragener Verein) erhält der Verein, wenn er in das V.-register eingetragen ist. Übertriebene Geschäftigkeit in V. wird ironisch als *Vereinsmeierei* bezeichnet.

Verfassungsgerichtsbarkeit *f* ↑Gerichtswesen.

Verfassungsschutz *m* ↑Nachrichtendienste.

Vergangenheitsbewältigung *f.* Bez. für die Bereitschaft, sich als Dt. kritisch mit der eigenen Vergangenheit und bes. mit dem Problem der Verantwortung für den Aufstieg, die Duldung und die Unterstützung des Nationalsozialismus und der von ihm verschuldeten Verbrechen auseinanderzusetzen. Nach der ↑*Wiedervereinigung* der beiden dt. Staaten (↑*BRD* und ↑*DDR*) ergibt sich das Problem der V. auch für die Aufarbeitung der sozialistischen Vergangenheit in der ehem. DDR (↑*Gauck-Behörde*).

Verkehrsverbund *m.* Gemeinsame Organisation unterschiedlicher Nahverkehrsunternehmen (Busse, Straßenbahn, Eisenbahn, U-Bahn, S-Bahn) in städtischen Ballungsräumen mit gemeinsamen Tarifen und Koordinierung der Linienführung und Fahrplangestaltung.

Vermittlungsausschuß *m* ↑Bundestag.

Vernichtungslager *n* ↑Konzentrationslager.

Versailler Vertrag *m.* Nach dem ↑*Weltkrieg I* schlossen die Siegermächte (USA, Großbritannien, Frankreich, Italien, Japan) mit D. am 28. Juni 1919 den Friedensvertrag von Versailles. Dieser war nicht das Resultat von Verhandlungen, sondern wurde durch ein Ultimatum aufgezwungen. Seine wichtigsten, für D. sehr harten Bedingungen waren: 1. Abtretung deutscher Gebiete: Elsaß-Lothringen an Frankreich; Eupen-Malmedy an Belgien (nach Volksabstimmung); Nordschleswig an Dänemark (nach Volksabstimmung); den größten Teil Westpreußens, ein kleines ostpreußisches Gebiet, Posen und Ostoberschlesien (letzteres nach Volksabstimmung) an Polen; Danzig wurde Freistaat; das Memelgebiet fiel an Litauen; das Hultschiner Ländchen ging an die Tschechoslowakei. 2. Das ↑*Saarland* wurde von Deutschland abgetrennt. 3. Ein ↑*Anschluß* von Österreich an D. wurde verboten. 4. Das linksrheinische Gebiet und die Städte Köln, Koblenz, Mainz und Kehl wurden besetzt. Ihre Räumung war in drei Phasen von je fünf Jahren vorgesehen. Das Rheinland sollte ständig entmilitarisiert bleiben. 5. D. verlor alle seine Kolonien, die als Mandate des Völkerbundes verwaltet, praktisch aber unter die Siegermächte verteilt wurden. 6. Unter Verzicht auf die allgemeine Wehrpflicht wurden die dt. Streitkräfte auf 100 000 Mann für die Armee und 15 000 Mann für die Marine beschränkt. Militärflugzeuge, Panzer, U-Boote und schwere Artillerie waren verboten; die Zahl der Überwasserschiffe wurde ebenfalls begrenzt. 7. Als Wiedergutmachung wurden D. ↑*Reparationen* in enormer Höhe auferlegt. 8. D. mußte seine alleinige Schuld am Ausbruch des Krieges anerkennen. – Das „Diktat von Versailles" war eine schwere wirtschaftliche und politische Belastung für die erste dt. Republik, da die harten Bedingun-

gen des V. V. Empörung hervorrie-
fen, eine vernünftige Auseinandersetzung mit „Krieg" und „Kriegs-
schuld" nie stattfand und die Gegner
der Republik, vor allem die Nationalsozialisten, mit der sog. „Erfül-
lungspolitik" der Weimarer Regie-
rungsparteien Propaganda machten.
Durch die zahlenmäßige Begrenzung
der ↑*Reichswehr* (ohne allgemeine
Wehrpflicht; ↑*Wehrmacht*) wurde
diese eine Berufsarmee, die einen
Staat im Staat bildete und die Weimarer Republik zumindest teilweise
ablehnte. Das System des V. V. be-
günstigte in erster Linie Großbritannien und Frankreich, denen es eine
gewisse Vormachtstellung in Europa
einräumte. Der V. V. begründete
auch den Völkerbund, von dem aber
D. bis 1926 ausgeschlossen war.

Vertriebene *pl* ↑Zuwanderung.

Verwaltungsgerichtsbarkeit *f* ↑Ge-
richtswesen.

Verwertungsgesellschaft   (VG)
WORT *f* ↑GEMA.

VHS, *Volkshochschule f* ↑Erwachse-
nenbildung.

Viehscheid *f* ↑Alm.

Viermächteabkommen   *n*   ↑Nach-
kriegsdeutschland.

Villa Hammerschmidt *f.* Seit 1951
Bonner Amtssitz des ↑*Bundespräsidenten.* ↑*Bellevue.*

Völkerschlacht *f* ↑Befreiungskriege.

Volksdeutsche *pl.* Personen dt. Ab-
stammung, die in den Ländern außerhalb der Grenzen des dt. Reiches
(Stand 1937) sowie Österreichs lebten. Es handelte sich bes. um die dt.
Minderheiten in Südost- und Osteuropa. In der NS-Zeit wurden die Gebiete mit V. im Sudetenland (Böhmen
und Mähren, ↑*Münchner Abkommen*) 1938 und im westlichen Polen
1939 dem dt. Reich eingegliedert.
Zahlreiche V., die vor allem im sowjetischen Machtbereich lebten, erhielten durch Umsiedlung (1939–
1949) die dt. Staatsangehörigkeit.
Nach dem Grundgesetz sind die V.,
wenn sie innerhalb der Grenzen des
Reichsgebiets vom 31. 12. 1937 an-
gesiedelt waren, den dt. Staatsange-
hörigen in der BRD gleichgestellt.
↑*Zuwanderung.*

Volksfeste *npl* ↑Feste.

Volksgemeinschaft *f* ↑Nationalsozia-
lismus.

Volksgerichtshof *m* ↑Drittes Reich.

Volkshochschule *f* ↑Erwachsenenbil-
dung.

Volkskammer *f* ↑DDR.

Volkslied *n.* Ein Lied, das von breiten
Volksschichten gesungen wird und
deren Empfindungen ausdrückt; das
Wort V. wurde 1773 von Herder geprägt. Die landschaftlichen Unter-
schiede beim V. sind bedeutsam. So
sind z. B. ↑*Jodeln* und Jodellieder auf
den Alpenraum beschränkt. Auch die

Melodik, die Art der Mehrstimmigkeit und der Begleitung durch Instrumente (↑*Musikinstrumente, volkstümliche*) sowie die Vortragsweise sind reg. verschieden. Dem V. nahe stehen das *volkstümliche Lied* (literarischen Ursprungs und dem V. nachgebildet) und das *Gesellschaftslied* (kunstmusikalischer Abkunft und bei gesellschaftlichen Anlässen gemeinsam gesungen). Nach dem Niedergang des *Minnesangs* entwickelte sich das V. in D. im 14.–16. Jh. Die Aufklärung vernachlässigte es. Der ↑*Sturm und Drang* entdeckte es neu. In der Zeit der Romantik sammelten 1806–1808 Achim von Arnim und Clemens Brentano die dt. V. in der Anthologie „Des Knaben Wunderhorn". 1914 wurde in Freiburg i. Br. das *Volksliederarchiv* gegr. In neuester Zeit wird das V. vom *Schlager* verdrängt.

Volkssturm *m*. Eine vom NS-Regime im September 1944 geschaffene Kampforganisation, eine Volksmiliz, der alle waffenfähigen Männer zwischen 16 und 60 Jahren angehören sollten, um beim Vordringen der Alliierten auf dt. Boden die ↑*Wehrmacht* zu verstärken. Der V., dem fast nur Jugendliche und alte Männer angehörten, stand unter dem Befehl des Reichsführers der ↑*SS*, Heinrich Himmler. Praktisch hat der V. in der Endphase des Krieges kaum eine Rolle gespielt (↑*Weltkrieg II*).

Volkswagen-Stiftung *f* ↑Stiftungen.

VoPo *m* oder *f*, Abkürzung für *Volkspolizist* bzw. *Volkspolizei*. Die Polizei der ehem. DDR umfaßte die Schutz-, Kriminal-, Verwaltungs-, Verkehrs- und Wasserschutzpolizei. Bis 1956 bestanden die gesonderten militärischen Verbände der kasernierten Volkspolizei (Heer), der Luftpolizei (Luftwaffe) und der Seepolizei (Marine). Sie wurden dann in der *Volksarmee* zusammengefaßt.

Vormärz *m* ↑Biedermeier.

W

Wacholder *m* ↑Liköre und Schnäpse.

Waffen-SS *f* ↑SS.

Währungsreform *f* ↑Nachkriegsdeutschland, ↑Geld und Währung.

Währungsunion *f* ↑Wiedervereinigung.

Waldorfschulen *fpl* ↑Anthroposophen.

Wallfahrtsorte *mpl* sind für die Katholiken Pilgerstätten. Zu Fuß (Prozession), zu Pferd, mit Bahn oder Bus pilgern oder „wallfahren" die Menschen zu einem Ort mit Gnadenbild oder Reliquie, um ihre Verehrung auszudrücken oder Hilfe oder Heilung zu erbitten. Sichtbarer Ausdruck dieser Volksfrömmigkeit sind die *Votivtafeln* (Ex voto), naive Bilder und Sprüche, auf denen Einzelschicksale dargestellt sind. In Altötting, dem berühmtesten bayerischen Wallfahrtsort, stammen die ältesten Votivtafeln aus den Jahren 1490–1540. In D. gibt es rund 1000 W.

Walpurgisnacht *f.* Die Nacht vom 30. April auf den 1. Mai, Tag der Heiligen Walburga, der Patronin der Bäuerinnen und Mägde. In dieser Nacht sind der Sage nach die Hexen los. Auf Besenstielen, Heugabeln, Katzen oder Ziegenböcken reiten sie durch die Luft zum *Blocksberg*, dem höchsten Berg im Harz, um dort beim Hexensabbat mit dem Teufel zu tanzen. Ein Motiv, das in der Literatur vielfach belegt ist, z.B. in Goethes „Faust". Das Hexenfest wird heute noch – von verkleideten Kindern – mit Krach und Feuer (zur Abschreckung der Hexen) gefeiert. Diesen Tag nimmt die heutige Frauenbewegung in einigen Städten zum Anlaß, geschminkt und in heiterer Stimmung durch die Straßen zu ziehen und auf sich aufmerksam zu machen.

Wandern *n* ist für den Dt. mehr als spazierengehen oder Ausflüge machen. Allein oder im Kreise von Gleichgesinnten wandert man „hinaus aus der Stadt" (vgl. ↑*Jugendbewegung*, Wandervogel), durch Wälder, Berge, Wiesen, um die „Natur zu erleben". Es gibt Wandervereine, markierte Wanderwege, Wanderkarten, Wanderschuhe, Wanderkleidung, Wanderstöcke, Wanderlieder (↑*Volkslieder*), man wandert stunden-, tage- oder wochenlang (Wanderurlaub), übernachtet im Zelt, einer Herberge, einem Gasthof, mehr oder weniger einfach und naturnah. Auch die Schulen organisieren „Wandertage".

Wandervogel, der ~ ↑Jugendbewegung.

Wannsee-Konferenz *f* ↑Antisemitismus.

Waterkant *f.* In der Seemannssprache, in Seemannsliedern und im (norddt.) Volksmund übliche Bez. für die Nordseeküste.

Watt *n* ↑Nordseeküste.

Wehrbeauftragter *m.* In der BRD seit 1956 ein vom Bundestag zum Schutz der Grundrechte der Soldaten und zur Ausübung der parlamentarischen Kontrolle über die ↑*Bundeswehr* bestellter Beauftragter. Er wird vom ↑*Bundestag* auf fünf Jahre gewählt und legt ihm jedes Jahr einen Bericht vor.

Wehrbereich *m.* Ein Verwaltungsbezirk der Bundeswehr.

Wehrdienstverweigerung *f* ↑Bundeswehr.

Wehrmacht *f.* Die Gesamtheit der dt. Streitkräfte zwischen 1935 (Wiedereinführung der allgemeinen Wehrpflicht) und Mai 1945 (Kapitulation). Die durch den ↑*Versailler Vertrag* auf 115 000 Mann begrenzten Streitkräfte der ↑*Weimarer Republik* hießen (auch im ↑*Dritten Reich* bis 1935) *Reichswehr*.

Weihnachten (*n*) beginnt am 24. Dezember (Heiliger Abend), und der 25. und 26. (1. und 2. Weihnachtstag) sind in D. ↑*Feiertage*. Zu W. gehören der *Christbaum* (eine mit Kerzen, Sternen, Kugeln u.a. geschmückte Tanne oder Fichte), eine *Krippe* (naive Darstellung der Geburt Christi in einem Stall, mit den Heiligen Drei Königen, Hirten, Schafen u.a.), der Weihnachtsgottesdienst, in katholischen Gegenden die *Christmette* (Mitternachtsmesse), Weihnachtslieder, Weihnachtsgebäck, ↑*Stollen,* die *Bescherung* (Verteilung der Geschenke). Für die Kinder bringt das (unsichtbare) *Christkind,* in einigen Gegenden D. auch der *Weihnachtsmann* (der Ähnlichkeit mit dem Nikolaus hat, ↑*Feste*) die Geschenke. W. ist in D. im allgemeinen das wichtigste Familienfest.

Weimar (*n*) verlor seine städtischen Freiheiten im 17. Jh. durch den fürstlichen Absolutismus. Jedoch gab der damalige Hof dem Kulturschaffen Impulse, die W. nach ersten Ansätzen im 16./17. Jh., v.a. durch das Wirken Goethes und Schillers, zum Zentrum der dt. Klassik werden ließen. Auch nach dem Ende der „*Weimarer Klassik*" gingen von der kulturellen Tradition der Stadt zahlreiche Anregungen aus. Seit 1842 wirkte in W. Franz Liszt. 1872 wurde die Orchesterschule gegr., seit 1956 Franz-Liszt-Hochschule genannt. 1860 wurde die Kunstschule als Vorgängerin des 1919 gegr. und von Walter Gropius geleiteten Staatlichen ↑*Bauhauses* eröffnet. 1919 tagte im Dt. Nationaltheater in W. die Weimarer Nationalversammlung, die der ↑*Weimarer Republik* ihre Verfassung und ihren Namen gab.

Weimarer Republik *f.* Bez. 1. für den Zeitabschnitt in der Geschichte D., der mit der Wahl der verfassunggebenden Nationalversammlung am 19. Januar 1919 begann und mit der Machtübernahme Hitlers am 30. Januar 1933 endete, 2. für das dt. Reich unter der am 11. August 1919 unterzeichneten Verfassung von ↑*Weimar* mit den Grenzen des ↑*Versailler Vertrages* ohne das ↑*Saarland* sowie 3. für das damalige politische System. Es war die erste dt. Republik nach dem Zusammenbruch des Kaiserreichs im Anschluß an die Novemberrevolution (↑*Revolutionen*) von 1918. Die W. R. war der Versuch eines demokratisch-parlamentarischen Bundesstaates, der das Reich Bismarcks fortsetzte. Von Anfang an war sie schweren Belastungen (Streiks, Inflation, Arbeitslosigkeit, ↑*Ruhrbesetzung*) ausgesetzt und mußte außerdem die harten politischen und wirtschaftlichen Bedingungen des Versailler Vertrags (↑*Reparationen)* erfüllen. Staatsoberhaupt der W. R. war der vom Volk in direkter Wahl gewählte *Reichspräsident* (1919–1925 Friedrich Ebert, 1925–1934 Hindenburg). Die *Reichsregierung,* mit dem *Reichskanzler* an der Spitze, war vom Vertrauen des *Reichstags* abhängig, der sie kontrollierte und die Gesetzgebung ausübte unter Mitwirkung des *Reichsrates,* einer zweiten Kammer, in der die Länder durch Regierungsmitglieder vertreten waren. 1919–1933 gab es 21 verschiedene Reichsregierungen, die wegen der vielen im Parlament vertretenen Parteien oft nur unter großen Schwierigkeiten gebildet werden konnten. Mehrfach gab es nur Minderheitsregierungen, die mit Hilfe der besonderen Vollmachten des Reichspräsidenten regierten. Der Reichstag wurde 1920–1933 achtmal gewählt, davon viermal in den Krisenjahren

1930–1933. Das ständige Wachsen des politischen Radikalismus von links und rechts, die Entlassung des Reichskanzlers Brüning (1932) durch Hindenburg und die Folgen der Weltwirtschaftskrise (Massenarbeitslosigkeit u. a.) führten zu einer Staatskrise und schließlich 1933 durch die Machtübernahme Adolf Hitlers zum Zusammenbruch der W. R. (↑*Revolutionen*).

Weine *mpl.* Bundesweit werden rund 8,5 Mio. Hektoliter Wein erzeugt. Nur 12% der dt. Anbauflächen sind mit Rotweinreben bepflanzt. Die wichtigsten *Anbaugebiete* sind: Rhein (Rheinhessen, Rheinpfalz, Rheingau), Mittelrhein, Mosel-Saar-Ruwer, Baden, Württemberg, Franken (der berühmte *Bocksbeutel*, die kleine, flache, bauchige Flasche), Nahe, Ahr, Elbtal (nahe Meißen) und Saale-Unstrut (um Naumburg). *Rebsorten weiß:* Müller Thurgau, Riesling, Silvaner, Kerner, Traminer; *rot:* Spätburgunder, Portugieser, Trollinger. *Güteklassen:* Tafelwein, Qualitätswein, Qualitätswein mit Prädikat (Kabinett, Spätlese, Auslese, Beerenauslese, Trockenbeerenauslese, Eiswein). *Federweißer,* reg. auch Rauscher, Sauser, Krätzer, Blitzler genannt, entsteht bei der alkoholischen Gärung des süßen Mosts. *Schillerwein,* eine Art Rosé-Wein, gekeltert aus Rot- und Weißweintrauben, ist eine Spezialität aus Württemberg, die im Glase „schillert". *Schaumwein* und *Sekt* müssen einen bestimmten Mindestanteil an dt. Trauben haben. *Sekt méthode champenoise* bezeichnet Flaschengärung.

Weise, die fünf ~n *mpl.* Bez. für den 1963 durch Gesetz gebildeten „Sachverständigenrat zur Begutachtung der gesamtwirtschaftlichen Entwicklung". Er erstellt Jahresgutachten zur Unterrichtung der Bundesregierung. Die Sachverständigen stammen aus fünf führenden Wirtschaftsforschungsinstituten.

Weißbier *n* ↑Bier.

Weiße mit Schuß *f* ↑Bier.

Weiße Rose *f* ↑Widerstand im Dritten Reich.

Weißwurst *f* ↑Wurstwaren.

Weizenbier *n* ↑Bier.

Weltkrieg I *m* (1914–1918). Die Ermordung des österreichischen Thronfolgers Erzherzog Franz Ferdinand durch serbische Nationalisten in Sarajevo war Anlaß für Österreich-Ungarn, Serbien den Krieg zu erklären (28. Juli). Dies löste durch die verschiedenen Bündnissysteme den W. I aus. Als Gegner standen sich gegenüber: auf der einen Seite die sog. *Mittelmächte:* Deutsches Reich, Österreich-Ungarn, Türkei, Bulgarien (ab 1915), auf der anderen Seite die sog. *alliierten und assoziierten Mächte:* Serbien, Rußland, Frankreich, England, Japan, Italien (1915), Portugal (1916), die USA (1917), Griechenland (1917), Brasilien (1917), China (1917), Kuba (1917), Panama (1917), Siam (1917) und Rumänien (1918); ferner 1918 Costa Rica, Guatemala, Haiti, Honduras und Nicaragua. Nebenkriegsschauplätze entstanden am Schwarzen Meer, im Kaukasus, am Persischen Golf, am Suezkanal sowie in den dt. Kolonien in Afrika und Ozeanien. Die Dt. begannen mit einer Großoffensive im Westen, wobei Belgiens Neutralität verletzt und das Land von D. besetzt wurde. Die dt. Truppen drangen bis vor Paris, wurden aber dann in der sog. *Marne-Schlacht* zum Stehen gebracht. Nun begann ein langer, erbitterter Stellungskrieg von der Nordsee bis zur Schweizer Grenze. Keinem der beiden Kriegsgegner gelang ein entscheidender Durchbruch. 1916 kam es zur blutigsten Schlacht des W. I um die Festung *Verdun*, die die Dt. nicht erobern konnten. Nach einem Rückzug 1917 und einer letzten Offensive 1918 zogen sich die dt. Armeen endgültig aus Frankreich zurück. An der Ostfront wurden 1914 die russischen Armeen nach ihrem Eindringen in Ostpreußen in den beiden Schlachten bei *Tannenberg* und an den masurischen Seen entscheidend geschlagen. In Galizien, das damals zu Österreich gehörte, drangen russische Truppen vor, wurden aber von der dt. Armee zurückgeworfen. Eine dt. Offensive im Norden zwang die Russen, Polen aufzugeben. 1917 wurde ein Waffenstillstand mit Rußland geschlossen, dem 1918 der *Friedensschluß von Brest-Litowsk* folgte. Zum ersten Mal wurden im W. I Luftstreitkräfte eingesetzt, die aber nicht kriegsentscheidend waren. Auch der U-Boot-Krieg, der durch Versenkung von Schiffen zeitweise die Versorgung Großbritanniens ernsthaft gefährdete, brachte keine Entscheidung zugunsten D. Ab 1916 herrschte in D. ein starker Mangel an Lebensmitteln

und Rohstoffen wegen der alliierten Seeblockade. Die Menschen hungerten, sie waren kriegsmüde. Angesichts dieser Situation und der militärischen Niederlage im Westen unterzeichneten die Vertreter D. am 11. 11. 1918 den *Waffenstillstand von Compiègne*. Beendet wurde der W.I für D. durch den ↑*Versailler Vertrag*.

Weltkrieg II *m* (1939–1945). Der W. II begann mit dem dt. Angriff auf Polen am 1. 9. 1939. Daraufhin erklärten Großbritannien und Frankreich dem dt. Reich den Krieg. Polen wurde im sog. *Polenfeldzug* in fünf Wochen besiegt und zwischen D. und der Sowjetunion aufgeteilt (↑*Deutsch-sowjetischer Vertrag*). Die im ↑*Versailler Vertrag* an Polen abgetretenen Gebiete sowie Danzig und der Warthegau wurden von D. annektiert, das übrige von D. besetzte Gebiet wurde in das sog. *Generalgouvernement* umgewandelt. Um einer alliierten Landung zuvorzukommen, griff D. im April 1940 Dänemark und Norwegen an. Dänemark wurde ohne Widerstand besetzt, Norwegen kapitulierte nach zwei Monaten. Am 10. 5. 1940 begann die als ↑*Blitzkrieg* geführte Großoffensive im Westen. Belgien, die Niederlande und Luxemburg wurden unter Verletzung ihrer Neutralität überrannt und kapitulierten bald. Im sog. *Frankreichfeldzug* erreichten die dt. Verbände den Ärmelkanal und marschierten am 14. 6. 40 in Paris ein. Am 22. 6. 1940 wurde mit Frankreich ein Waffenstillstand geschlossen, der das Land in eine nördliche Zone (mit einem Streifen am Atlantik bis zur spanischen Grenze) unter dt. Besetzung und eine südliche Zone mit neuer Regierung unter Marschall Pétain (Sitz in Vichy) teilte. In London verkündete General Charles de Gaulle die Fortsetzung des Kampfes gegen D.

Zu der von den Dt. geplanten Invasion Englands kam es nicht, weil die Dt. die entscheidende *Luftschlacht um England* verloren (Sommer 1940). In den folgenden Jahren (bis 1943) versuchte das dt. Oberkommando vergeblich, England in einem totalen U-Boot-Krieg zu besiegen. Nach dem Kriegseintritt Italiens im Sommer 1940 brachten die englischen Streitkräfte in Libyen den Italienern schwere Niederlagen bei. Daraufhin wurde das dt. *Afrikakorps* unter General Rommel (↑*Wüstenfuchs*) nach Libyen entsandt, das nach anfänglichen Erfolgen in der *Schlacht von El Alamein* (23. 10.– 3. 11. 41) entscheidend geschlagen wurde. Im Oktober 1940 griff Italien von Albanien aus, das es 1939 annektiert hatte, Griechenland an. D. griff auch hier in den Krieg ein, Griechenland kapitulierte am 21. 4. 41 und kam unter dt. Militärverwaltung. Nachdem Jugoslawien einen Freundschaftsvertrag mit der Sowjetunion geschlossen hatte, wurde es von dt. Truppen angegriffen und kapitulierte am 17. 4. 41. Der jugoslawische Staat wurde aufgelöst: Das erweiterte Kroatien wurde unter dt. Schutz „unabhängig", der Rest fiel an D. und Italien bzw. unter dt. und (bis 1943) ital. Militärverwaltung. Doch kämpften in Jugoslawien bis Kriegsende Partisanen unter Tito erfolgreich gegen die Besatzungstruppen.

Unter Bruch des ↑*dt.-sowjetischen*

Vertrages befahl Hitler am 22. 6. 1941 den Angriff auf die Sowjetunion gemeinsam mit den Verbündeten Italien, Finnland, Rumänien, Ungarn und der Slowakei (Bulgarien gewährte nur Durchmarschrecht). Nach großen Erfolgen im Sommer und Herbst 1941 im europäischen Rußland und in der Ukraine (Vorstoß bis vor Moskau und Leningrad) mußten die dt. Streitkräfte wegen der Kälte des russischen Winters (1941) den Rückzug antreten. Im selben Winter kam es nach dem japanischen Überraschungsangriff auf Pearl Harbor (Hawaii) zum Krieg zwischen Japan und den USA. Am 11. 12. 41 erklärten D. und Italien den USA den Krieg. 1942 waren die dt. Truppen in der Sowjetunion bis zur Wolga und sogar bis zum Kaukasus vorgedrungen.

Aber nach der Entscheidungsschlacht von *Stalingrad,* die mit der Kapitulation der dt. und rumänischen Armeen (300000 Mann) am 31. 1. 43 endete, wurden die dt. Armeen immer weiter zurückgedrängt. Sowjetische Truppen erreichten die tschechische Grenze am 8. 4. 44. Am 8. 11. 1942 landeten alliierte Truppen in Marokko und Algerien; im Mai 1943 kapitulierte das Afrikakorps in Tunesien. Am 10. 7. 43 landeten die Alliierten auf Sizilien, kurz darauf in Italien, das am 3. 9. 43 einen Separatfrieden schloß. Die dt. Truppen kämpften in Italien weiter und kapitulierten erst am 2. 5. 45. Die alliierte Invasion in der Normandie begann am 6. 6. 44, am 15. 8. 44 erfolgte eine zweite alliierte Landung an der südfrz. Küste. Ende 1944 war fast ganz Frankreich befreit. Ein letzter dt. Versuch, die Alliierten durch die sog. *Ardennenoffensive* aufzuhalten (16. 12. 44 – Ende Januar 45), scheiterte. Trotz des Einsatzes von ↑*V1* und *V2* gegen England erreichten die Alliierten im Februar die alte dt. Reichsgrenze und vereinten sich am 25. 4. 45 mit den sowjetischen Streitkräften an der Elbe. Am 2. 5. fiel Berlin. Kurz zuvor, am 30. 4., hatte Hitler in Berlin Selbstmord begangen. Die bedingungslose Kapitulation D. wurde am 7. 5. in Reims unterzeichnet und am 9. 5. in Berlin durch die Oberbefehlshaber der ↑*Wehrmacht* bestätigt.

Der W. II brachte ungeheure Verluste an Menschenleben (insgesamt etwa 60 Mio.) und gewaltige Zerstörungen mit sich, von denen auch D. nach dem Beginn massiver alliierter Luftangriffe auf dt. Städte (1943) stark betroffen war. Die von D. besetzten Länder wurden ausgebeutet, ihre Bevölkerung unterdrückt. Dort entstanden Widerstandsbewegungen, und es kämpften z. T. Partisanen gegen die dt. Besatzungstruppen. In Osteuropa kam es zur Ermordung von Millionen von Juden (↑*Antisemitismus,* ↑*Konzentrationslager*). Auch in D. selbst verschärfte sich die Verfolgung von Regimegegnern und Andersdenkenden durch das NS-Regime in der letzen Phase des Krieges. Die Lebensbedingungen der dt. Bevölkerung, bes. in den zerstörten Städten, wurden immer härter. Der Versuch, das NS-Regime durch einen Militärputsch zu stürzen, scheiterte (↑*Widerstand*). Erst die Kapitulation der dt. ↑*Wehrmacht* und die Besetzung D. beendeten das NS-Regime. 1945 mußte D. einen Neuanfang machen (↑ *Nachkriegsdeutschland*).

↑*Atlantikwall,* ↑*Westwall,* ↑*Blitzkrieg,* ↑*Volkssturm,* ↑*Werwolf.*

Wende *f.* 1. In der BRD ursprünglich Bez. für den Regierungswechsel von ↑*Bundeskanzler* Helmut Schmidt zu Helmut Kohl mit der Ablösung der SPD/FDP- durch eine CDU/FDP-Koalition. Nach 13jähriger Regierungskoalition mit der SPD war die FDP 1982 ein Bündnis mit CDU/CSU eingegangen und hatte dadurch der CDU geholfen, einen Bundeskanzler zu stellen. 2. Nach dem Zusammenbruch des SED-Regimes in der DDR Bez. für den Prozeß der Neuorientierung in der ehem. DDR und für den Wechsel vom sozialistischen System zu Demokratie und Marktwirtschaft.

Wendehals *m.* Eigentlich eine Vogelart. Nach der ↑*Wende* (2.), dem Fall der Berliner Mauer (↑*Wiedervereinigung*) und der Öffnung der dt.-dt. Grenze vom Volksmund geprägte pej. Bez. für Personen, die sich im System der DDR etabliert hatten und sich bedenkenlos innerhalb kürzester Zeit auf die neuen Verhältnisse umstellten.

Werwolf *m.* In der letzten Phase des ↑*Weltkrieges II* versuchte die NS-Führung, für die zu erwartende Besetzung D. durch die Alliierten eine Art Partisanen- oder Widerstandsbewegung unter dem Namen W. zu organisieren, die aber praktisch nicht in Erscheinung trat.

Wessi(e)s *mpl* ↑Ossi(e)s.

Westdeutsche Rektorenkonferenz (WRK) *f* ↑Universitäten.

Westpreußen (*n*) ↑Ostgebiete, ↑Preußen.

Westwall *m,* engl. *Siegfried Line,* frz. *ligne Siegfried.* Das System von Befestigungen entlang der dt. Westgrenze, dessen Bau auf Befehl Hitlers im Juni 1938 begonnen wurde und bei Kriegsbeginn (September 1939) gerade fertiggestellt war. Der W. konnte den Vormarsch der Alliierten 1944/45 nicht aufhalten.

Wettiner *mpl.* Seit dem 12. Jh. im sächsisch-thüringischen Grenzraum beheimatete Adelsdynastie (Burg Wettin). Nach kriegerischen Konflikten, Ländergewinnen und Erbteilungen im Laufe der Jahrhunderte erhielt Friedrich I., „der Streitbare", 1423 das Herzogtum Sachsen-Wittenberg mit der Kurfürstenwürde. 1485 erfolgte die Teilung der Dynastie in die *Albertinische* und die *Ernestinische* Linie. Die Albertinische Linie stellte mit Friedrich August I., der „Starke" genannt (1670–1733), und Friedrich August II. (1696–1763) zwei Könige von Polen. „August dem Starken" verdankt Dresden bemerkenswerte Kunstdenkmäler. Seine Regierungszeit war eine Glanzepoche für Musik, Theater und Kunstsammlungen (↑*Elb-Florenz*), die sich auch unter seinem Sohn und dessen Premierminister Graf Brühl („Brühlsche Terrasse") fortsetzte. Ein Einbruch erfolgte mit dem 7jährigen Krieg (1756–63), der Kapitulation von Sachsen vor Friedrich II. von Preußen. 1806 erwarb Friedrich August III., „der Gerechte", den Königstitel für ↑*Sachsen.* Die Albertinische Linie regierte bis 1918.

WHW *n* ↑Winterhilfswerk.

Widerstand im Dritten Reich. Der W. gegen das NS-Regime war aus verschiedenen Gründen nicht so stark, wie es aufgrund von dessen verbrecherischem Charakter zu erwarten gewesen wäre. Zwar gab es in den ersten Jahren des ↑*Nationalsozialismus* bereits klare Hinweise darauf (Verhaftung von Kommunisten und Sozialdemokraten, beginnende Judenverfolgung, Erschießungen ohne Gerichtsurteil, ↑*Gestapo*-Terror). Aber dem stunden nach der unruhigen Zeit unter der ↑*Weimarer Republik,* den Folgen des ↑*Versailler Vertrags,* der Weltwirtschaftskrise und der Massenarbeitslosigkeit außen-, innen- und wirtschaftspolitische Erfolge des ↑*Dritten Reiches* gegenüber, das außerdem vom traditionellen dt. Obrigkeitsdenken (↑*Preußen*) profitierte. Später waren viele Dt. von den militärischen Erfolgen der Jahre 1939–1941 beeindruckt. Deshalb wurde das Wesen der NS-Diktatur vielen erst allmählich offenbar. Bekannte Persönlichkeiten wie der Reichsbankpräsident und Finanzexperte Hjalmar Schacht oder der Chef der ↑*Abwehr,* Admiral Canaris, wandten sich davon ab. Schon 1933/34 aber hatte das NS-Regime alle legalen Oppositionsmöglichkeiten (Parteien, Gewerkschaften, Parlament, Presse) ausgeschaltet, und ein erfolgreicher Widerstand wäre angesichts des ↑*SS*- und ↑*Gestapo*-Terrors nur noch mit Hilfe des Militärs möglich gewesen. Einige hohe Militärs, wie z. B. die Generäle Keitel und Jodl, waren jedoch echte Nazis und blinde Gefolgsleute Hitlers, und nach

Kriegsausbruch schien auch den vielen überzeugten Regimegegnern unter den Offizieren ein Umsturz undenkbar, solange die dt. ↑*Wehrmacht* Siege errang und später an der Ostfront das Vordringen der sowjetrussischen Streitkräfte abzuwehren versuchte. Es gab jedoch seit 1938 eine Widerstandsgruppe von Zivilisten und Militärs, die einen Militärputsch planten, zuerst während der Sudetenkrise 1938 (↑*Münchner Abkommen*), dann im November 1939. Ihr gehörten u.a. an: Generaloberst Ludwig Beck, Generalfeldmarschall Erwin von Witzleben, Karl Goerdeler, der Diplomat Ulrich von Hassell und Oberst (später General) Hans Oster von der ↑*Abwehr*. 1940–1942 scheiterten einige Attentatsversuche von Offizieren gegen Hitler (u.a. eine Bombe im Flugzeug). Erst als die Generäle erkannten, daß der Krieg verloren war, kam es zu einem tatsächlichen, großangelegten Umsturzversuch am 20. Juli 1944 (vgl. ↑*Geschichtsdaten, symbolische*). — Im ↑*Dritten Reich* verurteilten die Kirchen und ihre Führer das Regime nicht öffentlich. Nur vereinzelt kam Widerstand aus den Kirchen, wie z.B. vom Bischof von Münster, Clemens August Graf von Galen, dem Münchner Pater Rupert Mayer oder den protestantischen Pastoren Martin Niemöller und Dietrich Bonhoeffer. — Eine kommunistische Widerstandsgruppe, die von der ↑*Gestapo* als *Rote Kapelle* bezeichnet wurde, war von 1939 bis 1942 tätig. Sie betrieb gleichzeitig Spionage zugunsten der Sowjetunion, was aber die Sympathisanten der R.K., die nur gegen das NS-Regime Widerstand leisten wollten, nicht wußten. 1942 wurde die R.K. entlarvt, und 46 ihrer Mitglieder wurden zum Tode verurteilt und hingerichtet. – Zwei individuelle Widerstandsgruppen waren bemerkenswert: Der *Kreisauer Kreis* um den Grafen Helmuth Moltke, dem Nationalkonservative wie Graf Peter York von Wartenburg, Sozialdemokraten wie Julius Leber, Gewerkschaftsführer wie Wilhelm Leuschner, Katholiken wie der Jesuitenpater Alfred Delp und Protestanten wie Eugen Gerstenmaier angehörten. Sie wollten das NS-Regime stürzen und ein demokratisches System einführen. Die meisten von ihnen wurden 1944 verhaftet und hingerichtet. Die *Weiße Rose*, eine von hohen Idealen getragene Widerstandsgruppe von Professoren und Studenten an der Universität München, wurde 1942/43 aktiv. Sie forderte in Flugblättern zum Widerstand gegen das NS-Regime auf. Ihre Führer, die Studenten Christoph Probst, die Geschwister Sophie und Hans Scholl, Willi Graf und Alexander Schmorell sowie der Philosophieprofessor Kurt Huber wurden 1943 hingerichtet.

Wiedergutmachung *f.* Nach dem „Bundesentschädigungsgesetz" von 1956 erhielten die von den Nationalsozialisten wegen politischer Gegnerschaft oder wegen ihrer Rasse, ihres Glaubens oder ihrer Weltanschauung Verfolgten in der BRD eine staatliche Entschädigung, einen finanziellen Ausgleich für ihre Verluste.

Wiedervereinigung *f.* Die W. der beiden dt. Staaten war immer politisches Ziel der BRD gewesen. In den Jahren nach dem Bau der Mauer (↑*DDR*, ↑*Geschichtsdaten*) und der Entwicklung der DDR zum eigenständigen Staat schien jedoch die nationalstaatliche Einheit D. auf absehbare Zeit nicht erreichbar. Erst durch die friedliche Revolution in der DDR – mit regelmäßigen *Montagsdemonstrationen* in Leipzig, Ost-Berlin, Dresden und anderen Städten unter dem Motto „Wir sind das Volk" – im Oktober/November 1989 und die Öffnung der Mauer am 9. November 1989 wurde die Frage einer Vereinigung beider dt. Staaten akut. Den Wortführern der Revolution vom Herbst 1989, den Schriftstellern sowie den Initiatoren und Trägern der neuen politischen Gruppierungen ging es zunächst nicht um die Abschaffung der DDR und deren Aufgehen in einer „kapitalistischen" Bundesrepublik, sondern um Demokratisierung eines eigenständigen Staates. Erst Anfang Februar 1990 rückte die Übergangsregierung des Reformkommunisten Hans Modrow unter dem Druck der öffentlichen Meinung das Ziel der Vereinigung auch aus offizieller Sicht ins Blickfeld. Mit der Wirtschafts-, Sozial- und Währungsunion mit der DM (↑*Geld und Währung*) als alleingültiger Währung zwischen der Bundesrepublik und der DDR am 1. Juli 1990 wurde der erste konkrete Schritt zur W. getan. Am 3. Oktober 1990 um Mitternacht hörte die DDR – 41 Jahre nach ihrer Gründung – auf zu existieren und wurde Teil der Bundesrepublik Deutschland. Die DDR-Bürger wurden Bundesbürger, das ↑*Grundgesetz* wurde in den neuen ↑*Ländern* eingeführt.

Wiener *f* ↑Wurstwaren.

Wilhelmstraße *f* ↑Auswärtiges Amt.

Winterhilfswerk *n*, Abk. *WHW*. Im ↑*Dritten Reich* organisierte Hilfsaktion, angeblich zur Linderung der Not armer Menschen im Winter, für die in allen Häusern und auf den Straßen gesammelt wurde. Vieles spricht dafür, daß nur ein Teil der enormen Summen, die zusammenkamen, an Arme ging. Ein großer Teil soll für die Finanzierung der NS-Politik, v.a. der Kriegsvorbereitungen und des Krieges verwendet worden sein. Träger des WHW war die 1933 gegr. *NS-Volkswohlfahrt* (NSV), die Fürsorgeorganisation der NSDAP.

Wirtschaftswunder *n*. Um die Mitte der 50er Jahre im Ausland entstandene Bez. für die rasche wirtschaftliche Entwicklung in der ↑*BRD* nach den Zerstörungen des ↑*Weltkriegs II*. Der Begriff W. ist verbunden mit dem Namen des damaligen Wirtschaftsministers Ludwig Erhard („Vater des W."). ↑*Nachkriegsdeutschland*.

Wissenschaftsrat *m*. Institution (gegr. 1957; Sitz Köln), die Rahmenpläne für die Förderung der Wissenschaft, bes. der ↑*Universitäten*, aufstellt und bei der Vergabe von Mitteln in beratender Funktion mitwirkt. Mitglieder des W. sind Angehörige der Universitäten, Vertreter der Bundesregierung und der Landesregierungen sowie Persönlichkeiten des öffentlichen Lebens.

Wittelsbacher *mpl*. Bayerische Dynastie. 1180 wurde Otto I. Herzog von

Bayern und somit Begründer der wittelsbachischen Landesherrschaft zwischen Lech und Isar. 1255, bei der ersten Teilung, entstanden die Pfalzgrafschaft und Oberbayern mit dem Zentrum München sowie Niederbayern mit Zentrum Landshut. Erst 1504 kam es zur endgültigen Vereinigung. 1623 erwarb Maximilian I. die (vorher pfälzische) Kurfürstenwürde und damit die Oberpfalz (1628). 1806 wurde Kurfürst Maximilian IV. als Maximilian I. König von Bayern. Ihm folgten Ludwig I. (1786–1868), der „Bauherr" von München (↑*Isar-Athen*); Maximilian II. Joseph (1811–1864), der Förderer der Wissenschaften und Gründer des „Maximilianeums" (heute Gebäude des bayerischen Landtages); Ludwig II. (1845–1886), auch „Märchenkönig" genannt, der Erbauer der berühmten Königsschlösser (↑*Burg und Schloß*); Luitpold (1821–1912), Sohn König Ludwigs I., der 1886 als Prinzregent die Regierung nach dem Tod Ludwigs II. übernahm, und Ludwig III. (1845–1921), der 1913 zum König proklamiert wurde und am 13. 11. 1918 die Regierung niederlegte, ohne auf den Thron zu verzichten. Auch außerhalb Bayerns hinterließen die W. Zeugnisse ihrer Regentschaft und ihres Kunstverstands. So residierten W. vom 16. bis 18. Jh. als Erzbischöfe und Kurfürsten in Köln, die Bonn zur Haupt- und Residenzstadt des Kölner Kurstaates machten und den Katholizismus im Rheinland sicherten. Aus der königlichen Linie der W. stammte auch Otto I., 1832–1862 König von Griechenland.

Witzfiguren *fpl.* Wie in anderen Län-

dern gibt es auch in D. bekannte Witzfiguren (oft als Paare), die meist an eine Stadt oder Region gebunden sind und in Witzen oder volkstümlicher Literatur erscheinen. Zu ihnen gehören u. a. *Tünnes* (eigtl. Antonius) *und Schäl* in Köln, der von Gelegenheitsarbeiten lebende Berliner „Eckensteher" *Nante* und in Hamburg *Klein-Erna,* meist mit einem Partner (*Klein-Bubi* oder *Klein-Heini*). Besonders viele Witze gibt es über die *Ostfriesen* (↑*Friesland*), in denen letztere als dumm-naiv dargestellt werden.

Wohlfahrtsverbände *mpl* in D. sind: Der Deutsche ↑*Caritasverband* (katholisch), das *Diakonische Werk – Innere Mission und Hilfswerk der Evangelischen Kirche in D.*, die *Arbeiterwohlfahrt* (AWO), der *Deutsche Paritätische Wohlfahrtsverband,* beide überkonfessionell und politisch neutral, sowie das *Deutsche Rote Kreuz* (mit Sonderaufgaben). Die kirchliche Sozialarbeit ist Schwerpunkt der beiden konfessionellen Verbände (Kindergärten, Müttergenesungs-, Alten- und Pflegeheime, Behindertenwerkstätten, Ausbildungsstätten für kirchliche und soziale Berufe, Ausländerbetreuungs- und Tagesstätten). Alle W. versehen, wie auch die *Malteser* (katholisch) und die *Johanniter* (evangelisch), ambulante Hilfsdienste (Krankenpflege, Unfallhilfe, „Essen auf Rädern", Hausbetreuung) und erhalten dafür Zuschüsse aus öffentlichen Mitteln sowie Spenden von privaten Stiftern.

Wohngeld *n.* In der BRD gewährter staatlicher Zuschuß zu den Wohnkosten, der Bürgern mit niedrigem Einkommen ein angemessenes Wohnen ermöglichen soll. In den neuen Ländern wird W. seit dem 1. 1. 1991 gewährt.

Worpswede (*n*). Ländliche Gemeinde in Niedersachsen, wo sich 1889 eine Künstlerkolonie ansiedelte. Die bekanntesten „Worpsweder" sind der Graphiker, Maler und Kunsthandwerker Heinrich Vogeler (1872–1942), der Landschaftsmaler Otto Modersohn (1865–1943) und die für ihre Portraits und Stilleben berühmte Paula Modersohn-Becker (1876–1907). Zu dieser Gruppe gehörte auch die Bildhauerin Clara Westhoff, die um 1900 den Dichter Rainer Maria Rilke dort kennenlernte und heiratete.

Wurstwaren *fpl*. D. ist bekannt für seine Vielfalt an W., mit reg. sehr unterschiedlichen Arten, aber auch reg. verschiedenen Bez. für ähnliche W. Nach der Art der Herstellung unterscheidet man *Kochwurst, Brühwurst, Rohwurst* und *Bratwurst;* fast alle Sorten können kalt, als *Aufschnitt* für belegte Brote, gegessen werden. – Zu den Kochwürsten gehört z.B. der *Preßkopf* (süddt. *Preßsack,* reg. auch *Schwartenmagen*), eine Sülzwurst mit Stücken von Schweinefleisch, Speck, Schwarten u. a. Der *Saumagen,* eine Spezialität aus der Pfalz, ist eine Wurstmasse aus Würfeln von Schweinebauch, Vorderschinken, Kartoffeln, altbackenen Brötchen und Gewürzen, in einen Schweinemagen gefüllt und in Wasser gekocht; wird mit Sauerkraut gegessen. Beliebt sind die (meist noch leicht geräucher-

ten) *Leberwürste* und *Blutwürste*. In einigen Gegenden D. werden sie warm und ohne Haut gegessen; verbreiteter ist die Leberwurst (z. B. *Pfälzer Leberwurst*), die aufs Brot gestrichen wird (süddt. *Streichwurst*), eigentlich eine einfache Art von Leberpastete (im Darm), oder die geräucherte, feste Blutwurst (auch *Rotwurst*), z.B. nach Pommerscher Art oder aus Thüringen. Der bes. in Bayern beliebte *Leberkäs,* eine mittelfein gehackte Brühwurstmasse aus Rind-, Schweinefleisch und Speck mit 5% Leberanteil, in Kastenform gebacken oder gebrüht, wird meist warm als Zwischenmahlzeit (oft mit Spiegelei darauf) gegessen; ohne Leber heißt er *Fleischkäse,* auch *Bayerischer Leberkäs*. Die *Münchner Weißwurst,* eine Brühwurst aus Kalb-, Rind- und Schweinefleisch, Speck, Bindegeweben und Kräutern, wird gebrüht mit süßem Senf serviert. Zu den Brühwürsten gehören neben *Bierwurst* (oft in Kugelform) und *Fleischwurst* (süddt. *Lyoner*) die bes. als ↑*Imbiß* verbreiteten *Wiener, Frankfurter, Regensburger* und die dickeren *Bockwürste,* die in Ostd. bes. gut und beliebt sind. In manchen Gegenden heißen sie auch *Knackwurst* oder *Knakker.* – Letzteres bez. aber auch eine kleine, geräucherte, kalt gegessene Mettwurst. Grobe und feine *Mettwürste* sind neben salamiähnlichen W. die beliebtesten dt. Rohwürste, die – luftgetrocknet oder geräuchert – entweder warm, z.B. in einem Eintopfgericht, gegessen werden oder kalt als Brotaufstrich (*Schmier-* oder *Streichwurst*) wie die ursprünglich aus Pommern stammende *Rügenwalder Teewurst.* – Unter den Bratwür-

sten sind die *Nürnberger Schweins-
bratwürstchen* und die *Thüringer
Rostbratwürste* bekannte Spezialitäten.

Württemberg (*n*) ↑Baden-Württem-
berg.

Wüstenfuchs, der ~. Beiname des
fast legendären Generals (später: Ge-
neralfeldmarschalls) Erwin Rommel
wegen seiner taktisch geschickten
Kriegsführung in Nordafrika (↑*Weltkrieg II*).

Z

ZDF *n* ↑Rundfunk und Fernsehen.

Zeitungen *fpl* ↑Presse.

Zentralbankrat *m* ↑Deutsche Bundesbank.

Zentralrat der Juden in D. *m* ↑Reli-
gion und Kirchen.

**Zentralverband des deutschen Hand-
werks** *m* ↑Handwerkskammer.

Zentrum *n,* auch **Zentrumspartei** *f.*
Eine Partei des politischen Katholizismus, die schon seit der Gründung des
Zweiten Reiches (↑*Reich*) im Januar
1871 bestand. Sie trat zuerst im
↑*Kulturkampf* hervor und nahm vor
dem ↑*Weltkrieg I* den Namen *Zentrumspartei* an, unter dem sie auch in
der ↑*Weimarer Republik* weiterbe-
stand. 1933 wurde die Z. wie alle übrigen Parteien (außer der ↑*NSDAP*)
aufgelöst. Anstelle der Z., einer rein

katholischen Partei, entstand nach
dem zweiten Weltkrieg eine überkon-
fessionelle christliche Partei, die
CDU, in Bayern als regionale Varian-
te die CSU (↑*Parteien*).

Zigeuner *mpl* ↑Minderheiten.

Zivildienst *m.* Wehrersatzdienst. In
D. ist das Recht, nicht gegen sein Gewissen zum Kriegsdienst mit der
Waffe gezwungen zu werden, als
Grundrecht in der Verfassung verankert. *Wehrdienstverweigerer* müssen
aber statt des Militärdienstes einen
Z., meist im sozialen Bereich, leisten.
Der Volksmund nennt sie *Zivis*. Über
den Wehrdienst oder den Z. hinaus,
wird auch ein Einsatz z.B. im Kata-
strophen- und Umweltschutz diskutiert. Heute schon bieten sich neben
dem traditionellen Z. Möglichkeiten,
die Dienstpflicht durch Einsatz bei
Feuerwehr, ↑*Polizei*, Technischem
Hilfswerk, ↑*Bundesgrenzschutz* oder
Entwicklungsdienst zu erfüllen.
(↑*Bundeswehr*).

Zivilgerichtsbarkeit *f* ↑Gerichtswe-
sen.

Zollverein *m.* 1834 wurde als Zusammenschluß der damals noch souveränen dt. Bundesstaaten mit dem
Ziel einer wirtschaftlichen Einigung
durch Abschaffung der zwischen-
staatlichen Zölle und anderer wirtschaftlichen Hemmnisse der *Deutsche Zollverein* gegründet. Mitglieder
waren die meisten dt. Staaten, nicht
aber Österreich. Der dt. Z. hat die
politische Einigung der dt. Staaten
zum Deutschen ↑*Reich* (1871) vorbereitet.

Zuwanderung *f.* Unter dem Begriff Z. ist hier die nach Art, Zahl und Zeitumständen differenzierte, erzwungene oder freiwillige Migration in die BRD zu verstehen. Bis zum ↑*Weltkrieg II* hatten die Deutschen im wesentlichen mit solchen Erscheinungen nur wenig zu tun. Nach 1945 bis heute änderten sich die Verhältnisse erheblich, v. a. im Gebiet der BRD vor der ↑*Wiedervereinigung,* das (ohne Berlin) Ende 1989 gegenüber dem Jahre 1939 eine um 20,5 Mio. höhere Einwohnerzahl aufwies. Ursache hierfür war weniger der natürliche Geburtenüberschuß, der bereits 1967 abbrach, als vielmehr die Z. unterschiedlichster Bevölkerungsgruppen nach dem militärischen Zusammenbruch des Deutschen Reiches. Zunächst waren es dt. *Flüchtlinge* und *Vertriebene* aus dem gesamten Osten und Südosten Europas. Ab 1950 folgten ihnen bis heute dt. *Aussiedler* aus demselben Raum, ferner bis 1990 *Übersiedler* aus der ehemaligen DDR (Zahlen siehe unten). Mitte 1955 setzte der Zustrom ausländischer Arbeitnehmer in die alte Bundesrepublik ein. Ihr Anteil (Stand 1992) macht mit ca. 6,5 Mio. über 8% der Gesamtbevölkerung in den alten Bundesländern aus (↑*Ausländer*). In den neuen Bundesländern liegt dieser Anteil mit 1,2% allerdings wesentlich niedriger. Als Z. mit steigender Tendenz ist schließlich auch die Aufnahme von ausländischen Flüchtlingen anzusehen, die in der Bundesrepublik Schutz vor Verfolgung in ihrem Herkunftsland suchen (*Asylbewerber*).

Die verschiedenen Gruppen von Zuwanderern sind genau zu unterscheiden: *Vertriebene* sind Dt. im Sinne des Artikels 116 des ↑*Grundgesetzes,* die als dt. Staatsangehörige oder dt. Volkszugehörige ihren Wohnsitz in den ehem. dt. ↑*Ostgebieten* in den Grenzen vom 31. 12. 1937, ferner in Ostmittel-, Ost- und Südosteuropa, nach dem ↑*Weltkrieg II* infolge Vertreibung, insbesondere durch Ausweisung oder Flucht, verloren haben. Allein aus den ehem. Ostgebieten sind bis 1950 rund 7 Mio. Dt. vor der heranrückenden Roten Armee geflohen oder nach Kriegsende von den Polen vertrieben worden. Dasselbe Schicksal erlitten weitere 5,5 Mio. Dt. in ihren bisherigen Siedlungsgebieten außerhalb des Deutschen ↑*Reiches,* in Polen, der ehem. Tschechoslowakei, Ungarn, Jugoslawien und der ehemaligen freien Stadt Danzig. Die Zahl der bei Flucht und Vertreibung Umgekommenen wird auf rund 2 Mio. geschätzt. Knapp 8 Mio. Personen wurden bis 1950 in der damaligen BRD, weitere 4 Mio. in der ehem. DDR aufgenommen, eine halbe Mio. in Österreich oder im westlichen Ausland.

Aussiedler sind dt. Staatsangehörige oder dt. Volkszugehörige, die nach Abschluß der allgemeinen Vertreibungsmaßnahmen bis Ende 1949 zunächst in den früheren dt. Ostgebieten und in allen Staaten des ehem. Ostblocks zurückblieben und in den folgenden Jahrzehnten unter größten Schwierigkeiten ihre Ausreise in die Bundesrepublik durchsetzten (1950 bis Ende 1991 2,6 Mio.). Allein seit 1987, als sich überall die Ausreisemöglichkeiten wesentlich verbesserten, wurden in der Bundesrepublik knapp 1,3 Mio. eingetroffene Aussiedler registriert. Bei den Zugängen bis 1989 überwogen bei weitem die Aussiedler aus Polen. Seit 1990 halten die Dt. aus der ehem. Sowjetunion die Spitze (1987 bis Ende 1991 über 450000), die dort in der Volkszählung von 1989 noch mit über 2 Mio. Personen ermittelt wurden. Die Rußlanddeutschen waren 1941 während des dt.-russischen Krieges aus ihren Siedlungsgebieten im europäischen Teil der Sowjetunion nach Sibirien, Kirgisien und Kasachstan verschleppt worden. Trotz der gegenwärtigen Bemühungen von dt. wie russischer und ukrainischer Seite, ihnen in ihren früheren Siedlungsgebieten autonome Regionen einzurichten, ist ihr Aussiedlungswille unvermindert stark. Hingegen ist die Aussiedlung von Deutschen aus Polen und den übrigen Staaten des ehem. Ostblocks deutlich zurückgegangen. Obwohl die Eingliederung der Aussiedler auf viele Schwierigkeiten bei der Wohnungsbeschaffung, im Bildungsbereich und auf dem Arbeitsmarkt (v. a. wegen mangelhafter Deutschkenntnisse) stößt, finden sie doch im allgemeinen nach einigen Jahren den Anschluß an das soziale Leben in der Bundesrepublik.

Übersiedler sind Dt., die die ehem. DDR wegen der dortigen politischen Verhältnisse mit Genehmigung der Behörden oder als Flüchtlinge unter Lebensgefahr verlassen haben. Diese Wanderbewegung setzte schon sehr bald nach dem zweiten Weltkrieg ein, sie stieg bis zum Mauerbau am 13. 8. 1961 ständig an, schwächte sich danach ab, ohne indes völlig abzureißen, und schwoll ab Mitte 1988 bis zum Ende der ehem. DDR wieder er-

heblich an. Bis zum 30. 6. 1990, als die Registrierung dieses Personenkreises und alle Hilfsmaßnahmen zu seiner sozialen Eingliederung eingestellt wurden, gelangten in 45 Jahren rund 4,5 Mio. Personen auf diese Weise in die alte BRD.

Ausländische Flüchtlinge (Asylbewerber, Asylberechtigte, Kontingentflüchtlinge): Nach Artikel 16 des Grundgesetzes genießen Ausländer nach ihrem Eintreffen in der Bundesrepublik Asyl, wenn sie in ihrem Herkunftsstaat aus politischen, religiösen oder rassischen Gründen verfolgt werden. Die Berechtigung wird auf Antrag in einem förmlichen Verwaltungsverfahren vom Bundesamt für ausländische Flüchtlinge in Zirndorf bei Nürnberg (mit Außenstellen in den Bundesländern) festgestellt. Während der Dauer des Anerkennungsverfahrens, das derzeit noch viele Monate, oft auch Jahre dauern kann, erhalten die Antragsteller (*Asylbewerber*) ein beschränktes Aufenthaltsrecht. In der Regel sind sie in Sammelunterkünften untergebracht. Wird der Asylantrag anerkannt, erhält der Antragsteller ein dauerndes Aufenthaltsrecht mit Freizügigkeit (*Asylberechtigter*). Im Falle der rechtskräftigen Ablehnung des Antrags, gegebenenfalls nach Ausschöpfung des gerichtlichen Rechtsweges, droht dem Antragsteller die Abschiebung durch die Ausländerbehörde. Nach der Genfer Flüchtlingskonvention vom 28. 7. 1951 unterbleibt sie allerdings dann, wenn ihm im Abschiebestaat Gefahr für Leib oder Leben droht (bis zu 30% aller Asylbewerber sind solche „de facto-Flüchtlinge"). Bis 1976 fiel der jährliche

Zugang von 5000–7000 Asylbewerbern meist aus dem ehem. Ostblock
mit zudem hoher Anerkennungsquo-
te nicht ins Gewicht. Seitdem sind
die Zahlen der Asylbewerber aus
rund 100 Ländern erheblich gestie-
gen, bes. in der zweiten Hälfte der
80er Jahre (1986–1991 über
800000 Asylbewerber, davon allein
1991 rund 256000, Tendenz steigend). Seit der ↑*Wiedervereinigung*
hat infolge der steigenden wirtschaftlichen und sozialen Belastungen in
D. und auch, weil viele Asylbewerber keine echten politischen Flüchtlinge, sondern sog. „Wirtschafts-
flüchtlinge" sind, die Toleranz gegenüber Asylbewerbern deutlich
nachgelassen. Es kommt immer häu-
figer zu Ausschreitungen rechtsradi-
kaler Gruppen (↑*Radikalismus*) gegen Asylbewerber und ihre Unter-
künfte. Forderungen nach Eindäm-
mung des Zustroms und Verfahrens-
beschleunigung mit konsequenter
Abschiebung bis hin zu einer Änderung des Grundgesetzes wurden immer lauter. Am 1. Juli 1993 trat eine
Neuregelung des Asylrechts in Kraft,
nach der unter anderem Asylbewerber, die aus sog. „sicheren Drittlän-
dern" einreisen (z. B. Polen), wieder
abgeschoben werden können. Der
Artikel 16 des Grundgesetzes wurde
abgeändert.

Zu dem Personenkreis ausländischer Flüchtlinge zählen auch die sog.
Kontingentflüchtlinge, zu deren Aufnahme sich die Bundesregierung im
Einvernehmen mit den Bundesländern aus humanitären oder außenpolitischen Gründen im Rahmen eines
festgelegten Kontingents bereit erklärt hat (z. B. über 40000 Flüchtlingen aus Vietnam, Kambodscha und
Laos, 10000 Juden aus der ehem. Sowjetunion). Ohne Asylverfahren erhalten sie dieselben Rechte und Ver-
günstigungen wie Asylberechtigte.
Ein weiteres Problem stellen seit
1991 die *Bürgerkriegsflüchtlinge* aus
dem ehem. Jugoslawien dar, deren
Aufenthalt von den dt. Behörden als
vorübergehend angesehen wird.

Zweiter Bildungsweg *m.* Institutionen, die es (meist bereits berufstätigen) Personen mit Hauptschul- oder
Realschulabschluß (↑*Schulwesen*),
ermöglichen, das Abitur nachzuholen
und so an einer ↑*Universität* oder anderen Hochschule zu studieren, wie
z. B. die *Fachoberschule,* das *Abendgymnasium* (für Berufstätige) oder
das ↑*Studienkolleg.*

Zweites Reich *n* ↑Reich.

Zwetschgenwasser *n* ↑Liköre und
Schnäpse.

Karten und Übersichten

1. Länder und Regierungsbezirke

Bundesrepublik Deutschland

Länder und
Regierungsbezirke

Schleswig-Holstein

Hamburg

Mecklenburg-Vorpommern

Lüneburg

Weser-Ems

Bremen

Niedersachsen

Magdeburg

Berlin

Brandenburg

Hannover

Münster   Detmold

Nordrhein-Westfalen

Braunschweig

Sachsen-Anhalt   Dessau

Düsseldorf

Arnsberg

Halle

Leipzig

Dresden

Köln

Kassel

Gießen

Thüringen

Sachsen

Koblenz

Hessen

Chemnitz

Rheinland-Pfalz

Darmstadt

Trier

Unterfranken   Oberfranken

Rheinhessen-Pfalz

Saarland

Mittelfranken

Oberpfalz

Karlsruhe

Stuttgart

Baden-Württemberg

Bayern

Niederbayern

Tübingen   Schwaben

Oberbayern

Freiburg

Quelle: Model/Creifelds/Lichtenberger, Staatsbürger-Taschenbuch,
26. Aufl. München 1992, S. 52.

2. Das Bildungssystem

Grundstruktur des Bildungswesens in Deutschland 1992

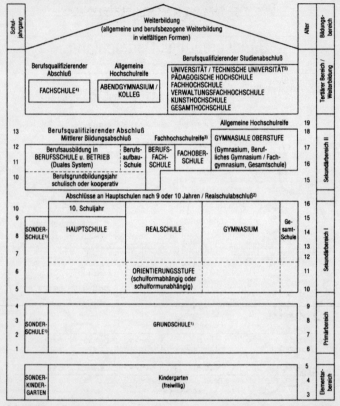

Schematisierte Darstellung. In einzelnen Ländern bestehen Abweichungen. Durchlässigkeit zwischen den Schulformen ist bei Erfüllung bestimmter Voraussetzungen grundsätzlich gewährleistet. Vollzeitschulpflicht 9 Jahre (in BE und NW 10 Jahre), Teilzeitschulpflicht 3 Jahre.

1) Sonderschulen mit verschiedenen Sparten entsprechend den Behinderungsarten im Bereich der allgemeinbildenden und beruflichen Schulen.
2) Nachträglicher Erwerb dieser Abschlüsse für Erwachsene an Abendhauptschulen und Abendrealschulen möglich.
3) Die Fachhochschulreife kann auch z. B. an Berufsfachschulen und Fachschulen erworben werden.
4) Dauer 1–3 Jahre; einschließlich Schulen des Gesundheitswesens die für Berufe des Gesundheits- und Pflegedienstes eine berufliche Erstausbildung vermitteln.
5) Einschließlich Hochschulen mit einzelnen universitären Studiengängen (z. B. Theologie, Philosophie, Medizin, Verwaltungswissenschaften, Sport).

Quelle: Bundesministerium für Bildung und Wissenschaft.

3. Das Gerichtswesen

Überblick über das gesamte Gerichtswesen
und die regelmäßige Besetzung der Gerichte

(● = Berufsrichter,
○ = ehrenamtliche Richter)

Ordentliche Gerichtsbarkeit (Ziv. = Zivilsachen Str. = Strafsachen)	Allgem. Verwaltungsgerichtsbarkeit	Arbeitsgerichtsbarkeit	Sozialgerichtsbarkeit	Finanzgerichtsbarkeit
Amtsgericht Ziv. ● Str.[1] { od. ○●○ od. ○●●○	**Verwaltungsgericht** ○●●●○	**Arbeitsgericht** ○●○	**Sozialgericht** ○●○	
Landgericht Ziv.[2] { ● od. ●●● od. ○●○ Str.[3] { ○●○ od. ○●●●○				
Oberlandesgericht Ziv.[4] { ●●● od. ●●● Str.[5] { ●●● od. ●●●●●	**Oberverwaltungsgericht (Verwaltungsgerichtshof)** ●●● (nach Landesr. auch ●●●●● od. ○●●●● od. ○●●●●●○)	**Landesarbeitsgericht** ○●○	**Landessozialgericht** ○●●●○	**Finanzgericht** ○●●●○
Bundesgerichtshof ●●●●●	**Bundesverwaltungsgericht** ●●●●●	**Bundesarbeitsgericht** ○●●●○	**Bundessozialgericht** ○●●●○	**Bundesfinanzhof** ●●●●●

Bundesverfassungsgericht
●●●●●●●●

[1] Strafrichter
Schöffengericht
erweit. Schöffengericht
[2] Einzelrichter
Zivilkammer
Kammer f. Handelssachen

[3] kleine Strafkammer
große Strafkammer
(auch als Schwurgericht)
[4] Einzelrichter
Zivilsenat
[5] Strafsenat (Revisionsinst.)
Strafsenat (1. Inst.)

Quelle: Creifelds, Rechtswörterbuch 11. Aufl. München 1992, S. 1453.

4. Die deutschen Dialekte

Quelle: Konturen 1, 1992, S. 30, Max Hueber Verlag, Ismaning.